U0362518

文化创新发展实践丛书

刘洪一　主编

双创领航

创新创业教育改革路径探析

袁磊　主编　　陈晔　副主编

中国社会科学出版社

南开大学出版社

图书在版编目（CIP）数据

双创领航：创新创业教育改革路径探析／袁磊主编．—天津：
南开大学出版社；北京：中国社会科学出版社，2020.12
（文化创新发展实践丛书／刘洪一主编）
ISBN 978-7-310-06096-2

Ⅰ．①双… Ⅱ．①袁… Ⅲ．①大学生—创业—研究—中国
Ⅳ．①G647.38

中国版本图书馆 CIP 数据核字（2021）第 013883 号

双创领航
创新创业教育改革路径探析
SHUANG CHUANG LING HANG
CHUANG XIN CHUANG YE JIAO YU GAI GE LU JING TAN XI

南开大学出版社　中国社会科学出版社　出版发行

出版人：陈　敬　赵剑英

地址：天津市南开区卫津路 94 号　邮政编码：300071
营销部电话：(022)23508339　营销部传真：(022)23508542
http://www.nkup.com.cn

北京君升印刷有限公司　全国各地新华书店经销
2020 年 12 月第 1 版　2020 年 12 月第 1 次印刷
240×170 毫米　16 开本　29.25 印张　354 千字
定价：118.00 元

如遇图书印装质量问题，请与本社营销部联系调换，电话：(022)23508339

新时代大学文化建设的问题背景与实施路径（代序）

刘洪一

习近平总书记在党的十九大报告中提出，文化自信是一个国家、一个民族发展中更基本、更深沉、更持久的力量。大学文化也是一所大学最本质的标识和最深层的内核。缺乏文化自信的民族难以立足于世界民族之林，缺乏鲜明文化标识的大学也必然难以成为世人尊敬的好大学。在推进新时代中国高等教育的快速发展过程中，必须高度重视大学文化建设。

一 新时代要强调大学文化建设

进入新时代以来，伴随"双一流大学"的建设进程，中国高等教育也取得快速进步。不论是高校数量及在校生规模、高校科研人员数量及学术论文发表篇数，还是中国高校的国际排名，都得到显著提升。据统计显示，中国高等教育毛入学率超过世界平均水平，高校毕业生位居世界第一；高校承担国家自然科学基金面上项目接近80%，产生哲学社会科学成果占全国80%以上。

中国已经从高等教育的小国成长为高等教育的大国，也正在向高等教育的强国迈进。然而，在看到这些成绩的同时，我们也必须清醒地认识当前中国高等教育所面临的深层次问题。在有的高校，存在竞技化、功利化、碎片化等现象，教师队伍底线意识缺失。有的高校，在发展中重数量轻质量、重科研轻教学、重规模轻内涵、重智育轻德育、重业务轻党建。

大学文化建设不仅有助于塑造一所大学独特的气质和灵魂，还有助于矫治当前高等教育领域出现的诸多问题。通过大学精神、立德树人、师德师风、学术文化以及政治文化建设等具体文化建设，有助于纠正当前高校发展中的急功近利、追求速度规模忽视质量效益等现象，推动新时代高等教育的健康发展。基于上述认识，深圳大学于 2017 年 9 月出台《深圳大学文化创新发展纲要》，提出大学文化建设的"十大工程"，致力于将深圳大学建成文化自信的"排头兵"、文化立校的典范、城市文化的风标和先进文化的策源地，努力打造一所"有灵魂的大学"。深圳大学于 2018 年 7 月的第五次党代会又提出"文化引领、创新驱动、内涵发展"发展理念，努力争取在大学文化创新发展方面作出特区高校的探索。

二　以大学文化建设为动力　落实立德树人根本任务

习近平总书记指出："要把立德树人的成效作为检验学校一切工作的根本标准，真正做到以文化人、以德育人。"以文化人与以德育人是相互融通和协同互促的关系。通过大学精神的传承和弘扬，大学育人氛围的培育和塑造进而实现以文化人、以文育人的目标任务。

大学文化是一所大学的深层内核，而大学精神又是大学文化的深层内核。大学精神是一所大学经过历史积淀而形成的独特气质，是一所大学的灵魂所在，对于广大师生具有强烈的感召能力和潜移默化的教育效果。深圳大学把凝练和践行大学精神作为立德树人的重要途径。通过开展"深大精神"系列主题辩论赛，让"自立自律自强"的校训精神深入广大师生；将"脚踏实地、自强不息"的办学理念与学院办学育人特色相结合凝练学院精神。通过创设独具特色的典礼制度来更好地传承大学精神，在学校重要活动的仪式和程序体现大学精神内涵，增加活动的庄重感和荣誉感。通过开展践行大学精神的系列活动，组织多层次主题讨论、学科竞赛、文艺展演、学术沙龙、座谈研讨、名师访谈和校史梳理等活动，让深大精神内化于心外化于形，增进师生的归属感和认同感。

构建全方位的育人环境是高校立德树人的重要途径。构建全方位的育人环境需要发挥课堂教学、典型示范、社会实践、志愿服务、社会协同的综合效应，需要将核心价值、思政教学、素质教育有机结合起来。深圳大学实施"荔园树人"工程、"青年马克思主义者"培养工程，开展"我的中国梦——立志修身博学报国"主题教育系列活动、"自立、自律、自强"主题升旗仪式等活动来践行社会主义核心价值观。将思政课教学与校园文化活动、社区建设等校园实践紧密结合，与双休日及暑期社会实践、志愿者服务等社会实践无缝对接，将思政小课堂拓展到社会大课堂。作为"全国深化创新创业教育改革示范高校"，深圳大学将创新创业教育全面纳入人才培养计划，牵头组建"中国地方高校深创联盟"、深港大学生创新创业基地等协同育人平台，常态化开展创新创业主旋律活动，为社会培养创新创业人才。

三　以大学文化建设为路径　推进内涵式发展

内涵式发展要求高等教育领域摈弃片面追求速度、规模，乃至急功近利的发展模式，聚焦高等教育立德树人的初心本位。内涵式发展既要求中国高等教育发展理念及时转变，也要求各高校及时调整发展路径模式。推动高校朝向内涵式发展的路径转变，尤其需要突出师德师风、学术文化和高校党建等项工作的建设。

良好的师德师风要求教师具有高尚的情怀、清正的节操、卓越的学识，要关心学生热爱讲台，让讲台成为教师人生出彩的大舞台，也要求引导广大教师以德立身、以德立学、以德施教。深圳大学构建师德师风档案、行师德师风一票否决制；同时，把师德规范要求融入人才引进、课题申报、职称评审、考核晋升等各环节。密切师生关系，通过"书记下午茶"、"校长午餐会"、"每月一席谈"、学生顾问团等制度渠道，不断提升广大同学参与学校民主管理的积极性。升级"聚徒+"教育模式，通过"聚徒+创研"、"聚徒+实践"、"聚徒+创客"和"聚徒+悦读"四大模块，以"师带徒"模式提供师生直接交流的平台，实现学术经验传承。

学术文化的导向决定着学术创新的方向和结果。破除当前高校科研出现的泡沫化、竞技化和功利化取向，需要倡导顶天立地育人的学术文化，即以服务国家战略和社会需求为宗旨，突出源头创新，强化经世致用，注重科学研究与人才培养紧密结合。鼓励原创性研究，摈弃跟班式、无病呻吟式研究；鼓励研以致用，摈弃沽名钓誉式、学术泡沫式研究；鼓励潜心治学，反对急功近利型、唯利是图型研究。深圳大学围绕大数据、光电工程、脑科学等形成重大科研团队，组织协同集成攻关，力求基础原创突破。学校还与八个地方政府建立集约型科技成果孵化平台，将高校科研成果第一时间集中投放到产业发展的最前端，着力发挥对区域产业创新驱动的引擎作用；与腾讯、华为等顶尖企业签订合作协议，开展前沿项目攻关、共建重点实验室，设立研究生校外实践基地等，形成在技术创新、项目开发、人才培养等领域的全方位深度合作。深圳大学提倡将科研成果转化成教学内容，要求所有教授为本科生上课，各级各类实验室都必须向本科教学开放，促进科研与教学的深度融合。

政治文化建设是大学文化建设的重要组成，也是高校内涵式发展的保障。习近平总书记在全国教育大会上指出，"各级各类学校党组织要把抓好学校党建工作作为办学治校的基本功，把党的教育方针全面贯彻到学校工作各方面"。社会主义的办学方向要求高校必须贯彻党委领导下的校长负责制，明确党委管党治党、办学治校主体责任。深圳大学着力加强政治文化建设，以制度建设为中心，健全校党委校行政议事规则，健全学院（部）党政联席会议规则；推动党建工作常态化制度化，认真开展党委常委会、理论中心组学习、基层党组织书记例会、基层党建书记项目、基层党建工作述职评议等各项党建工作。健全学院（部）集体领导、党政分工合作、协调运行的工作机制，强化学院（部）党政领导班子"党政同责"和"一岗双责"意识，把党建工作责任制落实落细。扎实推进"双带头人"培育工程，设立"双带头人"教师党支部书记工作室；做好基层党组织书记党建述职评议考核，开展"书记项目"和党建研究课题，把高校党建工作做实做细。

四 突出虚功实做,扎实推进大学文化建设落地生根

大学文化内涵的积淀、传承与创新非一日之功。与高校的科研、教学、招生等工作相比,大学文化建设往往被视为相对软性和虚空的工作。在具体推进大学文化建设过程当中,需要关注具体的策略和路径,否则极易流于形式和口号,难以取得切实的成果。

突出系统设计,把大学文化建设融入办学治校的全过程整体推进。大学文化不等同于大学精神,它有着更为宽泛的内涵,是管党治党、办学治校的顶层设计与宏观规划,应当渗透大学治理的各个层面。深圳大学将大学文化建设作为一条主线,贯穿于大学精神与立德树人、师德师风与学术文化、校友文化与环境文化、社科与艺术、党建工作与思政工作等具体文化建设内容,成为指导各项工作的核心理念。大学文化建设统筹教师与学生、教学与科研、文科与理科,让广大师生和各院系广泛参与到文化建设当中来。

细化项目实施,扎实推进大学文化建设。大学文化建设必须有虚有实,有理念有规划,有措施有结果,需要虚功实做,把"软指标"变成"硬约束"。要善于把大学文化建设通过项目化的方式加以分解实施,要广泛动员机关处室、各个学院和广大师生共同参与,努力营造浓厚的文化建设氛围。自 2017 年 9 月《深圳大学文化创新发展纲要》出台以来,全校各部门、各学院凝心聚力,紧抓落实,协同推进。学校将大学精神、立德树人、师德师风、学术文化、人文社科、艺术体育、校友文化、环境平台、文化传播、政治文化等"十大文化工程"分解为 35 项基本任务、191 项具体任务,落实到全校 50 家文化建设单位。每项工

程都沿着"出发点/着眼点—路径/方略—目标/愿景—举措抓手"的逻辑次序演进和实际工作部署，从"虚"（理念）出发，以"实"落地，以项目化管理方式驱动达成任务目标。此外，深圳大学还加强对文化建设项目明确的考核要求和绩效评价，年初签订建设责任书，年中、年末分别进行项目建设评估，将文化建设的战略目标、任务和动力传导到各承建单位；将各单位文化创新绩效评估结果与年终绩效、资源配置和领导班子任职考核挂钩，强化责任意识和执行力，确保文化建设的成果实实在在。

进入新时代，党和国家对高等教育发展提出新的更高要求。作为"特区大学、窗口大学、实验大学"，深圳大学应不负使命，在发展的过程中始终坚持立足特区、放眼全国、面向世界。当前，深圳大学迎来了粤港澳大湾区建设和深圳建设中国特色社会主义先行示范区的历史发展契机，正朝着建设与"双区"相匹配的高水平大学迈进。深圳大学将坚持文化引领、创新驱动、内涵发展，以一流的大学文化引领和贯穿建设人民满意的高水平特区大学建设发展全过程。

深圳大学《文化创新发展实践丛书》是对《深圳大学文化创新发展纲要》实施两年来的成果回顾和理论总结。其中，《荔园记忆：深圳大学建设者访谈录》是对深大建校历史的追根溯源，《荔园红旗：高校党的全面领导实践探索》着眼于高校党建的薪火相传；《以文化人：学生思想政治工作成果集萃》反映立德树人的初心坚守，《荔园师说：研究生导师文化解读》展开师德师风价值对话；《立德树人：德育课情境模拟实验创新研究》是对思政课主渠道的鲜活创新，《双创领航：创新创业教育改革路径探析》是对创新创业教育的崭新探索，《让梦起飞：学生辅导文化剪影》是为青年学子搭建梦想舞台。深圳大学《文化创新发展实践丛书》对落实立德树人、推进内涵发展、巩固党对高校领导等重要问题做了深入调研和理性思考，对于推动新时代大学文化建设、矫治高等教育发展深层问题，具有较强的现实意义和理论价值，希望能为广大读者提供一定的启发和借鉴。

2020 年 6 月

前　言

　　党的十八大以来，以习近平同志为核心的党中央把创新摆在国家发展全局的核心位置，深入实施创新驱动发展战略，大力推动大众创业、万众创新，不断深化高等学校创新创业教育改革，修订人才培养标准、改革教学育人机制、加强师资队伍建设、强化创业实践训练、构建创业帮扶体系，把创新创业教育融入人才培养，为建设创新型国家提供源源不断的人才智力支撑。

　　为响应国家号召，深圳大学围绕"培养高素质创新创业人才，引领社会的进步和发展"的人才培养目标，坚持文化引领，强化创新驱动，实现内涵发展，造就一大批高素质创新创业人才，为深圳和全国经济社会发展做出了突出贡献。为进一步推动深圳大学创新创业教育发展，根据学校创新文化发展纲要精神，将出版《双创领航：创新创业教育改革路径探析》一书，从体制机制、培养体系和创新实践等方面全面总结回顾深圳大学创新创业教育取得的理论和实践成果，为下一阶段深圳大学创新创业教育发展开拓新局面，同时也为兄弟院校创新创业教育工作提供交流平台。

本书共分为体制机制篇、培养体系篇和创新实践篇三个篇章。

体制机制篇主要从深圳大学创新创业人才的培养目标、创新机制、组织架构、政策激励等方面出发，总结学校在国家创新驱动和创业教育战略指导下，以协同育人理念为引领，整合各类创新创业资源和育人要素，全面提高学生创新创业能力的举措，凝练学校在创新创业教育方面的理论成果，进一步推动创新创业教育的提升。包括深圳大学创新创业教育总体制设计、学分制改革、MOOC 发展、国际化教育工作、教研融合等方面的理论和实践。

培养体系篇主要从深圳大学创新创业课程体系设置、各类创新实验班的开办、不同层级教学实践基地的创建等方面出发，汇总深圳大学在创新创业上的实践经验及特色案例，总结特色实验班在推进基础学科拔尖、应用学科卓越、交叉学科复合方面的创新创业人才培养举措，构建深圳大学在产学融合、科教融合，以及加强校校、校所、校企、校地协同育人方面的理论体系，进一步激发学生的创新创业兴趣，培养学生创新创业意识，提升学生创新创业品质，增加学生的创新创业知识。包括特色班培养的总体设计、创新短课、聚徒教学、实验班的典型案例等。

创新实践篇主要从挑战杯大学生课外学术科技竞赛、大学生创新创业训练计划、大学生科技创新竞赛等方面出发，总结深圳大学本科生在科技创新方面取得的突出成绩，汇总在科技创新方面的突出案例，为进一步提高学生科技创新能力提供理论指导。其中选择了学科竞赛、创新短课、聚徒教学、实践基地等工作中的典型案例，进一步阐释深圳大学创新创业教育成果。

本书如实总结和反映了深圳大学近年来在创新创业教育改革

方面的探索和实践经验，恰是由于这是一些全新的探索，一定还存在着不足的方面，深圳大学也将在高水平大学建设过程中，不断克服出现的各种困难和问题，积极探索更多的创新创业教育理论和实践，在这一新时代，深圳大学的创新创业教育定能走出一条有水平、有特色、有成效的道路！

目　录

体制机制篇

培养体系篇

创新实践篇

体制机制篇

新时代大学创新创业教育的思考与实践

陈　晔　袁　磊*

摘　要：创新创业教育是新时代大学的战略任务。文章分析了创新教育与创业教育的关系、创新创业教育与专业教育的关系、创新创业教育与人才培养的关系，依此重新诠释新时代创新创业教育内涵；基于协同育人理念，构建多主体参与、多要素共振的创新创业教育完整系统。在厘清概念、构建系统的基础上，进一步探讨大学创新创业教育实现路径问题，以深圳大学为例，从课程建设、特色实验班建设、创新活动、创客扶持、载体建设、资源整合、文化建设、激励机制和师资队伍建设等方面探索与实践。

关键词：新时代；创新创业教育；人才培养；协同育人

创新是一个民族的灵魂。伴随中国特色社会主义进入新时代，我国经济已由高速增长阶段转向高质量发展阶段，"中国制造2025""互联网＋"行动计划等新业态新模式不断涌现，新产

---

* 深圳大学教务部。

品新服务快速成长。新时代，创新创业已成为社会发展的新动力，国家对创新创业型人才需求十分迫切。高等教育作为人才培养的主阵地，面临有关创新创业的严峻问题：新时代创新创业教育的本质是什么？创新教育与创业教育的关系是什么？创新创业教育与专业教育是割裂的吗？大学应该如何构建创新创业教育体系？如何开展创新创业教育？带着这些问题，我们有必要对新时代创新创业教育的本质内涵与实现路径进行思考与研究。

一 创新创业教育的重新诠释及其价值

20 世纪 80 年代末，联合国教科文组织在面向 21 世纪国际教育趋势研讨会上，提出了"创新创业教育"这一新的教育概念，创新创业教育被称为"第三本教育护照"，具有与学术性和职业性教育同等重要的地位。1991 年，东京创业创新教育国际会议从广义上把"创业创新教育"界定为：培养最具有开创性个性的人，包括首创精神、冒险精神、创业能力、独立工作能力以及技术、社交和管理技能的培养。①

随着经济社会发展步入新常态，创新驱动发展战略成为共识，创新创业教育被赋予了新的内涵和要求。新时代创新创业教育的本质是以培养创新创业人才为根本指向的全面的教育改革创新；其基本内涵是：以培养学生创新创业意识、创新创业思维、创新创业精神和创新创业能力等创新创业素质为核心的新教育理念和模式，是旨在全面改革传统教育教学、切实培养创新创业人

---

① 王贤芳、孟克：《论高校创新创业教育体系之重构》，《教育教学论坛》2011 年第 10 期。

才的教育。① 它是一种新的高等教育形态，一种新的教育理念和模式，它要求未来的教育以其为核心进行全面改革。创新创业教育与创新教育、创业教育、专业教育和创新人才培养等多方面密切关联。要准确和全面地认识创新创业教育本质与内涵，需在厘清几组关系的基础上多角度理解。

一是创新教育与创业教育。两者在教育过程中相互融合、相辅相成。创新是创业的基础和核心，创业则是创新的载体和表现形式。② 二者的目标取向是一致的，都旨在培养学生的创新精神和实践能力；二者的功能作用是同效的，创业教育使创新教育融入了创业素质的要求，创新教育注重的是对人的发展的总体把握，创业教育着重的是如何实现人的自我价值。二者相互促进又相互制约，是密不可分的辩证统一体。创新创业教育，既不等同于创新教育或创业教育，又不是将创新教育与创业教育的简单叠加，而是在理念和内容上实现对创新教育和创业教育的超越。

二是创新创业教育与专业教育。创新创业教育与专业教育的关系定位决定着创新创业教育的培养目标、教学方式、组织形式。创新创业教育从深层次上来讲，不是简单地设置一两门创新创业的课程就可以解决的，而是要让教师在日常的教学过程中树立科学的创新创业教育理念，将创新创业元素融入各专业教学内容，强化创新创业教育与专业教育的深度融合。创新创业教育不能游离于专业教育之外，应与专业学习深度融合，"融入专业"不是要"替代专业"，也不是要把创新创业教育"仅办成一个专业"，而是发挥各专业教育教学的创新创业教育功能。任何割裂或分离两者的观点和行为都是错误的。

---

① 李亚员：《创新创业教育：内涵阐释与研究展望》，《思想理论教育》2016 年第 4 期。
② 杨幽红：《创新创业教育理论范式与实践研究》，《中国高校科技》2011 年第 6 期。

三是创新创业教育与人才培养。由于较长时间以来社会上普遍存在着对创新创业教育的功利性评价，导致我国的创新创业教育从其内涵和性质上分析，仍主要处于活动层面，发展基础薄弱。新时代，在我国创新创业教育转入新的发展阶段，根据建设创新型国家的需要以及高等教育提高人才培养质量的要求，将创新创业教育纳入人才培养的全过程，从人才培养的高度整体设计与逐步构建创新创业教育体系，完成由功利性战略目标向非功利性战略目标的转移，实现创新创业教育的本质回归与价值定位，切实推进大学创新创业教育的科学发展。

通过对创新创业教育本质内涵的新阐释，使我们明白了"创新创业教育等同于创业教育""开展创新创业教育是专业教育以外的工作""创新创业教育主要以第二课堂、讲座、竞赛等活动形式开展"等恰恰是片面地认识创新创业教育而产生的错误观点，用这种错误的观点来指导大学建设，势必造成诸多大学创新创业教育理念滞后、方向不明、定位不准、体系紊乱。重新诠释创新创业教育的概念有助于我们消除错误的想法和纠正盲目的做法，引导正确的行为方向。

二 基于协同育人的创新创业教育完整系统构建

创新创业教育是将创新教育、创业教育、人才培养相融合，形成一个真正的有机体，其综合性决定了创新创业教育的复杂性和多元性。大学的创新创业教育应是一个多主体、多要素协同育人的完整系统，是一个由学生、学校、企业和政府多主体参与，创新创业文化、创新创业课程、创新创业平台、创新创业资金、创新创业信息和创新创业政策多要素共振的育人体系，充分实现协同育人、共同发展，有效提升学生创新创业能力（见图1）。

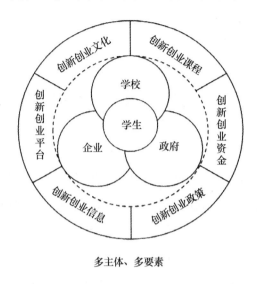

多主体、多要素

图1　基于协同育人的创新创业教育系统

　　创新创业教育作为一个完整的系统，涉及学校和社会（校外）两大领域。学校的主体是学生和教师，资源要素是课程、经费、平台和文化；社会的主体是政府和企业，资源要素是政策、市场、资金和信息。协同育人系统的核心是通过体制机制改革，探索建立适用于不同需求、形式多样的协同育人模式，将学校资源、校友资源、企业资源、政府资源有效整合，促进学校内部各单位之间、校企之间、校地之间各种创新创业教育要素的流动、共享与融合。通过校企共建创新创业课程，校企地共建创新创业平台、联合出资，学校地方政府共同出台创新创业扶持政策等协同育人机制，较好地解决创新创业人才培养机制问题，调动各方参与人才培养的主动性和积极性；通过协同育人，解决创新创业教育课程、创新创业活动项目结构不合理问题，使人才培养适应经济社会发展和转型升级需要；通过协同育人，促进学校创新创业教育与政府、企业、市场的关联，解决创新创业人才培养模式单一的问题。创新创业教育系统的有序运行依赖于协同育人的核心理念和协同机制的有效创新。

三　创新创业教育的实现路径探索

深圳大学地处改革开放前沿，敢闯、务实、创新、创业、竞争、包容的城市文化深深根植于此，重视学生创新创业能力的培养是学校长期办学形成的核心育人理念。根据创新创业教育的本质与内涵，学校树立"面向全体大学生、贯穿人才培养全过程、全校全员参与"的创新创业教育理念，并在办学与发展中始终践行，将理念转化为行动。以新时代创新创业教育的国家战略为指导，以培养高素质创新创业人才和引领社会进步与发展为使命，根据协同育人的创新创业教育系统，深圳大学整合各类创新创业资源和育人要素，不断探索创新创业教育的实现路径，在课程建设、特色实验班建设、创新活动、创客扶持、载体建设、资源整合、文化建设、激励机制和师资队伍建设九个方面全力推进。通过不懈探索与实践，实现创新创业从面向少数学生向覆盖多数学生、从后端扶持向全过程扶持、从传统项目孵化向新兴项目孵化、从各自为战向协同作战、从内部保障向外部资源支持的五个转变。

（一）构建创新创业课程体系

优化人才培养方案，创建"创新创业实践与学生发展"课程模块，将创新创业教育全面纳入培养计划，通过持续的文化熏陶、兴趣引导、知识积累、实战训练等，将创新创业教育贯穿学校人才培养全过程。注重通识教育、专业教育与学生自主发展紧密结合，注重将创新创业全面融入专业课程体系，打造一批特色鲜明、理念超前、科教融合、内容先进的优质通识和专业课程；推动课内"创新研究短课"与课外"聚徒教学"相结合的创新教育新模式，将科研项目带入课堂，将产业技术融入实践，让师生互动广泛实现，让教学相长得以升华；研究制定学分管理办法，鼓励学生通过大规模在线开放课程平台自主学习，全面发展；以"创业兴趣引导课—创业规划系列课—创业通识课—创业专长课"为建设主线，不断丰富和完善深圳大学创业系列课程，激发学生创业兴趣，培养学生创业意识，提升学生创业品质，增长学生创业知识。

（二）建立创新创业特色实验班

根据专业特点和学科优势进行基础学科拔尖、应用学科卓越、交叉学科复合等创新创业型人才培养各类特色实验班的探索与实践。加强实验班建设，加大实验班投入，整体规划、顶层设计、分类指导、扩大规模，充分利用优质教育教学资源，注重产学融合、科教融合，加强校校、校所、校企、校地以及国际合作协同育人，搭建创新创业人才培养新平台，促进不同类型、不同层次的优秀创新创业人才脱颖而出。

（三）开展学生科技创新项目与创新创业活动

引导支持学生积极参加科技创新项目和学科技能竞赛。启动学生创新发展基金项目资助工作；推进挑战杯、一院一赛、大学生创新创业训练计划等项目的有效实施；注重学生科技创新成果、论文和专利的培育与开放使用；依靠团学组织、学院和社区广泛开展第二课堂创新、创意和创业活动；积极组织专业兴趣小组、学科俱乐部、创业技能培训、创业俱乐部、创业工作坊、创业论坛、创业讲座、创业辅导、创业大赛、国际大学生设计营、设计论坛设计展等课外创新创业活动，为学生提供更多的创新创业训练机会。

（四）推进创客工作

大力宣扬"创造＋分享"的创客文化核心理念，鼓励学生将各种创意转变为现实；设立创客空间，为创客们提供分享创意、跨界交流、共享资源、创造产品的平台；积极组织创客大会、创客论坛、创客联盟、创客协会、创客俱乐部等各类创客活动，培养学生创新兴趣，激发学生创造热情；依托艺术设计、新闻传播、音乐美术、经济管理、建筑规划、电子信息、计算机软件、机电控制、光电工程、化工材料、生物技术等学科，以学生毕业设计、科研成果为主要展示内容，每年定期举办创新创意创客嘉年华品牌活动，引领创新文化，传播创客精神；举办创客大赛，实践动手解决校园问题；鼓励学院结合学科特色开展各类创客活动，营造优良的创新创业氛围。

（五）拓宽大学生创新创业载体

积极构建"一基地、一学院、三园区"大学生创新创业载体。依托前海蛇口自贸区，建设深港大学生创新创业基地；创新体制机制，筹建创业学院；大力推动大学科技园、文化创意园、大学生创业园三园区建设与升级。进一步明确各类创新创业载体"学科聚集、机能培养、成果展演、任务众包、项目众筹、协同创新"的功能定位，打造创新创业教育实训、项目协同众包、企业公益孵化、规模企业商业运行四大平台，聚集创意、人才、项目、资本、市场和产业链要素，集成教育、实训、孵化、融资功能，为大学生提供多种形式的扶持和一站式服务。进一步扩大各类创新创业载体规模，加大专项资金投入，对优秀创新创业项目进行培育孵化。以服务购买方式引入专业咨询机构，为大学生项目和团队提供咨询、诊断、辅导、信息、中介等全方位服务。

（六）整合社会资源

充分发挥深圳"创新城市，创客天堂"的地缘优势，结合深圳大学校友杰出众多的特点，整合各类社会创新创业资源。依托特区创新企业，做强做实大学生实践基地和校企共建实验室；利用科技园、孵化园、产业园、软件园、产学研基地等周边创新环境与创业园区，加快创建一批大学生校外创新创业基地；推动筹建深圳大学创业者联盟，以众筹模式组建校友创新创业投资基金，整合项目、技术、团队、资金、产业链等资源；建立创新创业信息交互平台和创新创业项目数据库，聚合创新创业队伍，对接创新创业资源，为学生创新创业提供支持；充分利用"青创板"股权众筹平台和"鲲鹏汇"综合服务平台，打通政府公共政策落地的"最后一公里"，同时加强与校外各类孵化器的协同合作，形成"校内＋校外""线上＋线下""政府＋市场"的大孵化格局。

（七）营造创新创业文化氛围

重视文化培育和引领，营造"创新、创业、创意、创客"特色校园文化，树立"创意改变生活，创业成就人生，创新引领未来"的理念和"鼓励创新、宽容失败"的文化，为学生提供创新创业原动力，增强校园创新创业活力。充分利用高交会和文博会平台，宣传学校创新创业文化，展示学生创新创业成果。支持学院、社区和各级团学组织积极开展各种形式的创新创业文化活动，凝聚优秀学子，营造良好氛围，增进经验交流，使学生创新意识成为自觉，创新行为蔚然成风。积极培育各类大学生创新创业社团（协会），充分发挥学生主体作用。大力宣传学生创新创业成功案例，树立典范，激励进取。邀请杰出校友、成功企业家开展创业论坛、创业讲堂活动，拓宽学生视野，树立创业信心。在校园开放日和各类招生宣传活动中突出创新创业特色，吸引优秀学子报考深圳大学。

（八）建立创新创业激励机制

建立更加完善的创新创业激励机制，引导学生积极参加创新创业实践，鼓励教师更多投入创新创业指导，使创新创业教育真正内化到教师专业教学和学生专业学习中。对在创新创业教育实践中取得突出成绩的学生和教师予以奖励，对学生给予相应的创新学分认定和创新创业奖学金，对指导教师给予相应的学术奖励和工作量补贴，充分调动教师学生的积极性。在学院年度绩效考核中增加创新创业工作考核，鼓励各学院积极开展各种类型的创新创业活动。为优秀的学生创新创业项目提供必要的资金保障，通过学校专款、校友捐赠、风险投资等多种途径，建立学生创新创业投资体系。

（九）加强创新创业教育师资队伍建设

重视创新创业师资队伍建设，引导教师加强创新创业教育的理论研究、实践探索和经验交流。通过多种方式大力开展创新创业师资培养培训，聘请企业家、业内资深专家担任兼职导师，逐步构建双师型教师队伍。加强职业规划师资队伍建设。支持教师参加各类创新创业教育经验交流活动，鼓励教师参与社会行业的创新创业实践，打造一支理念先进、结构优化、专兼结合、国际视野、行业经验、协同合作的创新创业教师团队。

深圳大学完全学分制的改革与实践

翁 玲[*]

摘 要：本文从深圳大学学分制改革的时代背景出发，通过回顾深圳大学学分制改革的历程，阐明了深圳大学学分制改革的措施，旨在使广大师生进一步认识深圳大学学分制改革的必然性和主要内容以及对学校各方面改革的积极影响。

关键词：学分制；培养方案；课程；自由选课；学分制收费

学分制是一种教育模式，以选课为核心，教师指导为辅助，通过绩点和学分，衡量学生学习质和量的综合教学管理制度，与班建制、导师制合称三大教育模式，19 世纪末学分制首创于美国哈佛大学，1918 年北京大学在国内率先实行"选课制"。

在教学管理制度上，学分制与之对应的是学年制。学年制是以学年为计量单位衡量学生学业完成情况的教学管理制度，它是一种刚性的管理模式，学生在学习过程中没有什么自由度，学生学什么课程、什么时候学等都已经由学校规定好了，教学以教师

---

* 深圳大学教务部。

为中心、以教材为中心、以课堂为中心；学分制则是用学分来评价大学的教育尺度，用规定的毕业最低总学分作为衡量学生学习量和毕业标准，学分制为学生提供了自主的、多样化的选择平台，学生需要学多长时间，每学期学什么课程，攻读一个学位或两个学位，是否跨专业、跨系科选修课程等都由学生自己选择，最终实现教育公平。学分制的形象说法：学分制如一个教育超市，学生上课像在市场选购商品，学生根据自己的经济承受能力、自己的兴趣爱好、学习潜质自主安排学习。

学分制的本质特点是由学生自由安排学习进程，模糊必修课与选修课的界限，将以教师为中心、以教材为中心、以课堂为中心向以学生为中心、以经验（知识建构）为中心、以活动为中心转变，教师角色从传授者向引导者转变，教学方法从灌输式向自主、合作、探究式教学转变，树立"以学生为中心"的育人理念。

一　深圳大学实施学分制的历史进程

为了培养高素质、多样性和具有创新精神的人才，体现以学生为中心的育人理念，深圳大学 1984 年在《深圳大学改革创新方案》中正式提出了学分制的设想，于 1986 年出台了《深圳大学实行学分制的具体做法》，首次提出了学分分类和计算方法、将标准四年制的学习时限增加到五年、学生在校学习按总学分数审核毕业资格，课程分为必修、限选和任选三个部分，允许学生有条件地进行线下选课，并提倡老师采用启发式、讨论式、讲座式等多种教学方式，且引入了免修和免听形式，开始了学年学分制的探索。

1988 年在总结前面几年学分制改革经验的基础上，发布了《深圳大学学分制改革条例》，主要目的是增加办学的灵活性，采用学分累计制，消除学年制的影响，逐步沟通各层次教学；给予学生选课更大的选择性和自由度；强调各学科实践性，加强实践环节，使学与用相结合，学生能按各人所长及职业规划的需求进行学习。学生的学习年限不受限制，只规定住校年限，允许学生中途中断学习；新生入学后只分系不分专业，前两年主要为基础知识和基本技能方面的学习和训练，从第三年起，学生根据自己特长和职业规划，在导师的指导下选择专业；允许有条件的学生在主修专业之外，修读一个副修专业。在以后的若干年内，根据学分制改革过程中出现的问题，不断完善管理机制，相继出台了《深圳大学学分制实施办法》《深圳大学学分制管理办法》《深圳大学本科生学籍管理规定》《深圳大学普通高等教育本科生学籍管理规定》等规章制度，经过 30 年的发展，深圳大学已由初始的学年学分制管理过渡到完全学分制管理，逐渐形成了有深圳大学特色的完全学分制管理模式。

二 保障深圳大学完全学分制实施的改革措施

在完善制度建设基础上，为保证完全学分制的顺利实施，深圳大学主要在培养方案制定；为学生自主选课提供充足的课程资源；实行弹性学制；完善选课制度，规范选课程序；引入竞争机制，实行分流淘汰制度；制定双学位、双专业、辅修制度，鼓励学生跨学科修课；实现与外校学分的互换；加强管理信息化建设；试行学分制收费等方面采取了一系列的改革措施，以保障学分制管理的顺利进行。

其一，根据各专业培养要求和培养特色，并结合市场发展的需求制定符合深圳大学办学定位和办学理念的专业培养方案。

2017 级本科人才培养方案的指导思想是以建设高水平、有特色、现代化一流大学为目标，以培养高素质创新创业人才为办学使命；以宽口径、厚基础、强能力、重个性、求创新为培养要求，坚持育人为本、德育优先、能力为重、全面发展；培养方案修订遵循降低毕业学分、优化课程体系、增加课程内容、提高课程学习挑战度、强化自主学习原则，以培养目标为导向，以课程建设为核心，全面提高培养质量。培养方案课程设置包括通识课程（含基本通识课程和扩展通识课程）、专业课程、个性课程和非收费实践课程；单独设置创新创业实践与学生发展模块，强化对学生创新创业能力的培养，鼓励学生自主参加各类课外科技创新及创业实践活动并获得奖励学分，获得奖励的学分计入毕业学分；合理分配各类学分的比例，适当压缩必修课，增加选修课，必修课与选修课学分比例约为 6:4，鼓励增加选修课比重，给学生的学习提供更多的灵活性和选择性，为培养学生的创新创业意识提供空间；明确四年制的专业毕业学分原则上控制在 140 学分以内（五年制控制在 180 学分内），培养方案按本科四年 8 个学期完成学业设置课程（五年制为 10 个学期）作为学生选课指导；在教学安排上无先修后续要求的课程，不指定学生修读具体学期，由学生根据本专业的毕业学分要求，在学院指导下自主安排修读时间，学生毕业条件按照学分完成情况进行审查。

其二，学校通过多方努力，为学生自主选课提供充足的课程保障，主要从教学管理和增加课程资源两个方面进行改革。

在教学管理上，基本通识课程排课安排时，尽量多学院甚至全校范围内进行排课，保证学生有比较大的自由度来选择老师，例如大学英语课程采取分级教学模式，同一级别中，课程采取全校不分学院排课，由学生选择老师和时间；扩展通识课程和公共选修课尽量安排在晚上，避免其与专业课和基本通识课冲突，方便学生选课；体育课程采取按项目俱乐部的形式进行教学，由学生自主选择项目和老师；学科专业核心课程和学科专业选修课程除满足本专业学生修读外，要求学院必须给予一定的学位给其他专业的学生修读；对于选修学生人数较多的课程，尽可能采用每周平行多次开课的方式，增加同一门课程的开课班数；采取灵活的排课模式，根据课程的教学特点，可以采用两节、三节或四节方式等。

在课程资源上，鼓励学院开设公共选修课，并规定各学院每学期开设公共选修课的最低门数；学校出台政策，进行品牌通识课程的建设；大力推广 MOOC 课程建设，将优课平台上的优秀课程引入学校课程体系。现在每学期开设的课程超过 4000 门，比较丰富的课程资源是实现学生自主选课的资源保障。

其三，实行弹性学习时间和分流淘汰制度。

深圳大学学籍管理规定中明确规定，深圳大学实行弹性学制，本科生在校学习的最长年限可以达八年，学生八年期间可以申请休学，进行创业或在职场就业一段时间再回校修完其他剩余学分；学生完成的学分达到专业培养方案的规定要求，可以提前毕业；标准学制内若未取得培养方案规定的学分，也可以延长学习时间。近十年来，每年深圳大学有部分学生提前完成学业，获得毕业资格，被授予学士学位，同时每年也有不少学生延长了学习时间。

从 2013 级开始对于学业成绩不佳的学生，实行淘汰制度，根据《深圳大学本科生学业预警及学业退学管理细则》，对于学生当学期取得的课程学分合计未达到当学期所选课程总学分的二分之一，学校向其发出学业预警，预警的学生选课学分上限降为25，学院会对这部分学生重点关注，并通知到家长，通过学校、学生、家长之间的沟通与配合，对本科学生的学习情况适时引导、监控，促进学生顺利完成学业；新生第一学年取得的课程学分合计未达到所选课程总学分的三分之一和二年级学生截至第二学年末，其在期间已取得的课程学分合计未达到所选课程总学分的二分之一的，可以予以退学，但对于仍有愿望学习的学生，学生通过申诉途径可以申请暂缓退学休学一年，通过参加复学考试，达到一定条件后可以返回学校学习。

其四，学校实行双学位、辅修制度，鼓励学生跨学科修课；尊重学生志向和爱好，设立了转专业制度。

深圳大学设置了双学位、辅修制度，对于学有余力的学生，在修读主修专业的同时，允许其根据自己的兴趣和学校条件，申请修读另一专业的双学士学位或辅修；深圳大学双修的学生与主修学生一起学习，学校在选课制度上保证此类学生的修读，学生完成培养方案中双学位、辅修学分要求就可以申请相应证书；根据统计完成双修学生由开始的几十人发展到现在每年超过300人，根据统计2018届毕业生中取得双学士学位的学生有238人，取得辅修的学生有134人，每年申请的学生还在递增，现每年平均申请修读人数超过500人。

为体现以人为本、因材施教的教育理念，学校允许学生在提出毕业申请前，每学年第二学期可以申请转专业，通过学校要求的考试后转入新的专业学习，根据学分制管理要求，学生在原专业所修的学分可以转换成新专业的对应学分；同时为探索大众化教育背景下的拔尖创新人才培养机制、培养模式，学校允许有条件的学院开设特色实验班，特色班学生选拔可以在公平、公正、公开的原则下按照一定的条件在全校学生中进行，选拔成功的学生按照特色班所在专业的培养方案修满规定的学分，即可获得相应的学历学位证书。

其五，鼓励学生走出去，到其他高校进行交流学习；鼓励学生开展创新创业实践活动，促进学生个性发展；为培养学生的创新创业意识和实践能力，引入创新研究短课；实现各类学分之间转换。

为了扩大学生视野，学校与国际国内多间学校签署了交流协议，学校同时针对不同交换协议制定了《深圳大学本科生赴校外学习学籍学分管理细则》，对不同情况的交流项目学分转换做了详细规定，学生在其他高校学习的课程可以转换为深圳大学培养方案规定的学分，为学生赴校外交换学习提供了政策保证，随着与国（境）外高校交流机会的增加，深圳大学赴国（境）外高校交换学生人数稳步增加。

学校鼓励学生根据自己特长和爱好从事学科竞赛、科研创新、创业等实践活动，学校对于取得成绩的学生，允许其按《深圳大学本科生创新创业学分认定办法》申请创新创业学分，并将相应的奖励学分记入学生创新创业实践成绩单，在毕业资格审查时可以折抵专业选修学分或公共选修学分。

为加强学生创新能力，学校设立了创新短课机制。创新研究课程分为科研项目短课、专题研究短课、专技实践短课和学院特色短课，实施短课制，一般每门课程计 1 学分，教师可以根据不同短课的特色灵活安排教学时间，采取集中授课、集中研讨或集中训练等不同的教学方式。课程采取过程性考核方式，不设期末考试，学生获得学分后，记入学生创新创业实践成绩单，同时在毕业资格审查时可以折抵专业选修学分或公共选修学分。

三 构建合理选课模式，最大限度保障学生选课自由度

深圳大学按照学分制管理机制，实行弹性学制，鼓励学生跨学科学习、跨专业学习、跨年级学习，关键是保证学生选课的自由度。但由于不论如何增加课程资源，课程资源和学生自由选择课程需求的矛盾始终存在，深圳大学自 1996 年开始不断探索合理的学生网上选课模式，在保证满足主修专业学生选课的同时，又能兼顾学生可以跨专业选课，在有限资源的条件下，保证学生最大的自由度。

网上选课初始阶段我们采取对于学生的必修课程由学校统一预置、选修课程由学生操作的办法，此法虽可以保证学生必修课程，但学生选课自由度有限，而且，随着招生学生数的扩大，招生方式也由按专业招生改为按学院招生，相同年级学生人数增加，不同必修课程分班要求不一致，使教务处统一预置无法操作。针对以上情况，我们改变选课模式，所有课程均由学生上网选择，在规定的时间内学生可以自由选课，此法学生自由度大，但也因部分学生随意选课和课程资源有限，导致不少学生培养方案中规定的课程无法选上，而且因同时上线选课的人数多，受系统软硬件资源限制，容易产生网络塞车。之后，我们再次重新调整选课模式，将选课分为两个阶段——预选阶段和选课确认阶段。预选阶段，我们将大部分必修课程和专业选修课程不限定选课人数，先由学生自由选择，预选结束后，每门课程由学校依据学院上报的最大人数容量按"主修专业—双学位、双专业—辅

修—其他选修"的学生的抽签顺序由电脑抽签，确定选课学生名单，部分公共必修课程，如体育、大学英语、政治理论课采取不分专业的教学模式，开设平行课程，由学生根据自己专业课的情况选课，此类课程总的学生容量要求满足所有学生的选课要求，全校的公共选修课程采取先到先得的原则。经过几学期的实践，我们进一步完善选课安排，逐渐形成了现在运行的学生选课模式，首先，因为每门课程都有修读对象，修读对象有可能是全校学生或某学院学生或某专业学生，我们将课程学位分为主选学位和非主选学位，主选学位提供给修读对象的学生选课，非主选学位提供给非修读对象的学生选课，并且要求学院在没有特殊的情况下，给出一定名额的非主选学位，满足学生跨学科、跨专业选课的需求；选课时间安排上分三个阶段进行，分别为预选、选课确认和补选，最大限度利用课程资源，预选时课程不设学位限制，由学生自愿报名，再根据不同课程类别采用不同的抽签原则由电脑自动抽签，选课确认时按先到先得的原则，根据课程主选学位和非主选学位由学生自主选课，补选时全校课程不加任何限制按先到先得方式进行选课；考虑到基本通识课、专业课、公共选修课的排课规则、教学要求、选课对象等有所不同，对于不同课程我们采用不同的选课规则。

为了指导学生选课，也避免学生在选课中出错，我们制定了选课规章制度，合理安排每学期的选课进程、选课要求、注意事项并以各种方式向学生公布；合理规定学生每学期选课学分上限，每学期学生选课上限学分为28，文科类专业上一学期平均学分绩点3.2以上、理工类专业上一学期平均学分绩点3.0以上的学生，选课上限提高到32，已获得修读双学位、双专业、辅修的学生学分上限为35；为使学生对课程和教师有直观的认识又能保证正常教学秩序，选课确认时间安排了两周，以保证学生对所有课程有事先听课机会；教务部适时监控选课中出现的问题，并及时与开课学院沟通加以解决。除了找到合理选课模式外，我们还实施了保证学生自主选课的配套措施，建立了免听和免修制度，以及课程重修制度，并设立课程缓考制度等，保障了学分制管理的顺利实施。

四 实行学分制收费

2015 年前，深圳大学推行完全学分制教学管理模式，但学费的收费政策仍采用学年制模式，这种政策搭配的弊端日益暴露，成了深化学分制教学改革的严重障碍。

其一，学生不论学分选多选少都是一个缴费标准，选课数量与学费金额不挂钩，导致少数学生缺乏学习责任感，学生选课随意性很大，往往选修了一堆课程，最后却不去听课和考试，挂科现象和缺考情况比较严重，深圳大学每学年缺考近万人次，严重影响学校学分建设，也导致课程资源的浪费。其二，按学年收费，延期毕业的同学只享用了学校 4 年的教学资源，要多缴纳几年的学费，甚至 1 年修读很少的学分也要交 1 年的学费，这对学生也是一种不公平；提前一年毕业的学生只在学校待了 3 年，而实际上已经享受了学校 4 年的教学资源，他只需要缴纳 3 年的学费，这对学校是一种不公平。不论学生选多少课，提前毕业，还是延期毕业，均须缴纳统一标准的学年学费，这显然是不合理的。其三，在学生自主选课并且不与选课成本挂钩的情况下，学生对教师教学质量的监督力度不够，不能在教师中形成良好的竞争机制。

我们通过对全校各专业培养方案的仔细研究，确定了学分制收费的方案，并测算出各专业的收费标准，方案和收费标准经深圳市政府批准后，从 2015 级开始实行学分制收费，深圳大学成为广东省第一家实行学分制收费的学校。

深圳大学按学分制收费的原则是学生在标准学制内正常完成规定的毕业最低学分要求应缴纳的专业学费和课程学分学费总额不超过物价部门规定的原学年制学费总额，不增加学生的负担。

学分制学费由课程学分学费和专业学费两部分组成，按照普通专业课程学分学费占总学费的 2/3，专业学费占总学费的 1/3 的原则，课程学分学费每学分 100 元，专业学费根据各专业培养成本、专业特色和学科差异，将全校专业分为八大类别，确定了每个类别的专业学费标准。按学分制收费后，由于学生每学期所选课程学分数不同，有可能因学生低年级选课学分数较多，低年级缴纳的学费总额会比原学年制多，而高年级相应比原学年制少。

为保障学分制收费的顺利进行，学校还出台了配套措施。学生管理方面出台了课程补考机制，从 2015 级学生开始，学生在校期间，主修专业培养方案中若有必修课程不合格，学校给予补考机会，补考不收取任何费用，为体现公平性，补考成绩合格课程均按 D 等级记载，但学生可以自行选择参加补考或进行重修。在鼓励学院方面，根据学校学分制收费的实际情况，出台了《深圳大学双学位双专业及辅修课程经费支持办法》（以下简称《办法》），按《办法》接收的双学位、辅修学生的学院，针对不同情况给予相应的补贴。

根据课程和学生情况，学校还制定了一系列减免与奖励措施。

免听课程和学校认可学分的在线开放课程按 50 元/每学分缴纳；免修课程和补考课程免收课程学分学费；按《创新学分奖励办法》申请奖励的学分和毕业论文（设计）免收课程学分学费；在标准学制内，当学期所修课程的平均学分绩点排名在学生所在主修专业 5% 及以内（含 5%）的学生，下一学期奖励 4 学分的课程学分学费；当学期所修课程的平均学分绩点排名在学生所在主修专业 5% 至 10% 以内（含 10%）的学生，下学期奖励 3 学分的课程学分学费；学业预警的学生若当学期平均学分绩点在 3.0 及以上的，下学期奖励 2 学分。

同时，学校安排了合理收费方式和收费时间，其中专业学费按学期缴纳，在学生每学期报到注册时由学校指定银行统一从学生个人账户中批扣，每学期学生须缴纳专业学费方可完成注册，并取得选课资格；课程学分学费根据每学期学生实际的选课学分数计算，每学期选课结束后由学校指定银行进行批扣。

因为学分学费与学生选课直接挂钩，学生会根据自己的实际情况来选择学时和课程，选课盲目性降低，根据我们的统计结果，按学分制收费的学生比按学年制收费的学生考试缺考率降低了 30%—50%，期末课程考核不通过率降低了 20% 以上，学生随意选课现象得到遏止，教学资源得以更好利用；由于学生盲目选课性降低，学校教学资源利用率提高后，势必会有不少好的教学资源可以提供给更多学生选择，更利于学生根据自身特点、职业规划要求选择课程，形成具有个人特点的课程学习体系；每学期有 10% 的学业优秀学生获得了学分奖励，学生免听和选读线上 MOOC 课程的学分学费减半，学生中正在逐步形成良好的积极向上的学习氛围；按学分收费后，有利于实现与其他高校的合作，进行学分互换，资源共享。

深圳大学经过 30 年学分制管理的探索，在人才培养上探索出了有深大特色的模式，也取得了卓著的成果，为深圳市培养了近十万的本、专科全日制毕业生，其中有一批像马化腾那样的杰出代表，为深圳市的建设做出了重大贡献。

创新教务运行机制，以慕课推动教学改革与创新

孙忠梅　吴燕玲*

摘　要： 2014 年 5 月，秉承开放共享的理念，深圳大学发起成立"全国地方高校优课联盟"（简称"优课联盟"），经过多年的发展，联盟实现了学分互认的校际间合作模式创新，并推动了教师教学模式和方法的创新。目前优课联盟已发展成国内颇具影响力的高校在线教育平台。本文阐述了联盟构建的教务运行管理机制，对于高校间的教务合作具有借鉴意义。

关键词： 在线教育；慕课；UOOC 联盟；高校教务管理

2012 年在线开放课程浪潮来袭，给地方高校带来了机遇与选择。深圳大学发挥先行先试的创新精神，积极研究全国地方高校共性特点，引领地方高校参与在线开放课程带来的教育变革，倡导成立全国地方高校 UOOC（优课）联盟。2014 年 5 月，秉承开放共享理念，"全国地方高校优课联盟"成立（简称"优课联盟"），深圳大学、苏州大学、湖北大学、黑龙江大学等 120 所地

---

* 深圳大学教务部。

方高校自愿参与，深圳大学任理事长单位。经过多年的发展，以深圳大学为首的成果完成单位推动联盟不断发展与壮大，开展大规模在线开放课程建设与应用，打造优质学习资源，实现课程共享和学分互认，促进地方高校在线开放课程发展，提升教育教学质量，实现教师的教与学生的学在方法和模式上的创新。2018 年优课联盟 MOOC 建设获得广东省教育教学成果特等奖，国家教学成果二等奖。

一 以慕课为契机，创建 UOOC 联盟，实现高校间合作模式的创新

作为最大的高校群体，地方高校在发展中面临的突出问题是：学生数量庞大，教学资源尤其是优质课程和优秀师资短缺；高校之间相对封闭，地区之间特别是东西部之间教学资源不平衡；教学理念和方法滞后，信息技术与教学融合不充分；地方高校在线开放课程建设中，缺乏跨校教学管理机制，存在学分认定与转换困难、教学质量评价体系不健全等问题。

以在线开放课程为代表的在线教育蓬勃发展给地方高校解决教学难题、提升教学质量带来了新机遇。在线开放课程的共享与开放，打破高校间樊篱，有效缓解地方高校优质教育资源短缺问题，促进了教育公平。在线开放课程用线上视频、线下辅导、在线作业等方式创造出一种全新的教学形态，使课堂更加侧重于个性化学习，它的互动性与参与性，充分激发学生的学习兴趣，提高自主学习能力。

二　创新教务管理机制，实现校际间"学分互认"

以"共建共享、学生中心"为理念，以"全国地方高校优课联盟"为载体，以在线开放课程建设与应用为核心，以学分互认为关键措施，以信息技术与教育教学的深度融合为实现路径，以立德树人、提升质量为根本目标，构建了"平台、课程、机制、评价、培训、研究"六位一体的在线开放课程建设与应用体系（见图1）。

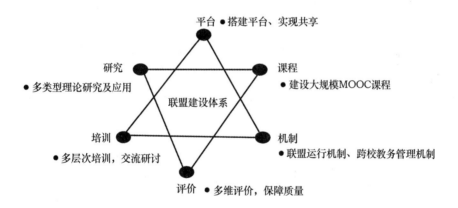

图1　优课联盟在线开放课程建设与应用体系

（一）组建优课联盟，开发优质运行平台

深圳大学发起成立优课联盟，为地方高校在线开放课程共建共享搭建了平台，全方位推进联盟建设与发展。2014年5月成立联盟，2014年8月成立联盟课程管理委员会；同年9月，首批课程上线。联盟定位准确，快速发展，目前加盟高校120所，遍布

全国 28 个省市自治区 66 座城市，覆盖师生人数 300 万，是规模最大的全国地方高校在线开放课程联盟，在高等教育领域产生了广泛影响。

深圳大学自主开发理念先进、功能齐全、运行稳定、界面友好、管理便捷的在线开放课程运行平台"优课在线"，不仅具有课程管理、线上教学、用户管理、学习管理、交流讨论、学习评价等基本功能，有效保证线上教学各关键环节规范有序运行，为用户提供优质高效的学习服务；还实现了"教学直播""人脸识别""学分区块链技术""智能教务分析"等技术，解决了在线开放课程教育跨校区跨地域、在线学习与考试可信度等几大难题。

（二）建设与应用系列在线开放课程，拓展优质资源共享空间

以"联盟共建、学校投建、教师自建"相结合方式，立足学校特色和学生实际，建设系列优质在线开放课程。联盟已建设思政类、社科类、人文类、理工类、医学农学类、创业职场类等系列上线课程 259 门，其中深圳大学供课 71 门，苏州大学、湖北大学、黑龙江大学等 51 所加盟高校供课 188 门。课程整体水平优良，不乏名师名课，如美国科学院院士陈雪梅教授领衔主讲的《生命的律动》，香港科技大学丁学良教授领衔主讲的《一带一路》等。联盟注重课程共享应用，不断扩大联盟高校和上线课程规模，不断增加选课学生人数，实现优质资源更宽覆盖、更广应用。联盟上线课程已运行 8 个学期，累计选课学校 103 所，选课人次近 50 万。

（三）创新机制，实现跨校教务和学分互认

联盟坚持应用驱动，构建一整套"线上线下一体化"的跨校学分课程教学管理机制，实现大规模学分互认。通过制定一系列规章制度，形成由联盟运行、供课学校、用课学校、跨校教师、跨校学生、平台技术、助教服务等多主体多要素组成、严谨完备的教学管理系统，从课程上线到质量跟踪、从学生选课到教师服务、从学习过程到教学过程管理、从线上答疑互动到线下辅导与考试等，流程规范，运行顺畅（见图2）。实现了联盟平台与成员高校教学管理的无缝衔接，真正将学分互认落到实处，推动了校际间协同合作，在全国率先大规模实现了地方高校间学分互认。

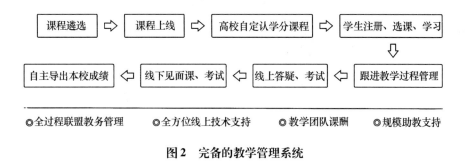

图2　完备的教学管理系统

（四）创新课程评价体系，全方位保障在线开放课程质量

根据在线开放课程的特点，创新性建立了"多阶段、多层次、多维度"的质量评价体系，实施全程教学评价，保障在线开放课程质量。该体系涵盖了教学设计与方法、教学内容与资源、教学活动与考核、团队支持与服务、教学效果与评价五个一级指

标、13 个二级指标和 26 个三级指标，对课程质量与学业质量进行全面评价。同时，通过大数据手段，跟踪分析包括访问次数、登录时长、视频观看次数及时长、师生有效交互次数等学习行为数据，评判教学效果，查找教学问题。通过上线前专家评审、上线中教师自评互评和专家评、结课后课程评优等多阶段评价，以及专家、教师同行、学生等多层次评价，结合教学设计、教学方法、视频质量、互动交流、课程考核、教学效果等多维度评价，建立了一整套科学有效的立体评价指标体系，并辅以完整、严格、规范的课程运行和质量反馈办法，牢牢把握课程质量生命线（见图 3）。

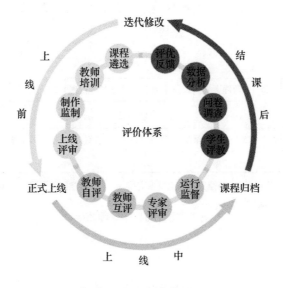

图 3　课程评价体系

（五）建立教师培训常态机制，提升课程建设应用效果

在线开放课程对教师教学能力和信息技术应用水平提出新要

求。联盟开展了不同层次、不同内容的师资培训。对主讲教师开展教学理念与方法、课程设计与制作、师生互动等方面的培训；对助教开展教学服务、资源更新与管理、数据分析与应用等方面的培训；对平台管理员和技术人员开展线上运行、技术维护等方面的培训。联盟开展了 20 余期管理者启蒙培训、11 期教师培训、15 期助教培训，参与高校 189 校次，参与人员数千人。

（六）制定鼓励政策，推动在线开放课程研究与教改

深圳大学制定了一系列鼓励在线开放课程建设的政策，如：职称评审中一门在线开放课程等同于一项高水平科研成果、学生选修在线开放课程学分费用减半、在线开放课程建设列入高水平大学建设项目和学院绩效考核指标等。在政策激励下取得丰硕成果，获教育部课程教材改革研究项目、省级教改项目、研究专著、教材、论文等一系列理论和实践研究成果，教师积极将研究成果转化为教学改革实践，实施"翻转课堂""混合式"教学。例如：深圳大学费跃农教授主讲的《模拟电子技术》采用虚拟仿真技术与在线开放课程教学相结合，突破传统实验教学的时空限制；《大学计算机》《Java 程序设计》《程序设计基础（C 语言）》等借助在线开放课程资源实现混合式教学，教学效果显著提升。湖北大学、南方医科大学、宁波大学等加盟高校以联盟资源为基础，积极探索以学生为中心的教学改革，效果显著。

三　教师积极创新教学方法、提升教学能力

（一）举办"MOOC 沙龙"系列专题研讨活动

为鼓励青年教师积极进行 MOOC 探索与研究，通过参与

MOOC 建设来改进教学方法，进一步促进学校教学质量的提升，教务部教师教学发展中心定期举办"MOOC 系列沙龙"，自 2015 年起至今共举办 3 期，参与教师人数共约 250 人。沙龙邀请本校或外校优质 MOOC 课程的上线教师分享各自对于课程教学设计、学习评价、学习辅导、教学效果的经验、体会和教学研究成果，为参会的教师今后制作 MOOC 课程以及开展混合式教学的方法提供操作性强的指导和帮助。2016 年深圳大学教师教学发展中心组织了"深圳大学'青年教师教学能力提升'项目满意度调查"，有接近 60% 的青年教师表示，"MOOC 沙龙"活动促进了其对新的教学方法产生兴趣。

（二）组织专家专题报告会系列教师教学能力拓展活动

为拓宽青年教师眼界，及时了解教育发展最新动态，全面推动深圳大学 MOOC 课程建设，教务部还举办多场专家讲座，邀请国内知名专家教授做主题报告，从理论和实践两方面提高教师开展在线教育的理念和水平。如清华大学 MOOC "学堂在线"首门上线课程《电路原理》的主讲教师、清华大学副教授于歆杰博士做《MOOCs 和 SPOCs 来了，你准备好了吗?》主题报告；北京大学校长助理、慕课工作组组长李晓明教授做《北京大学的慕课（MOOC）实践与认识》主题报告；教育部科技发展中心主任、高校科研管理研究会理事长李志民做《信息技术发展与教育革命》主题报告；华南师范大学教授、中国职业教育微课程与 UOOC 联盟顾问焦建利做《大学究竟应该如何推进慕课》主题报告；华南师范大学柯清超教授做《MOOC 变革课程教学的发展路径》主题报告；福建师范大学林双泉教授做《福建师范大学在线教育的概况及思考》主题报告；青岛大学李秀清教授做题为《慕课模式下的大学英语词汇拓展课程建设与运行：从新理念到新实践》的主题报告等，合计参与教师人数近千人。

（三）开展教学新技术教师培训，辐射全国地方高校，影响广泛，效果显著

为促使教师更新教学理念、改变教学方法、采用新技术提升教育教学能力，教务部开展分级化、多层次教师培训，已形成完整的培训体系，包含大学管理者启蒙培训、教师培训、助教培训等，体系完整，覆盖面广，得到教育部的高度关注，并给予立项资助。

大学管理者启蒙培训的目的是讲解 MOOC 理念，传达最新的教育信息化思想和政策，MOOC 给大学教学带来的机遇和挑战，特别是了解 MOOC 发展的最新动态，从而推动各校 MOOC 工作的开展。教师培训主要针对课程主讲教师。根据不同基础、不同需求以及不同阶段面临的教学任务，联盟建立了一个层级化的培训，每年召开两至三次教师培训。主要分为基础篇、提高篇和专业篇三大部分。在基础篇，培训的主要内容是启蒙 MOOC 理念，讲解课程建设流程、教学设计、镜头前的完美教学以及平台建课操作，帮助教师们迅速了解到何为 MOOC、如何建 MOOC。在提高篇，培训的主要内容是课程上线后，教师应该如何开展相应的教学服务。在专业篇，指导教师充分利用自己的开课经验以及教学数据开展系列研究，提高 MOOC 研究水平，从而能反思教学促进教学。截至 2018 年 9 月，已举办十期教师培训，70 余所高校 960 人参与。

（四）推动信息技术深度融入教学全过程，实现教学模式创新

开展 60 余期培训研讨，提升教师信息化素养，参与人员数千人，参与高校上百所；平台上线教师 4093 人次；平台产生的 7367 万条教学数据，为教师开展教学反思、迭代更新和课程评审提供客观数据支撑；联盟推动近 50% 的加盟高校开展基于在线课程的教学改革与创新，38% 的课程实施了线上和线下相结合的混合式教学改革，促进教师角色转变，推动讲授式课堂向研讨式课堂转变。例如深圳大学《大学计算机》课程实施线上线下各 50% 的翻转教学，课程组全体教师参与课程改革，极大提高了教学效率和质量（见图 4）。

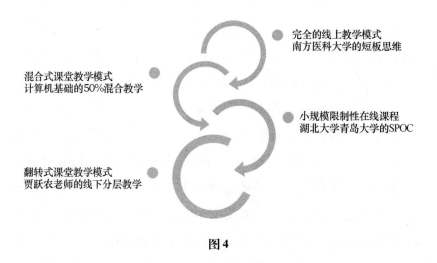

完全的线上教学模式
南方医科大学的短板思维

混合式课堂教学模式
计算机基础的50%混合教学

小规模限制性在线课程
湖北大学青岛大学的SPOC

翻转式课堂教学模式
贾跃农老师的线下分层教学

图 4

四　学生创新学习模式，主动学习能力明显提升

　　慕课教学帮助学生实现了跨时空的个性化学习，培养了学生自主学习和终身学习能力。联盟平台每学期选课人数和选课量持续增长，师生互动积极性明显提升，学生自主学习能力明显提升。2017 年调查数据显示，单次学习 1 小时以上的从 52% 增至

70%，回答教师问题从 22% 增至 36%，65% 的学生利用论坛帮助学习，对同学问题的响应达 41%，结课率 90% 以上。通过对学生学习进程、视频点击、线上作业、交流互动、线上考试等一系列环节的全流程管控，提升了学生自主学习和自我管理的能力。

在学分课程应用方面学生的自主学习能力提升明显。UOOC 平台上的课程开放程度高，95% 的课程对联盟开放，85% 的学生选修学分；供课用课分布广，64% 的课程由加盟高校建设，77% 的课程被加盟高校使用。注重线上教学互动，平均每课时线上课堂互动 37 次；课程结课率高，平均为 57%，深圳大学结课率为 91%。

五　优课联盟的创新性成果

（一）带动上百所地方高校开展在线开放课程建设与应用，实现在线开放课程建设的跨越式发展和教育公平

联盟快速发展，带动上百所地方高校开展在线开放课程建设与应用，实现在线开放课程建设的跨越式发展和教育公平。目前加盟高校 120 所，遍布 28 个省市自治区，66 座城市，覆盖师生 300 余万；上线课程 259 门（深圳大学 71 门），开课 871 门次，选课高校 103 所，互认学分 54 所；上线教师 4093 人次，选课近 50 万人次，获学分超过 20 万人次。联盟坚持公益为本，全部课程免费对加盟高校开放，其中西藏大学、新疆大学和喀什大学等中西部高校 58 所，应用型转型高校 11 所，民办高校 10 所；设立在线开放先修课程，11 所高中 665 名中学生参与学习；服务成人教育，每学期选课上万人；优课联盟与广东省、福建省教育厅签订合作协议，平台服务于两省所有高校。

（二）多类型理论研究，成果突出

获教育部研究项目 1 项、教育部产学研项目 56 项，国家精品在线开放课程 4 门、省级教学成果奖 2 项、省级教改项目 14 项、校级建设课程 134 门、校级研究项目 22 项；出版专著《从MOOC 到 UOOC：地方高校在线教育联盟实践与探索》，编写系列教材 9 部，出版研究专刊 2 期，出版《慕课资讯》16 期，发表论文 50 余篇。本成果作为特色项目，在 2017 年深圳大学本科教学工作审核评估和 2018 年成果鉴定会中得到专家高度认可，获广东省第八届教学成果特等奖。

（三）多渠道宣传推广，应用效果显著

联盟已成为教育部重点关注和支持的几大平台之一，在教育部指导下参与协办"全国在线开放课程推进会"并做主题报告，高等教育司发来感谢信。获广东省和福建省教育厅认可，确立为省级平台；获加盟高校高度认可，获广大师生好评；深圳大学学分认定办法、工作量核算办法、选课办法等被加盟高校广泛学习和借鉴。在全国各类会议做主题报告 20 余场。深圳大学《香港基本法》得到全国人大常委会香港基本法委员会充分肯定。湖北大学《英语畅谈中国》在"网络孔子学院全球慕课平台"上线应用。优课联盟得到中国教育报、教育部网站、新华网等 60 多家媒体专门报道，受到社会广泛关注和好评。

以"创新研究短课"和"聚徒教学"为载体的教研融合新模式研究与实践

——以深圳大学为例

刘　楚　王　晖　陈　晔　李振华[*]

摘　要：本文围绕高等教育亟待解决的核心问题，以深圳大学的教学改革创新举措为例，系统阐述以"创新研究短课"和"聚徒教学"为载体的教研融合新模式如何解决"教"与"研"融合不充分、"教"与"学"对接不精准等问题。结合"FUES"四阶段人才培养理论，通过"短课"将科研项目课程化，引导学生入"学术门"，使本科生提前接触科学研究，继以"聚徒"将学术研究泛在化，使学生的学术兴趣发展与教师引导有效对接，形成递进式创新人才培养过程，既实现了教研互利互融，又体现了因材施教和教学相长。

关键词：教研融合；创新研究短课；聚徒教学；人才培养

＊ 深圳大学教务部。

一 引言

随着国家和社会对创新型人才需求的不断增长，在推进"双一流"大学建设背景下，高校越来越重视学生的创新精神、实践能力和个性发展，注重拔尖创新人才的培养。在此背景下，高等教育领域还面临两大突出难题：宏观层面，高校功能中科学研究与人才培养之间的矛盾；微观层面，教师个人的科研与教学之间的矛盾，它们共同制约着高等教育的发展与创新人才的培养。展开来说，上述两大矛盾具体表现在三个方面：一是"教"与"研"融合不充分，教师难以实现教学和科研的平衡互利；二是"教"与"学"对接不精准，教师的学术引导难以和学生的学术兴趣发展相匹配；三是学术方法和科研训练缺乏载体，传统课堂教学模式难以承载师生双向的新需求。

科学研究与教学协同创新培养人才是中国高等教育必须面对和解决的一个重要的理论问题和实践问题。纵观西方高等教育发展史，有一个理念尽管经受各种挑战仍顽强延续，从洪堡到吉尔曼再到博耶，始则若隐若现，继而渐明渐亮，最终由应然走向必然，行将成为世界高等教育变革与转型的主旋律，这就是教研融合的理念。[①] 为了解决人才培养和科学研究之间的矛盾，需要借鉴洪堡"自由的教学与研究相统一""由科学而达至修养"的教育理念，[②] 以及博耶"教

[①] 周光礼、马海：《科教融合：高等教育理念的变革与创新》，《中国高教研究》2012 年第 8 期，第 15—23 页。

[②] 别敦荣、李连梅：《柏林大学的发展历程、教育理念及其启示》，《复旦教育论坛》2010 年第 8 卷第 6 期，第 8—15 页。

学即学术"①的理论。一方面，不应否定学校强化对教师科研的要求，这是现代大学的基本特性；但另一方面，我们应始终牢记"人才培养是大学的本质职能"②。在人才培养上，教学和科研目标一致，应当是互利互融的。③ 在大学里，研究、传授和学习是三位一体的，教师将其经验与方法传授给学生，学生通过学习来帮助教师共同完成科研任务。教师的主要任务不是单纯地"教"，而是引导学生进行学术研究；学生的主要任务也不是纯粹地"学"，而是在教师的引导下，培养学术兴趣、参与学术研究。

明确了教研融合这一目标，深圳大学在理论研究、机制设计等方面进行了一系列尝试，通过借鉴海外知名大学精英人才培养模式、汲取中国传统书院教育思想精华，探索出以"创新研究短课"和"聚徒教学"为载体的教研融合新模式，从而解决"教"与"研"融合不充分、"教"与"学"对接不精准的问题。本文将以深圳大学为例，具体分析阐述这种教研融合新模式的理论依据、内容体系、特色与意义，以及其如何解决制约高等教育发展与创新人才培养的两大矛盾。

二 "创新研究短课"开启本科生科研之门

相比国外更加多元化的"授课型 + 研究型"教学模式，国内大学普遍的"老师讲，学生听"的单一授课方式一方面让原本学

---

① 李欢、魏宏聚：《欧内斯特·博耶"教学学术"思想评析》，《理工高教研究》2009年第28卷第6期，第106—108页。

② 陈宝生：《坚持以本为本 推进四个回归 建设中国特色、世界水平的一流本科教育——在新时代全国高等学校本科教育工作会议上的讲话》，2018年6月21日。

③ 李延保：《双一流背景下高校人才培养目标如何定位》，2016年12月10日，http：//www.sohu.com/a/121199201_105067。

习积极性不高的学生提不起兴趣，另一方面也使部分有潜力、肯钻研的学生得不到进步的空间和良好的平台。在大众化教育的背景下，如何让更优秀的学生脱颖而出成为精英？如何为人才的培养提供肥沃的土壤？源于这些思考，深圳大学探索开设"创新研究短课"。

"创新研究短课"分为四类：科研项目类、专题研讨类、专技实践类、学院特色类，一至四年级学生均可选修，共开课18学时，计1学分，但不计入绩点。课程采用小班授课、独立研究、积极讨论的形式，内容大多是科学前沿和热点问题，教学目的在于提升学生的自主研究积极性、创新思维能力、学术视野和实践能力。

短课课堂是"以学生为中心"的新型课堂，提供了教师与学生直接交流的平台，实现了以"教"为中心向以"学"为中心的转变。为了打破传统以教师为主体的照本宣科的"满堂灌"授课模式，研讨会、交流会、读书分享会、自由辩论、小组讨论等更加多元化、研究性和实践性的教学活动被采用和推广，达到了让学生在课外大量阅读、在课内积极发言讨论的目的，显示出"翻转课堂"的效果。

"创新研究短课"对师生双方既是机遇又是挑战。学生需要付出更多的时间和精力进行课外自主学习研究，但是他们收获的不仅仅是一门课程的学分，更是接触最新科研动态的机会和提高科研能力的训练。短课的双向选择制对教师教学水平提出了更高要求，但课堂上的师生互动能更好地反哺教师的教学与科研，达到了"教学相长"的效果。

三 "聚徒教学"实现因材施教

"聚徒教学"起源于中国古代私学的一种教学形式，其形式灵活，同时也蕴含了极丰富的内涵和教学理念。作为一种古老的教学方式，在我们一直提倡个性化教育、创新教育的今天，仍不失为一种优点鲜明的教育方式。"聚徒教学"突破体制的限制，对于培养创新型人才大有裨益。[①] 深圳大学将这种传统教学方式与创新创业人才培养相结合，推出"聚徒+"创新教育模式。

"聚徒教学"是一种以研究性教学为基础的精英教育模式，是课堂教学的延伸与拓展，以拓宽学生学术视野、培养学生创新能力、激发学生自主学习、提高学生实践技能为目标。教师在课外以"师带徒"的形式将课堂教学中无法传授的学术知识教授给热爱研究且又学有余力的"弟子"。

"聚徒教学"分为"聚徒+创研""聚徒+创客""聚徒+实践""聚徒+悦读"四大模块。"聚徒+创研"模块主要由学术科研领域的知名教授、特聘教授、院士等专家为代表的聚徒导师，在课外招募或选拔有科研兴趣的学生，以项目小组或学术小组的形式，基于科研项目或围绕学术研究专题开展"聚徒教学"，目标在于激发学生的科研兴趣和学术热情。"聚徒+创客"模块主要由拥有丰富企业背景和创业经验的聚徒导师，在课外招募或选拔热衷于创意、设计和制造的学生，通过创意分享、案例教学、经验交流、作品展示、参观游学等多元化教学方式，结合校

---

① 余静、刘志刚：《论"聚徒教学"之溯源及其现实意义》，《高等理科教育》2013 年第 5 期，第 122—125 页。

内外各类创客活动开展"聚徒教学",目标在于训练学生跨界思维和批判性思维,帮助学生建立创意逻辑、培养创意思维、提高创意能力。"聚徒+实践"板块由资深实验指导教师和竞赛辅导教师,基于产学融合、校企合作协同育人的人才培养模式,以教师讲授辅导和学生实操相结合的方式开展内容丰富的实验教学指导、学科竞赛指导、调研考察实践或创作制作等,目标在于培养动手能力强、综合素质高的创新实践人才。"聚徒+悦读"板块由青年教师和开设品牌通识课程的教师,在课外招募或选拔热爱阅读的学生,组织阅读小组,通过读书交流会、读书笔记分享、主题研讨、论题辩论等形式,定期开展交流分享活动,目标在于通过阅读经典全面提升学生阅读、表达和写作能力。

"聚徒教学"突破时间和空间的限制,打破年级和学科的壁垒,实现泛在化教学;创新教学方式,通过研究型学习激发学生自主学习能力,实现因材施教;以"师带徒"的模式提供师生直接交流的平台,实现学术经验传承。

四 "FUES"四阶段培养,实现 "教"和"学"的精准对接

深圳大学经过多年的探索,总结出"FUES"四阶段人才培养理论,通过"短课"和"聚徒"对应"发现问题(Find)→理解问题(Understand)→探究问题(Explore)→解决问题(Solve)"四个阶段,实现教师引导和学生学术兴趣发展的精准对接(见图1)。前期,教师通过"短课"的创意选题和项目开展,有效地引导学生培养初级发现问题和理解问题的能力;后期,学生通过深度参与丰富多样的"聚徒"教学活动,获得探究问题和解决问

题的途径，最终转化为各种类型的学习成果。

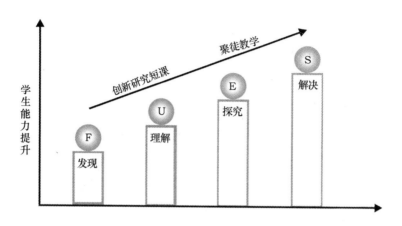

图1　个体创新学习成长历程

（一）发现（Find）——创新学习项目的创意选题

"创新研究短课"实行师生双向招募制，教师通过校内公文通、学院网站、学生论坛等多种途径公布开课信息，招募学生；学生自愿报名，并可在课程开课的第一周现场试听。"短课"选题大多是科学前沿和热点问题，目的在于激发学生的科研兴趣和学术热情，使本科生提前接受科研能力训练。好的选题能在第一眼吸引学生眼球，激发学生的兴趣，使学生接触最新的科研动态、发现学术的奥秘、领略科研的魅力，让学生主动投身于科研和学术的队伍。双向选择机制能更好地保障学生学术兴趣和教师教学引导的精准对接。

（二）理解（Understand）——创新学习内容的有效引导

"创新研究短课"大多开课6次或9次，计18学时、1学分，采用小班授课，学生人数一般不超过 20 人。如何在有限的课时内最大限度地激发学生原始思维能力、开发学生独立研究能力是"短课"的任务和目标。传统以教师为主体的照本宣科的"满堂灌"授课模式显然已不再适用，"短课"这一新型课堂对教师和学生都提出了更高的要求。学生对学习内容的掌握不仅仅停留于"了解"，而应是深入分析后自我加工形成的"理解"；教师对教学内容的把握不再停留于基础知识点的讲解和梳理，而应更多地聚焦学术研究方法的传授、科学研究目标的制定、研究内容的理解、技术路径的探索等。所谓"授之以鱼，不如授之以渔"，"短课"教学过程中的教师扮演的是引导者的角色，目的在于将学生"领进门"，使其在自主学习的过程中锻炼分析问题、理解问题的能力，从而为后期更深入地探究和解决问题奠定基础。

（三）探究（Explore）——创新学习过程的深度参与

有了"创新研究短课"的前期基础，学生通过"聚徒教学"进一步全面提升，从而获得探究问题和解决问题的能力。"聚徒教学"打破时间和空间的限制，为师生提供更自由和多元的课外学习环境。"师"将"徒"聚集起来，以丰富多样的形式开展自由探究、研讨和实践，如组织小组讨论、自由辩论、学术研讨会、读书分享会、野外考察、社会实践、远足游历、学科竞赛等。师范学院潘海东教授的《诗书第》"聚徒教学"组织学生外出采风，在游览凤凰山的同时进行诗歌创作；生命与海洋科学学院郑易之教授的《校园植物资源调查》"聚徒教学"组织学生实地辨识植物，观察植物的科属特征，为校园植物分区域分类挂牌；法学院蔡元庆教授的《公司法理论与实践研究》"聚徒教学"定期开展研讨会、茶话会，通过模拟法庭辩论等形式加深学生对法律理论的理解和应用。

所谓的"深度参与"不仅体现在教学形式的多样上,还体现在教学对象的多元上。"聚徒"招募到的学生大多来自不同专业、不同年级,他们在交流学习过程中往往能碰撞出更多思维的火花,更有效地深化和广化探究过程。

(四) 解决(Solve)——创新学习成果的高度凝练

学生通过"短课"和"聚徒"的连贯培养,最终收获学术素养的提升、科研能力的提高、实践技能的进步。然而人才培养的效果如何检验?"聚徒教学"的成果导向原则恰恰很好地解决了这一问题。学校定期收集、整理学生成果;"聚徒"导师们将每一期教学过程完整地记录、整理,汇编成一本本极具展示度的"宣传手册"。这些成果汇编充分体现了学生创新研究能力的跨越式成长。实践证明,学生参加"创新研究短课"和"聚徒教学"的经历对申请海外著名大学、应聘知名企业起到了积极的作用。

五 科研项目课程化+研究性学习泛在化,实现"教"和"研"互利共荣

为了将上述理论落到实处,解决教学科研融合不充分的问题,保证教研融合新模式的可持续发展,深圳大学分别对"创新研究短课"和"聚徒教学"提出了两点要求。

(一) 科研项目课程化

学校坚持本科生应该从进入校园开始就有接触科研的机会。

在理工医类学科领域，本科生应当成为教授和研究生科研团队中的初级成员；在人文社科类学科领域，本科生应当接触和导师的研究项目相关的初级科研材料。通过初级科研经历，本科生的学习经验和研究生的越来越接近。对于不打算继续读研深造的学生而言，在科研活动中锻炼出的分析问题、解决问题的能力也将为他们今后的职业生涯提供宝贵的经验。

"科研项目短课"是"创新研究短课"中主要的一类，它要求教师将科研项目带入课堂，转化为课程教学。以科研项目为载体，把科研项目蕴含的科学问题、研究内容、涉及的基本理论、先进技术和研究方法与手段融入到课程教学中，传授学生从事研究、创新的方法和技巧，学习项目选题立项、文献检索、申报论证、制订研究计划、完成研究过程和论文写作、提交成果等。课程结束后，课程主讲教师（项目负责人）可以挑选热爱研究且具有一定创新实践能力的学生进入项目组，参与教师科研项目的研究活动。科研项目短课的内容基本上是各学院老师正在主持的国家级课题，也就是说，今后不仅研究生能参与课题研究，本科生也可以提前训练初级科研能力。据不完全统计，深圳大学目前已开设的 608 门"创新研究短课"中，216 门课程依托于主讲教师的科研课题。

（二）研究性学习泛在化

所谓研究性学习，意为不拘泥于课本上的专业知识，而是更全面、更深入的探究性学习。"聚徒教学"提倡启发式教学，注重激发学生创新灵感，训练学生归纳推理能力、独立思考与批判思考能力、语言沟通能力、创新思维能力等。"聚徒教学"不是鸦雀无声的课堂，不是教师单方面的输出，而是以学生为主体的头脑风暴、唇枪舌剑、身体力行的第二课堂，是师生沟通交流的平台。教师应当把握教学方式的多样化、教学手段的多元化、教学内容的丰富化，通过启发式教学言传身教地引导和影响学生。为了达到泛在化的效果，教师需要充分利用"聚徒教学"在时间和空间上的自由，利用一切资源，创新教学方式，例如以研讨、讲座、企业参观、实地调查等形式开展教学活动，寓教于乐，让没有学分要求和考试压力的"聚徒教学"展现出更为实用的价值。

泛在化还体现在"聚徒"的传承性上。"聚徒教学"借鉴中国古代儒家思想和书院制度，其最大的魅力体现在"传承"二字上。教师教授给学生的除了学术知识和专业技能外，还有经验、思想、品格。如同生命与海洋科学学院汪安泰老师的聚徒弟子卢彦宏所言，"老师善谈，总是在日常生活中与我们讲讲他的学生时代如何学习，如何锻炼身体，讲讲师兄师姐的成功往事，鼓励我们坚持探索，勇于挑战，做一个与众不同的实力派本科生"。可见，师徒之情如同父子，徒是师学术追求的传承，更是师人格精神的延续。

借用深圳大学印度研究中心郁龙余教授的评价："聚徒教学，是一种既老又新的教学方法。它的最大特点是拒绝工业生产的冷漠，而赋以个性化的热情与关爱，将老师的专长与事业心和学生的兴趣与积极性结合起来，使之发挥到极致。既重视结果，也重视过程，将'要我学'变成'我要学'。与此同时，学生的品行和知识一起获得了培养和提升。"这段点评恰恰和"由科学而达至修养"的洪堡理念不谋而合。

六 课内"短课"+课外"聚徒"，创新人才培养全流程

通过课内外相结合的方式，以"创新研究短课"和"聚徒教学"作为学术方法和科研训练的载体，进行全流程的创新人才培养（见图2）。

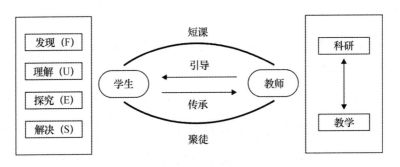

图2 创新人才培养模式图

"创新研究短课"是体制内的课堂教学，被纳入培养方案，学生修读"短课"能获取相应的学分。教师通过"短课"引导学生入门，激发科研兴趣、训练创新思维、培养实践动手能力，使学生获得初步的科研能力、基本的学术素养和基础的实践技能。在"短课"的授课过程中，教师能发现好的苗子进行后续培养，而"聚徒教学"提供了延展人才培养的机制，使之成为一个连贯的过程。"聚徒教学"是体制外的课外教学活动，由教师和学生自发组织、双向选择，学生无法获得学分，教师也无法计算工作量。相较"短课"，"聚徒"的学生普遍是真正热爱研究且学有余力的少数精英；教学内容往往是更加专、深、精的学术热

点和科学前沿；教师的指导不仅仅局限于学术知识和技能培养，还体现在通过言谈举止和人格魅力直接影响学生，传承思想、经验和品德；教学效果上注重学生个性化成长，以成果为导向。

课内"创新研究短课"和课外"聚徒教学"的有机结合，保障了研究型教学模式的全流程运行，形成了人才培养的有效机制。教师通过"短课"引导学生学术发展，学生通过"聚徒"传承思想经验。在这个过程中，师生双方都能受益：学生经历"FUES"四个阶段的成长，最终收获学习成果；教师在教学活动中挖掘人才，不断充实自己的科研队伍，最终实现教学和科研的双丰收。

七　新模式的特色与意义

（一）促进了教学与科研的互利互融

该模式能在一定程度上促进教师在教学与科研上的互利互融，缓解高校学术发展与人才培养之间的矛盾。一方面，教师将科研项目转化为本科生课堂教学资源，即科研项目课程化，有利于提升高校课堂教学质量、促进教师与学生的全面发展、完善创新人才的培养体系。另一方面，短课教学和师徒互动中的新启发、新角度也能更好地激发教师科研思路，实现教学反哺科研；师生双向选择制对教师的教学水平提出更高的要求，能有效地促进教师的教学水平与科研能力进步，达到教学相长的效果。

（二）构建了独具特色的创新人才培养体系

该模式是广泛开展个性化教育，系统实施因材施教，全流程培养创新型人才的特色之举。通过"创新研究短课"的创意选题和项目开展，激发兴趣、启发思维，引导学生入"学术门"，继以"聚徒教学"拓展学术研究深度，形成递进式创新人才培养体系。

（三）实现了学生学术兴趣与教师引导的精准对接

该模式能为师生互动交流提供良好的平台，实现以"教"为中心向以"学"为中心的转变。教师由知识的传授者转变为学术、经验、思想的传播者；学生由知识的接收者转变为自主学习者。师生双向选择制有效地实现了学生学术兴趣与教师引导的精准对接。

八　新模式的效果与影响

"聚徒教学"经过九年的持续开展，共计开展 272 项；"创新研究短课"经过六年的探索实践，共计开课 608 门。经过多年的理论研究和实践检验，以"短课"和"聚徒"为载体的科教融合新模式取得了丰硕的成果和良好的推行效果。

学生创新能力显著提高。学生通过参与"创新研究短课"和"聚徒教学"取得了丰硕的成果，例如在"挑战杯""创新创业杯""学创杯"等各级各类学科竞赛和赛事中获奖；参与创新创业训练计划项目及实验室开放基金项目；参与创新创业训练计划项目及实验室开放基金项目；在 *Chemical Communications*、*Zoological Studies* 等国际期刊（SCI 收录）、国家级学报及其他各级各类期刊上发表学术论文；申请专利，如"优化天文学软件 gridding 的方法""一种基于智能勘测球的火灾灾情勘察系统"等；

获国家、社会、企业、学校各级各类奖学金，如"国家励志奖学金""腾讯创始人创新奖学金""学术创新优等生"等；本科生毕业后赴国内外知名学府继续深造，如剑桥大学、密歇根大学、香港大学、清华大学、中南财经政法大学等。据不完全统计，深圳大学近三年各类学生成果达285项。

教师教学、科研水平稳步提升。教师通过开展"创新研究短课"和"聚徒教学"，获得诸多奖项，例如：师范学院张又丹教授获香港（亚洲）钢琴公开赛"杰出导师奖"、深圳市"优秀教师"等荣誉称号；生命与海洋科学学院汪安泰老师携"聚徒"弟子创立"动物新物种探索与发现"团队，被中央授予"小平科技创新团队"称号，另获"挑战杯"（国家级）"优秀指导教师奖"、广东省大创项目"优秀指导教师奖"6项。机电与控制工程学院程涛教授带领"聚徒"弟子，作为深圳大学创客团队，参加2015年中国（深圳）文博会。文学院牛鹏涛老师与"聚徒"团队创建学术刊物《国学论丛》。师范学院蔡枫老师与学生们共同编纂《印度犍陀罗雕刻艺术图文研究》，拟发表专著。据不完全统计，深圳大学近三年各类教师成果达115项。

以"创新研究短课"和"聚徒教学"为载体的教研融合新模式得到教育界广泛认可，多家媒体对深圳大学独具代表性的"创新研究短课"和"聚徒教学"给予充分肯定。《深圳特区报》在《"聚徒教学"成校园美丽风景》一文中评价聚徒教学"是深圳大学教学改革的一大创新，是一种以研究性教学为基础的精英式教学模式"；在《培养高素质创新创业人才》一文中评价通过该模式"教师将科研项目带入课堂，将产业技术融入实践，与课外'聚徒教学'相结合推进创新教育"；《南方教育时报》在《深大首开50门师生双选制短课》一文中评价"深大在本科阶段就推出科研短课，让教师与学生进行直接交流，学生在大二起就进行初级科研能力短训，这是本科教学的实质回归"。

以"创新研究短课"和"聚徒教学"为载体的教研融合新模式经过多年的实践检验，收获了丰富的成果和教育界的广泛认可，深圳大学也因此获得 2017 年广东省教学成果奖一等奖。

九　结语

"创新研究短课"将科研项目课程化，真正使学生提前接触科学研究，培养学生发现问题和理解问题的能力；"聚徒教学"将学术研究泛在化，使学生的学术兴趣发展与教师引导有效对接，培养学生探究问题和解决问题的能力。根据学生成长"FUES"四阶段，通过"短课"引导学生入"学术门"，激发兴趣、启发思维，继以"聚徒"拓展学术研究深度，形成递进式创新人才培养过程，构建了教研融合的新模式，既实现了教研互利互融，又体现了因材施教和教学相长。以"创新研究短课"和"聚徒教学"为载体的教研融合新模式，实现了学术研究与人才培养、科研与教学的融合发展、良性互促，真正将教研融合落到实处，将内涵发展和质量提升落到实处，将创新人才培养落到实处。该教研融合新模式可广泛应用于其他高校，具有相当的复制和推广价值。

深圳大学深化创新创业教育改革工作实践

陈一鸣[*]

摘　要：自深圳大学 1983 年建立之始，"创新创业"始终是其成长发展的主旋律：毕业不包分配制度、就业推荐制度、勤工俭学制度、收费制度、奖学金制度等先河探索，事事突破创新，人人争创事业。一个拥有创新创业精神的大学，一批时刻创新创业的教职员工，十多万饱含创新创业基因的深大毕业生，88% 扎根深圳，成为特区建设的砥柱人才，"特区大学"的称号实至名归。

自国家实施"大众创业，万众创新"战略以来，深化创新创业教育改革工作被学校定位为"一把手工程"，提出面向全体大学生、贯穿人才培养全过程、全校全员参与的创新创业教育理念，在课程建设、特色实验班建设、创新活动、创客扶持、载体建设、资源整合、文化建设、激励机制和师资队伍建设九个方面全力推进。

关键词：深化改革；创新创业；课程改革；创业教育生态

---

* 深圳大学创业学院。

深圳大学伴随深圳经济特区共同成长，学校的创建始终贯穿着特区敢为人先的创新创业精神，这种精神成为深圳大学和深大人的鲜明特质。校友满意度名列全国高校前茅，PCT 专利授权数量连续两年排名全国高校第一，"2018 中国最具财富创造力大学排行榜"上的深大校友总财富近 6000 亿元，雄踞全国高校第一，涌现出以马化腾、史玉柱为代表的一批创新创业领军人物，创新创业成为学校人才培养的特色和基因。

一　总体思路

（一）指导思想

全面贯彻落实党的十八大以来中央和省市各项关于创新创业的决策部署和指示精神，牢固树立创新、协调、绿色、开放、共享的新发展理念，依托深圳大学各类创新创业载体，加快实施创新驱动发展战略，充分发挥高校为经济社会发展提供强有力的科技支撑、人才支撑和智力支撑的作用，加大创新创业载体支持力度，率先形成有利于创新创业的良好氛围，激发全校师生创新创业活力。

（二）基本原则

学校以产业创新、区域创新为重点，积极探索创新创业人才培养与协同创新的体制机制，主动服务于创新驱动发展战略，为地方经济发展特别是经济结构战略性调整和产业转型升级提供科技与人才支撑。强化与科研院所、企业深度合作，推动科技创新与产业发展无缝对接。探索创新创业国际化模式，推动管理体制、运营机制、金融资本筹集机制方面的创新，打造双创人才培养与科技成果孵化平台和创业基地。

（三）发展目标

围绕深圳地方经济建设，统筹谋划和顶层设计双创载体和支撑服务体系，加快创新创业人才培养，加强双创文化建设，开放科技创新平台，推动双创组织模式和服务模式创新；与国内外知名大学和区域高新技术企业合作，由政府、高校、企业共建创新创业园区，构建良好的创新创业生态系统。深化双创教育、科研体制改革，完善知识产权保护和技术创新激励制度，充分挖掘人力和技术资源，促进科研成果转化，把人才优势和科技优势转化为产业优势和经济优势，打造双创教育与培训、科技成果转化与推广、双创支撑服务体系完善的示范基地，探索具有深圳特色的高校双创体系和经验。

二　顶层设计

继《深圳大学发展"十二五"规划》确立了"把深圳大学建设成为一所立足深圳、面向国际，高水平、有特色、在国内外有显著影响的创新创业型一流大学"的办学定位和目标后，学校在"十三五"规划中，继续坚持创新创业型人才培养的特色，将"探索创新创业人才培养，服务社会进步发展"作为"十三五"期间的主要任务之一。

2015年，学校切实贯彻《国务院办公厅关于深化高等学校创新创业教育改革的实施意见》和《广东省教育厅关于深化高校创新创业教育改革的若干意见》精神，出台《深圳大学关于进一步加强创新创业教育的若干意见》，提出面向全体大学生、贯穿人才培养全过程、全校全员参与的创新创业教育理念，在课程建设、特色实验班建设、创新活动、创客扶持、载体建设、资源整合、文化建设、激励机制和师资队伍建设九个方面全力推进。

2017 年，学校出台《深圳大学文化创新发展纲要》，文件重点要求强化大学生创新创业教育，推进人才培养与社会需求、人的可持续发展的融合，加强深港大学生创新创业基地等平台建设；弘扬"脚踏实地、自强不息"的办校理念，强化"自立、自律、自强"的校训精神，提升"开放包容、敢为人先"的文化品格，丰富深大精神的时代内涵。

学校先后在 2013 级、2017 级本科人才培养方案的修订意见中明确提出，围绕培养创新创业型人才，独立设置"创新创业实践与学生发展"模块，强化对学生创新创业能力的培养，不低于 18 学分。鼓励学生自主参加各类课外科技创新及创业实践活动并获得奖励学分，促进学生全面发展。

三 管理机制

深圳大学通过设立专门工作组，全面负责深化创新创业教育改革工作的总体规划，制定工作任务，下达计划目标，构建了统筹协同、资源整合机制，汇聚全校教学科研资源、行政后勤资源、校友社会资源，为深化改革工作提供组织保障。

2009 年 7 月，深圳大学创建大学生创业园，成立以分管校领导牵头，由校长办公室、人力资源部、监察审计室、计划财务部、后勤部、研究生部、学生部、团委、教务部、实验与设备部、科学技术部、社会科学部、校友会等部门负责人组成的创业园管理委员会，统筹协调创业园的发展和管理。

2015 年 6 月，深圳大学成立校长挂帅的大学生创新创业工作领导小组，下设大学生创业活动工作小组和大学生创新活动工作小组，分别由两位分管副校长牵头负责，领导小组成员包括党政办公室、教务部、学生部、研究生部、信息中心、实验与设备部、科学技术部、共青团等相关部门的主要负责人，齐抓共管。

2016 年 3 月，学校成立深圳大学创业学院，由分管副校长担任院长，教务部、学生部、共青团、校友会、管理学院、计算机与软件学院等有关单位主要负责人担任副院长，构建了统筹协同、资源整合机制，汇聚全校教学科研资源、行政后勤资源、校友社会资源，共同打造"课内＋课外""校内＋校外""线上＋线下""理论＋实践""精英＋大众"模式的创业教育品牌和工作平台。

2017 年 12 月，成立"深圳大学双创基地领导小组"，主管副校长担任组长，成员包括教务部、科学技术部、社会科学部、学生部、团委、研究生部、实验与设备部、计划财务部、西丽校区管理办公室、艺术设计学院、文化产业研究院等相关部门的主要负责人。

2018 年 7 月，为响应落实《国务院关于推动创新创业高质量发展打造"双创"升级版的意见》《广东省人民政府办公厅关于深化产教融合的实施意见》《深圳市人民政府印发关于进一步加快发展战略性新兴产业实施方案的通知》等国家省市有关文件要求，借力创新型国家建设和粤港澳大湾区国际科技创新中心战略规划的重大机遇，深圳大学和香港理工大学联合发起成立"大湾区国际创新学院"。同年 9 月，学校发文正式成立"大湾区国际创新学院"，依托创业学院，聚焦大湾区产业重点领域和战略性新兴产业，面向科技产业创新需求，探索构建紧密结合产业发展的人才培养模式，开设新学科新专业，大力培养具有较强创新和实践能力的应用型人才，致力于成为高质量国际资源交流、高水平政策研究、高层次人才培养、高价值项目孵化等为主要内容的创新敏感型国际化高等学院。

四 课程建设

学校不断优化人才培养方案，创建"创新创业实践与学生发展"课程模块，将创新创业教育全面纳入培养计划。注重将创新创业元素融入专业课程体系，打造一批特色鲜明、理念超前、科教融合、内容先进的品牌通识课程和品牌专业课程。

面向全体学生开设"创新研究短课"并纳入学分管理，"创新研究短课"设置科研项目短课、专题研讨短课、专技实践短课和学院特色短课四类，短课要求以学术研究性、学科前沿性、探索实践性为开课原则，以培养学生创新意识与实践能力为目的。面向全体学生开设以创业兴趣引导课—创业通识课—创业专长课为主线的创业系列课程。

深圳大学成立"深圳大学在线教育研究中心"，颁布《深圳大学关于推进在线教育的实施意见》和《全国地方高校 UOOC（优课）联盟 MOOC 课程质量与学分互认管理办法》等规章制度，加强在线开放课程的质量保障和学分互认。积极倡导发起并成立的"全国地方高校 UOOC 联盟"，简称 UOOC（优课）联盟。其加盟高校规模不断扩大，成员高校达 118 所，遍布全国 28 个省市，63 座城市，覆盖师生人数 250 万；MOOC 课程数量不断增多，上线 MOOC 课程数量达 216 门；学校参与度广泛，供课学校已有 48 所；学生选课人数不断增加，累计选课人次突破 30 万；

培训体系日趋完善，共举办了八期 UOOC 联盟教师培训和两期课程平台管理员培训，受益教师 615 人。

五　教法改革

学校在全校 30 个特色实验班、178 门（2015—2016 年）创新研究短课以及部分专业课中普遍采用小班化教学，提升学生学习的主体地位，强调师生互动，倡导启发式、研讨式、探究式、参与式教学。

学校推广过程性考核，通过考试带动学生学习方式的转变，近一学年采用过程性考核为主的课程达到 876 门次。在非实践类的专业课程考试中增设提高型附加题，采用非标准答案试题，重点考察学生对课程知识的理解、综合和应用。

深圳大学创业学院成立"深化双创教法实践中心"，学校创业园通过"深圳大学创业者联盟"资源平台，与腾讯公司、阿里巴巴、苹果公司、亚马逊（中国）、招联金融、深圳开放创新实验室等知名企业开展合作，邀请企业家、高管和技术专家，联合开设"创业实战"系列课程 25 门，其中学分系统课程 15 门，证书课程 11 门。

六　实践训练

学校建有 31 个教学实验中心，覆盖全校学生，满足教学实验和学生创新实践的需求。学校实施实验室开放计划，支持本科生早进课题、早进实验室，培养学生的创新精神和实践能力。学校与企业联合共建省级校外实习、实训、实践基地 24 个，企业共建的创新创业基地 34 个。学校设立"深圳大学学生创新发展基金"，资助学生创新创业项目，提供资金、指导、活动场所、交流平台。2015—2018 年合计资助了 1451 个学生项目。

学校专门设置深圳大学技术转化中心，南山工业技术研究院，龙岗创新研究院，龙华生物产业创新研究院，河源国际研究院 5 个技术转移机构，拥有专职工作人员 13 人，兼职工作人员 5 人，依托学校科技成果成立 24 家企业。

学校颁发《深圳大学本科生学籍管理办法》，明确规定"学校实行弹性学制，最长为八年"，"学生有下列情形之一的，应予休学：经学校批准休学创业的"。

学校联合深圳市教育局、市外办（港澳办）、团市委、深圳职业技术学院等单位，共同发起成立"深港大学生创新创业基地"，旨在建设服务海峡两岸和港澳青年大学生的创新创业教育实训、初创企业公益孵化、成熟企业加速孵化、企业集群创新生态四大平台，聚集创客、创意、创新、项目、资本、产业链和市场，集成创业教育、创业实训、创业孵化、创企融资、股权众筹、创客空间等功能，为海峡两岸和港澳青年大学生提供一站式创业服务的"众创空间"。

2015 年 5 月，创业园发起成立"深圳大学创业者联盟"。扶持校内创客创业类学生组织，繁荣创新创业文化；与 34 家社会孵化器合作建设"深圳大学大学生创业（创客）孵化基地"，以"双向进驻"模式开展合作，有效拓展了创新创业实践教育资源；聚集投资机构，定期开展项目路演，搭建投融资平台；与企业合作，开发"创业实战"系列课程，由企业家、投资人、高管、技术专家等校外人士担任授课教师。截至目前，已经聚集校内 21 个创客创业类校内学生组织、社会孵化器、投资机构、创新型创业企业、行业协会、法人社团等校内外机构近百家，组织开展创新创业培训、论坛、讲座、竞赛等丰富的校园文化活动。

基于深圳大学创业者联盟资源平台，由深圳大学创业学院、学院学部和知名企业联合共建"深圳大学专业型创客部落"，在互联网、生物、新能源、新材料、新一代信息技术等战略性新兴产业，海洋、航空航天、生命健康等未来产业，先进制造和涉及民生改善的科技领域以及文化创意领域，以课堂教学、创新实验、项目研究、创客育成、创业孵化等合作方式，共同发掘相关行业及创新产业的发展机会，开展创新创业型人才培养、创客团队培育、创业项目孵化和科研转化等方面合作。由此培养的学生创客团队中，有 57 个项目团队获得深圳市科创委总额 785 万元的专项资助。

七　教学管理

学校的人才培养方案规定了学生毕业所要求的"基本实践课程""创新研究课程""创业指导课程""学生发展课程"以及"自主课外实践"五方面的创新创业教育修读要求，最低不低于18 学分。配套制定了《深圳大学本科生"创新创业实践与学生发展"课程管理办法》以加强管理。

《深圳大学本科生创新学分认定办法》明确了创新创业学分认定与转换机制，该办法囊括了学术论文、学科竞赛、文学艺术、科研项目成果、发明创造、创业类、体育类和专业资格技能证书八类与创新创业教育密切相关的教育教学活动，规定了学分认定的类别、要求、标准和转换办法。

学校设置独立的"创新创业实践成绩单"，为每一位学生修读创新创业课程、参加创新创业实践建档立卡。

《深圳大学本科生学籍管理办法》明确规定"学校实行弹性学制，最长为八年"，"学生有下列情形之一的，应予休学：经学校批准休学创业的"。

《深圳大学本科生先进个人评选及奖学金评定办法》设立"学术创新优等生"奖项，奖励在学术理论研究、科技发明创造方面取得成果的优秀学生，按成果级别评定奖学金等次，不设比例和限额。

《深圳大学大学生科技创新竞赛奖励办法》对获得各级各类科技竞赛成果的学生予以学分认定、推免生资格等奖励，同时对竞赛指导教师除工作量奖励外，给予视同发表高级别研究论文的奖励，用于指导教师申报职称、评选学校高水平科研成果奖。

八　教师队伍

学校建立了一支专职教师队伍承担创新创业系列课程的教学工作。通过"深圳大学创业者联盟"汇集的商业孵化器、风投机构、创业教育机构、资源型企业等社会机构，引入科技达人、创业先锋、企业高管、风险专家等社会专业人士，开设了《股权设计与公司治理实务》《营销精英实战班》等一系列创业实战课程，形成了一支创新创业教育的校外师资队伍。

学校通过与教育部高校毕业生就业协会和中国创业智库合作，共同打造企业家创业导师库，指导学生创新创业项目的管理和运营。138 名企业家和公司高管被聘为创业导师。

组织教师参加创新思维导师（DDT）、创业咨询师、创业指导师、SYB 课程师资、创业导师认证、创新创业研修等各类创业教育师资培训，支持教师参加各类创新创业教育经验交流活动。

学校具有累计 2 年以上企业工作经验的专任教师 426 人，拥有来自企业、行业的教师 856 人，企业、行业外聘兼职教师授课达 10056 课时。

2018 年，158 名专任教师承担 191 家企业委托科研项目 223 项，合同金额达 63690000 元；学校与企业合作申报获得纵向科研项目立项 18 个，立项金额 1576000 元；与企业共建实验室、研究中心等研发机构数 24 个，与企业共同发表科技论文数 352 篇、共同获得的发明专利授权 7 件。

九 资金保障

学校充分利用中央财政支持地方高校建设专项资金、高水平大学建设专项资金、日常办学经费和社会捐助，设立"深圳大学学生创新发展基金"，每年安排资金超过 1000 万元用于资助学生创新创业项目，提供资金、指导、活动场所、交流平台。深圳大学创业园发布《深港大学生创新创业基地（深圳大学创业园）创业项目资助指南》，努力运用市场机制，优化资助周期和模式。2009 年至 2018 年，深圳大学在创业园的人员、资金、场地、水电、物业等方面的投入，折合人民币超过 3000 万元，无偿支持学生创业的资金超过 1900 万元。

十 特色示范

深圳大学创新创业教育改革特色鲜明。国家教育体制改革领导小组办公室以《深圳大学：推动创新创业教育"五个转变"》

为题，单篇推介了深圳大学创新创业教育改革经验和做法，经中央有关领导签发，以《教育体制改革简报》形式，印发全国。学校先后被评为"全国深化创新创业教育改革示范高校""广东省大学生创新创业教育示范学校"和"深圳市创新创业示范基地"。

学校创新创业教学成果丰硕。邢锋教授主持的《基于协同育人理念的地方大学创业教育系统构建与实践》获得第七届国家级教学成果二等奖。此外，学校创新创业教学成果还获得第七届广东省教学成果奖一等奖2项、二等奖2项。

学校毕业生自主创业成效明显。根据第三方数据调查机构的报告，毕业生自主创业的比例明显高于全国"985""211"院校平均水平。截至2018年，深圳大学创业园累计孵化大学生创业企业300家（其中，对15个台港澳和少数民族专项资助近100万元），团队持续创业近70%，销售额或市值1亿元以上的企业5家，1000万元以上的企业近30家。

学校创新创业教育获得社会肯定。全国各类媒体持续关注并广泛报道深圳大学在创新创业方面的举措和成绩，百度搜索"深圳大学创业教育"相关内容达431000条结果，形成良好的社会美誉度。

成功举办两届"深创杯"国际大学生创新创业大赛。该赛事是在国家科技部、教育部、财政部和中华全国工商业联合会指导下，由深圳市人民政府、科技部火炬高技术产业开发中心主办，深圳大学与20余家国内外知名高校及企业联合举办及联合执行，旨在支持全球青年大学生融入国际视野、国际元素和中国元素创新创业，推动国内外高等院校创新创业教育工作的交流与合作。两届"深创杯"大赛有来自全球50多个国家和地区、80多所高校的国际青年大学生，以及国内 200 多所高校的 2000 多个创新创业项目、10000 多名大学生报名参赛。最终，美国伊利诺伊理工大学和英国谢菲尔德大学的海归团队分别获得两届大赛的总冠军。

"深创杯"大赛始终秉承"创新、协调、绿色、开放、共享"的理念，共享资源、共建平台、共担责任、共赢成果，实现了让每个参与者都有满满的获得感。"深创杯"的参赛者和参与者，践行和传承"深创"精神，将深圳湾这团创新创业之火种，撒向粤港澳大湾区，撒向神州大地，撒向"一带一路"，共同推动创新创业高质量发展、打造"双创"升级版，为世界经济创新和谐可持续发展提供中国方案做出努力。

深圳大学"五个转变"创新创业教育模式的实践与研究

黄远健[*]　陈一鸣^{**}

摘　要：深圳大学在全国首提打造"双创"升级版的概念，并以此提出了"从少数向多数""从后端向全过程""从传统向新兴""从独立向协同""从内部向外部"的创新创业教育"五个转变"模式。

关键词：五个转变；创新创业；教育

一　"五个转变"创新创业教育模式的研究背景

（一）国家高等教育改革的政策背景

2017 年，党的十九大提出了"中国特色社会主义进入新时代"这一重大政治判断，我国社会主要矛盾已经由人民日益增长的物质文化需要同落后的社会生产之间的矛盾转化为人民日益增

＊　深圳大学团委。
＊＊　深圳大学学生创业园。

长的美好生活需要和不平衡不充分的发展之间的矛盾，在高等教育领域主要表现为人民群众渴望优质公平高等教育的诉求和利用教育阻断代际贫困的美好愿望①。

党的十九大以来，中国教育改革开启了向纵深推进的进程。2017年3月31日，教育部等五部门委联合印发了《关于深化高等教育领域简政放权放管结合优化服务改革的若干意见》，深化高等教育领域"放管服"改革，进一步扩大高校办学自主权。2017年1月底，教育部、财政部、国家发展改革委印发《统筹推进世界一流大学和一流学科建设实施办法（暂行）》，正式开启了继"211工程""985工程"之后的高等教育"双一流"建设新时期。2017年9月24日，中共中央办公厅、国务院办公厅印发实施《关于深化教育体制机制改革的意见》，要求健全促进高等教育内涵发展的体制机制。2018年8月，教育部、财政部、国家发展改革委印发《关于高等学校加快"双一流"建设的指导意见》的通知。

2018年9月10日，全国教育大会在北京召开。习近平总书记在全国教育大会上发表重要讲话指出，坚持深化教育改革创新。不断深化教育改革创新，成为我国高等教育发展的新常态。

（二）高校创新创业教育的现状

2015年5月4日，国务院办公厅以国办发〔2015〕36号印发《关于深化高等学校创新创业教育改革的实施意见》（以下简称《意见》）。

《意见》指出，近年来，高校创新创业教育不断加强，但也

---

① 国家教育部网站相关公开资料，2018年12月12日，http://www.moe.gov.cn/。

存在一些不容忽视的突出问题，主要是一些地方和高校创新创业教育理念滞后，与专业教育结合不紧，与实践脱节；教师开展创新创业教育的意识和能力欠缺，教学方式方法单一，针对性实效性不强；实践平台短缺，指导帮扶不到位，创新创业教育体系亟待健全。

2015 年 6 月，首届中国"互联网 +"大学生创新创业大赛全面启动。以竞赛为抓手，将高校创新创业教育成效具象化、可视化、评价量化，成为教育部评估高校深化创新创业教育的改革标准之一。

二 深圳大学创新创业教育的"五个转变"模式

（一）"五个转变"模式的由来

2016 年 9 月，国家教育体制改革领导小组办公室以《深圳大学：推动创新创业教育"五个转变"》为题，单篇推介了深圳大学创新创业教育改革经验和做法，经中央有关领导签发，以《教育体制改革简报》的形式印发全国[①]。

（二）"五个转变"模式的意涵

经验中提出了"从服务少数创业学生向覆盖全体大学生转变，将创新创业教育全面纳入人才培养体系""对学生创业的后端扶持向全过程扶持转变，让创业教育贯穿学生的整个大学生活""从传统创业项目孵化向新兴业态项目孵化转变，孵化更多

---

① 国家教育体制改革领导小组办公室：《教育体制改革简报》2016 年第 60 期。

附加值高、发展潜力大的新兴业态项目""从过去部门各自为战向协同作战转变,全面构建与大学相适应的新型创业文化""从主要依靠学校资源向更多争取校友和社会资源转变,使学生创业项目尽早得到社会的检验和支持"的创新创业教育新思路。

深圳大学在全国首提打造"双创"升级版的概念,并以此提出了"从少数向多数""从后端向全过程""从传统向新兴""从独立向协同""从内部向外部"的创新创业教育"五个转变"模式。

三 "五个转变"的具体实践——以学生创业园为例

(一)学生创业园的工作基础

深圳大学学生创业园于 2009 年 7 月建立,是国内首批"公益型创业园",当年在科技园租赁 700 平方米场地,每年投入 100 万元经费。自 2010 年起,在校内建设 2000 平方米场地,每年投入 200 万元经费。

学生创业园由分管校领导牵头,由党政办公室、人力资源部、监察审计室、计划财务部、后勤部、研究生院、学生部、团委、教务部、实验室与国有资产管理部、科学技术部、社会科学部、校友会等部门负责人组成创业园管理委员会,统筹协调创业园的发展和管理。

大学四年级以上、毕业一年以内的本科生、研究生和校友都可申请入驻学生创业园,每年扶持 20—30 家学生企业,每个企业给予 3 万—20 万元资金支持和 20—30 平方米独立办公空间,学校购买社会机构的管理咨询服务,免费提供给学生企业。

（二）学生创业园的做法

构建课程体系。构建创业通识、创业专长、创业实战三大系列课程体系。围绕培养创新创业型人才，独立设置"创新创业实践与学生发展"模块，强化对学生创新创业能力的培养，不低于18学分。2017年共开设创新研究短课105门、创业通识课27门、创业专长课10门、创业实战课程17门，持续建设双创教育特色班10个，基本形成创新创业教育课程体系。

加强平台建设。2015年5月，联合深圳市教育局、台港澳办、团市委发起建设"深港大学生创新创业基地"；2015年5月，发起成立"深圳大学创业者联盟"；联合共建10个"深圳大学专业型创客部落"。努力调动社会各界力量共同关注和扶持大学生创新创业，不断争取支持，推动形成政府、社会、学校联动共推的机制。

资助转型升级。2015年底，创业园资助周期由"一年一变"改为"半年考核"，资助模式由单一实体孵化改成实体虚拟并行孵化。2017年3月开始面向港澳台籍和少数民族籍学生开放专项资助。2017年，专项资助少数民族学生企业5家，台港澳籍学生企业3家，总额26万元。2018年第一期（5月），专项资助少数民族学生企业6家，台港澳籍学生项目3家，总额17万元。

（三）学生创业园孵化成效

2009年至2017年底，深圳大学在创业园的人员、资金、场地、水电、物业等方面的投入，折合人民币超过3000万元，无偿支持学生创业的资金1800万元。截至2018年6月，孵化大学生创业企业 271 家，团队持续创业近 70%，销售额或市值 1 亿元以上的企业 5 家，1000 万元以上的企业近 30 家。

第三方数据调研咨询机构提供的数据显示：2013—2017 届本科生毕业半年后，自主创业比例分别为 2.1%、2.5%、2.4%、3.78%、3.27%，本科生毕业三年后，自主创业比例为 7.1%。

四 "五个转变"模式的政策保障

党的十八大以来，深圳大学先后出台 200 余项综合改革举措，紧紧围绕高水平大学建设目标，加大人才引育力度，深化人事制度改革，优化专业与学科结构，构建多层次创新创业人才培养体系，加强产学研协同创新平台，服务深圳经济社会发展。

（一）顶层设计

2015 年，深圳大学印发《关于进一步加强创新创业教育的若干意见》，在课程建设、特色实验班建设、创新活动、创客扶持、载体建设、资源整合、文化建设、激励机制和师资队伍建设九个方面全力推进。

2017 年，深圳大学印发《深圳大学文化创新发展纲要》，提出强化大学生创新创业教育，推进人才培养与社会需求、人的可持续发展的融合，加强深港大学生创新创业基地等平台建设。

（二）高位推进

2016 年 3 月，成立"深圳大学创业学院"，分管副校长担任院长，4 个管理部门和 1 个学院的主要负责人担任副院长，构建了统筹协同、资源整合机制，汇聚全校教学科研资源、行政后勤资源、校友社会资源，共同打造"课内＋课外""校内＋校外""线上＋线下""理论＋实践""精英＋大众"模式的创业教育品牌和工作平台。

2018年7月，深圳大学与香港理工大学签署《共建"大湾区国际创新学院"合作备忘录》，在香港和深圳两地共管的"河套地区"，聚集优势产业，深化深港科技创新合作，推动大湾区创新创业可持续发展。9月，学校发文正式成立"大湾区国际创新学院"，依托创业学院，一套班子、两块牌子。

（三）完善配套

《深圳大学本科生创新学分认定办法》明确了创新创业学分认定与转换机制；设置独立的"创新创业实践成绩单"，为每一位学生修读创新创业课程、参加创新创业实践建档立卡。

《深圳大学本科生学籍管理办法》明确规定"学校实行弹性学制，最长为八年"，"学生有下列情形之一的，应予休学：经学校批准休学创业的"。

《深圳大学本科生先进个人评选及奖学金评定办法》和《深圳大学大学生科技创新竞赛奖励办法》对获得各级各类科技竞赛成果的学生予以学分认定、推免生资格等奖励，同时对竞赛指导教师除工作量奖励外，给予视同发表高级别研究论文的奖励，用于指导教师申报职称、评选学校高水平科研成果奖。

五 "五个转变"模式的探索与完善

2019年3月5日，李克强总理在政府工作报告中指出："进一步把大众创业万众创新引向深入。鼓励更多社会主体创新创业，拓展经济社会发展空间，加强全方位服务，发挥双创示范基地带动作用。"

"五个转变"模式给高校创新创业总结了一个特色鲜明的"深大经验"，深圳大学学生创业园的具体实践为进一步引领创新创业纵向发展、链接社会资源、鼓励社会资源服务大学生创新创业提供了参考思路，但在模式的具体实践中，还需从以下几方面去完善：

发挥区位优势。结合深圳大学地处深圳、辐射粤港澳大湾区的区位、环境、资源、人文等方面的特点优势，链接社会、校友、政府等多方面资源，为创新创业教育提供完整的实践生态和丰富的实践资源。

鼓励师生共创。鼓励教师和符合条件的校友、导师将科技成果产业化，带领学生共同创新创业，实现高校人才资源和科技智慧的输出。

挖掘校友资源。充分利用在深十万校友资源，构建校友之间的资源聚集、投融资对接等机制，争取成立"深大校友企业总部经济产业园"，发挥资源集聚效应。

强化赛事育人。坚持以赛促学、以赛促创、以赛促教，学练赛训，引导学生在"挑战杯""创青春""互联网＋"等大型竞赛中积累创新创业经验，增长智慧才干。

加强理论研究。借鉴国内外高校经验，依托管理学院学科建设，开展创新创业教育的理论研究，为教学科研提供创新创业的模型、案例和课程。

新时代下高校国际合作项目新机制的研究与应用

彭小刚 *

摘　要： 教育是国家发展进步的重要推动力，教育国际化合作也是促进各国人民交流合作的重要纽带，对于加强两国人文合作深入发展具有重要示范意义。而在教育国际化中，高等教育的国际合作成为主要的关注点。在国家政策引导下，我国高校已经有了较成熟的国际合作办学项目模式。然而，目前的中外合作办学项目一般定向一个学校，课程内容及管理组织形式以该国外大学为主，并采用独立封闭成班的管理模式。此类项目存在着出路较窄，课程无法与其他学校学分互认以及具有项目排他性的问题，无法较好满足新时代来自国内高校，学生以及国际合作的要求。本文以中外合作办学项目各方需求为导向，提出符合新时代要求的国际合作项目着眼点以及"以我为主，兼容并蓄，文化自信，满足需求"的新时代高校国际化教育合作项目的标准。在此标准下，设计出以建设国际衔接课程为抓手，以"课程主导，学

---

* 深圳大学国际交流与合作部。

分互认，灵活对接"为方式的国际化合作新机制 ICCM（International Connection Course Mechanism），并以一个实际应用为例阐述实施方法。经过研究及实践，该模式能很好融合中方高校，合作高校以及学生的需求，在"符合国情，以我为主"的办学方针下合理吸纳符合国际标准的优势教育资源，并为多形式国际化创新型人才培养模式提供了一个理论基础与新机制，为院校在开展国际合作、培养创新型人才方面提供积极有益的探索。

关键词：国际化教育；新时代；国际衔接课程

一　背景

随着全球经济一体化的趋势日益明显以及社会信息化逐渐普及，教育国际化也将会成为这两者结合的必然产物。教育是全世界关注的话题，不同国家教育理念，方法制度之间的差异也促成了通过国际化教育互相学习交流，取长补短的合作。提高教育国际化的水平有着深层次广泛的意义。因此，我国出台了相关法律法规，在规范国际化办学，促进教育国际化交流上形成了有力的保障。在过去的几十年里，随着国家及个地方相关国际化教育政策的推进及各个高校的响应，国际化合作办学的模式及内容不断拓展①②，但也遭遇了一些问题和瓶颈。③④⑤　随着党的十九大的召开，对国际化

---

①　胡卫中、石瑛：《国际合作办学中的教学改革与创新》，《教育探索》2007 年第 4 期。

②　刘芳、赵明：《高等教育国际化和高校国际交流与合作》，《继续教育研究》2007 年第 1 期。

③　黎琳、吴治国：《高等教育国际化：新概念与新走向》，《江苏高教》2004 年第 1 期。

④　雷忠学：《关于中国高等教育国际化的思考》，《江西师范大学学报》2002 年第 2 期。

⑤　张国梁、朱泓：《高等教育国际化与人才培养的若干思考》，《辽宁教育研究》2002 年第 2 期。

教育提出了新的要求，使得旧有的一些教育国际化合作的理念及模式需要进一步与时俱进。经过调研及研究，本文提出在新时代的要求下，一个成功的国际化合作项目应当从国家，中外高校，教师及学生等方面进行考虑，并提出一个"以我为主，利于各方，易于拓展"具体的标准。且通过这个标准设计一个"课程主导，学分互认，灵活对接"的国际衔接课程平台思路，用以对接各类国际化项目，形成一个易于推广、多方合作的合作新机制。

（一）高等教育国际化意义

高等教育国际化是近年来教育界的热点问题。参照国外主要发达国家，如美国、英国、澳大利亚等的经验，采用各种策略和方式积极推动高校国际化教育能够大力提高高校的国际知名度并取得更好的教育结果。

习近平总书记在深圳考察时指出，首先，推进教育国际化，有利于开阔眼界、增长见识。能更详细地了解及理解科学技术、教育变革、未来发展等新内涵，新趋势；也可以不断借鉴先进国家的教育理念和教育经验；还能培养大批具有国际视野，通晓国际规则，能够参与国际事务，与国际竞争的国际人才。

其次，推进教育国际化，能通过不同思维方式的激荡而产生创新，激发创新的潜能。在中国文化走出去过程中，可以得到文化差异的反馈，从而不断地去总结自身文化中的优势及不足，可以不断汲取他国优良文化，知己知彼，实现文化创新。

最后，推进教育国际化，有利于展示国家良好形象。各国在推进国家形象的时候，都会寻找合适的借力点。长期以来，出于某些目的，西方政客及媒体，在国际上未如实反映我国应有的形象。加上中华文化在世界上的传播速度和广度不如西方文化，产生了对我国文化的误解。通过教育国际化，加强国际交流，可以向世界展示中国的优秀文化，宣传中国和而不同的文化理念，让世界更好地理解中华文明的包容性、开放性的文化品格，真正树立起良好的国家形象。

（二）相关政策

为了更好推动并促进国际化教育，国家及地方各级政府纷纷出台文件，在国际化教育合作的领域，方式及法规上做出了动员及规定。

《国家中长期教育改革和发展规划纲要（2010—2020 年)》[①]中以单独的条目明确指出："引进优质教育资源。……鼓励各级各类学校开展多种形式的国际交流探索多种方式利用国外优质教育资源。"而美国是教育大国，更是教育强国，其教育领域内的成就斐然，与美国高校开展合作办学，将充分借助其优质的资源、先进的理念和完备的体系，借力给力，以优促优，进一步促进我国教育领域，尤其是高等教育领域的深化改革，同时在交汇融合中提升我国教育的国际影响力以及整体水平与层次。

广东省中长期教育改革和发展规划纲要（2010—2020 年）同样强调并要求加强教育国际交流与合作。努力培养理解多元文化、具有国际视野、懂得国际规则、能够参与国际事务和国际竞争的专业人才是广东经济社会持续快速发展的重要保障。为此，广东急需拓展与外国合作办学的领域，借鉴国际先进的教育理念

---

① 《国家中长期教育改革和发展规划纲要（2010—2020 年)》（2010 年 3 月 1 日），中国网（http://www.china.com.cn/policy/txt/2010－03/01/content_19492625_3.htm)。

和办学经验，吸引海外高端人才和学术团队，鼓励有条件的高等学校与外国知名高等学校合作培养人才，争创国家示范性中外合作学校和中外合作办学项目，引进国际先进的办学模式、课程体系和教材，提高教育教学质量和管理水平，为适应国家和省对外开放需要、更好地服务经济社会发展提供人才与创新驱动力。

深圳大学作为深圳市唯一的所综合性大学和规模最大的本科院校，承担着为深圳市输送大量高素质国际化应用型人才和为地方经济建设服务的重任，因此，当前的形势和自身的责任与定位，需要学校大力引进国外优质教育资源，开拓并实施一批高质量、高水平、高效益的中外合作办学示范项目，进而通过全方位的国际合作与交流，提升学校的教育教学与管理水平，培养更多的高素质国际化应用型人才，更好地为地方经济社会发展服务。

对此，学校在《深圳大学 2017 年工作要点》中明确提出"加强国际化的谋划布局和措施创新。拓展全球合作网络，加大与欧美发达国家以及'一带一路'沿线国家的交流与合作。推进人才培养国际化，积极拓展中外合作办学，优化校园国际化氛围。实施多种奖学金和激励措施，鼓励和帮助更多学生参与优质出国项目，鼓励在校学生走出校门"。

（三）原有体系及存在问题

根据《中外合作办学条例》和《中外合作办学条例实施办法》的有关规定，中外合作办学有合作设立机构和合作举办项目两大种形式。

在合作设立机构这种办学模式下，要求国内高校与境外高校合作设立独立运作的大学或者机构。其中，华东师范大学和美国纽约大学合作设立上海纽约大学（亦是美国纽约大学的中国校区），浙江万里教育集团和英国诺丁汉大学合作设立宁波诺丁汉大学（亦是英国诺丁汉大学的中国校区），西安交通大学和英国利物浦大学合作设立西交利物浦大学，北京师范大学和香港浸会大学合作设立北京师范大学—香港浸会大学联合国际学院，香港中文大学和深圳大学合作设立香港中文大学（深圳），武汉大学和杜克大学联合创办昆山杜克大学，温州大学与美国肯恩大学合作设立了温州肯恩大学等。以上这些中外合作办学所设立的办学机构除香港中文大学（深圳）外，通过高考或者自主招生，学生毕业后既颁发国内大学的毕业证，学位证，也颁发外方国外大学的学位证。办学模式的学制主要有 2 + 2、4 + 0、2 + 1 + 1 三种，第一个数字为在国内学习年数，后面的数字代表在国外学习的年数。

除上文所述的中外合作设立办学机构以外，还包括广泛存在于中方大学里的非独立"合作办学机构"，即在中方高校里与外方高校共同成立的联合学院或者称为国际学院。例如，北京工业大学—都柏林国际学院，海理工大学中德国际学院，南京信息工程大学雷丁学院。这些"联合学院"（国际学院）的招生和学制与独立合作办学机构无太大区别，毕业后颁发中外两校的学位证书。

另外，还有以中外合作办学合作举办项目的办学模式，其数量远多于合作办学所设立的机构。其要求是在某个双方约定的学科方向，在确保教育质量和教学效果的基础上，共同合作一个学位项目，可以通过高考招生（计划内），也可以通过合作双方同意的自主考试招生（计划外）。学生毕业后，计划内学生可以获得双方学位，而计划外学生仅获得国外学位。该类型项目与中外合作机构相比，双方投入资源较少，操作更灵活，能更快设立并运作。

以上几类中外合作办学项目，均需要按照流程向教育主管部门提交相关材料，获批的项目可在教育部中外合作办学监督工作信息平台①中查询。

此外，还有两类国内高校与国外高校合作的项目可以招收合格的学生。第一类为"校际交流项目"，面向国内高校正规录取学生，在入学后，通过中外学校之间，或者专业之间的协议至对方高校学习并获得国外高校课程学分，证书乃至学位的项目。第二类可称为"非学位国际化课程培训项目"，此类项目是经过双方学校约定，对有意至国外高校学习的学生进行国际化课程培训以助其更易融入国外学习。此类培训项目除了教育部留学相关部门及其合作机构特别许可的情况下，一般在国内培训时间较短（本科基本在一年以内）。因为在国内属于培训性质，学生仅获得国外学位。

以上种种国际合作项目在设计以及实施过程当中，产生了一些阻碍项目做大做强的因素。具体问题有以下几类比较突出。

1. 对接高校单一出路较窄

按照现有的规定，中外合作办学项目或者机构，都是一个国外高校与一个国内高校的合作。出于需要颁发学位的考虑，课程的设置以及考核必须针对双方高校而设置，故此一般的做法是双方经过充分协商，形成一个仅针对该项目的培养方案，且独立成班，针对中方高校招收的中国学生开放。这样的情况下，学生在无法达到国外高校升学的要求时，没有其他出路，往往要面临退

---

① 教育部中外合作办学监督工作信息平台（http://www.crs.jsj.edu.cn/index/sort/1006）。

学的问题，从而造成极大的精神及经济上的损失。另外，学生即使体现出超过该国外高校的学术水平，也无法升学到排名更好的高校。

2. 课程由国外高校主导不能很好融入国内体系

出于历史原因，为了获得国外高校文凭，许多中外合作办学项目中的课程都由外方主导。从教学方法、内容、考核到教材基本都必须按照对方高校的要求制定。如此设计的课程，虽然较好保证在课程完成后拿到对方学分，但是由于在教学内容方法考核上与我国普通课程的差异较大，往往很难满足中方院校的要求。这种设计，一是学生学业考核的一致性难以把握，二是为教务管理带来难度，三是外文教材的标准不一定能满足中方管理部门要求，四是未能很好体现中方院校在课程设计上的主导权。往往导致该类课程开课及管理成本偏高，自成封闭管理体系无法融入正常教学管理当中。

3. 教学层面无太大推动作用

多数项目按照双方约定以 1 + 3、3 + 1、2 + 2、3 + 2 等某个固定形式与境外本科院校对接，外方学校承认学生所在院校本科教育的学分，经过核定后确定学生获得境外学士学位。这种方式，双方高校各司其职完成各自课程的实施，没有任何教学方面的实质性合作，既无法借鉴经验，也无法引进资源，中方高校充当的只是境外学校生源后备基地和留学生预备班的角色，或者只相当于留学中介机构，难以开展任何带有地方院校特色的合作。

4. 学生类型单一，能力差异化大

由于班级独立成班，课程独立管理，使得上课的学生的来源也仅是参与该高校项目的学生，同时由于这种原因，在招生上就有一定难度。从教学成本上考虑，为了扩大招生，吸引生源，就

必须降低门槛，从而导致学生外语水平参差不齐，有的学生甚至无法适应外语教学环境，学习积极性不高，目的不明确。学生学习能力差异给教学和管理带来了很大的问题。

随着时代的变化以及需求的多样性，这些问题的出现将严重阻碍中外合作办学的进程，为了更好满足需求必须按照发展规律，了解中国高校、国外高校、学生家庭乃至社会需求等各方面的情况，解决存在的问题，推进高校的中外合作办学能力和水平。

二　新时代高等教育国际合作项目新要求与标准

近20年，随着我国在科学教育以及文化方面的发展，国力和教育水平不断提高，同时各方的需求也已经与当年开始开设国际合作项目时存在较大差异。在新时代下开展高校国际合作项目，必须妥善考虑已经出现的问题，了解最新的国家政策导向以及各方需求，才能设计出合乎要求的国际化项目。《国家中长期教育改革和发展规划纲要（2010—2020年）》指出，要培养"适应国家经济社会对外开放的要求，培养大批具有国际视野、通晓国际规则、能够参与国际事务和国际竞争的国际化人才"。《国家教育事业发展"十三五"规划》中也明确指出要引领经济发展新常态，为国家现代化建设厚植人才优势，培育创新动力，满足广大人民对更高质量、更为多样教育的需求。

首先，适应国家经济社会对外开放的要求，是提倡培养明白中国国情、了解中国规则的人才。随着中国高等教育的发展水平不断提高，其教育体系正在全方位获得世界认同，西方教育理念占绝对优势的思路已经不能成为主流，在对待高校的国际化教育合作的问题上，必须坚持文化自信，改变以往全盘引进西方高校课程体系，内容和教学方法的做法，重视体现中方高校的特色与特点，以"以我为主，兼容并蓄"的理念将西方优势教学资源合理引用到我国高校的合作办学项目中去。在项目设计中必须在课程体系，内容等方面都以符合中国国情，尊重中国规则为出发点，先考虑符合我国教育规律和法则的课程设置的要素，再追求与符合西方教学要求达成最大形式的融合。

其次，"具有国际视野、通晓国际规则、能够参与国际事务和国际竞争的国际化人才"是指在人才培养上需要培养既具有中国文化底蕴及爱国情操又能与其他文明融合的国际化人才。值得注意的是，以往判断国际化人才仅以语言能力，国际化认知能力为主。诚然精通外语、通晓外国规则是国际化人才的必备条件，然而忽略对各种外国文化内涵的判断、甄别和取舍，忽视这些能力之外的知识才能，忽视人的素质和品德，则很容易受到一些糟粕文化的同化。这就要求在课程体系中不应当舍弃与优秀中华文明及文化类课程的融入。

同时，以往的国际化项目更多关注"引进国际资源，送出我国学生"。一份由上海交通大学高等教育研究院发布的《中国重点高校国际化发展状况的数据调查与统计分析》报告显示：中国重点高校的国际化发展水平整体偏低，面向外国留学生开设的全外语（课程）课程数量很少，吸引外国学历留学生使用全外语授课的学科专业数量也很少，极大地制约了其招收外国留学生的人数。充分利用国际化课程，让留学生项目与中外合作办学项目的课程融合，使得在中国的校园内，中国学生与外国学生共同进行教学科研相关活动才是新时代形势下真正国际化的标志。

另外，为了满足广大人民对更高质量、更为多样教育的需求，设计国际化合作项目必须从国际化教育所设计的各方需求上找到平衡点。对于外国合作高校来说，学校学术声誉以及招生标准是不可妥协的前提，因此其在课程设置上，一般都会要求可以与其已有的项目后续课程对接，在保证这些前提下，多数外方高校希望更多吸纳合格的学生，以补充他们少子化导致的人数以及经济缺口。同时他们希望前期参与部分不过多投入。对于中方高校来说，则希望在原有教学体系的情况下不做太大改动，尽量集中课程资源并通过合作合理引入国际化课程，外籍教师以及促进学生的国际化。如果国际化教育的引进能促进国内高校的教学改革，科研提升以及通过国际化交流引入留学生则是额外的优势。对于学生及其家长来说，不太高的入学门槛，更广阔的专业，更多可供选择的学校以及更灵活对接符合学生特点的项目是他们最大的需求。

综合以上情况，在新时代的新形势下，必须明确合作办学的宗旨和目的，开阔眼界，转变观念，寻求多种渠道、多种模式的合作方式，建立既符合国情又能与国际接轨的教学运行与管理机制。根据以上思路及问题分析，构建一个符合时代要求的国际化合作项目必须以"以我为主，兼容并蓄，文化自信，满足需求"作为标准。符合此标准的高校国际化合作项目才能培养出合乎新时代需求的中外国际化人才。

三 ICCM 国际衔接课程机制的思路创新与设计

经过充分了解教育实质以及调研已有的高校教育国际化合作项目，我们对高校国际化教育有了以下几点认识。

（1）教育的实质是知识的传递，而知识本身具有共性。教育乃是使学生掌握知识。理论上说，用不同语言讲授同样知识内容的课程具备同样的效果，应当得以互认。这个特点使得多语言环境下的国际合作项目成为可能，为开拓国际合作的多样化打下基础。

（2）学科知识也具有共性。在学科层面上说，不管是世界哪个国家或地区的高校，一个学科最基本、最核心的知识点差异不大。主要区别在于不同国家用不同语言按照不同次序对知识进行编排。但在某学科学生完成学业时，所掌握的核心知识基本一致。按照这个规律，不同高校的同一学科具备课程共性，一个合作项目的课程也可以被其他合作项目复用。就这个意义上说，国际合作在设计上使用课程作为基本单位，将增加项目的灵活性和多样性。

（3）知识考核的重点是最终掌握知识与否，并非是否具备资格去掌握这些知识。由于固有的学科分类，以及出于教学资源不足的考虑，入学资格考核逐渐成为必要。若情况变化，教学资源变得充足的情况下，应当给予原先入学资格不足的学生机会，让知识考核回归本质，重点考核学生是否已经掌握该知识，而不去考究学生的出身、年龄，就读年限以及智力能力。这个认识对突破"项目、班级、年级"的概念，增加项目招生人数上有推动作用。

基于以上认识，结合"以我为主，兼容并蓄，文化自信，满足需求"的新时代国际合作项目标准，我们提出了以"课程主导，学分互认，灵活对接"为设计理念的国际化合作新机制 IC-CM（International Connection Course Mechanism），用以灵活组合国外合作高校的相关项目（见图1）。

ICCM 的基本组成单位是国际衔接课程（ICC），从概念上说，此类课程具有以下几个特点：

（1）以我为主，满足我国对该课程的知识要求，从而可以计入学生于国内的学位学分。

（2）得到国外高校的认可，并可以兑换国外相应课程的学分。

（3）教学语言为该课程在国际上最大认可度的语言。

（4）可以招收不同项目入读的中外学生。

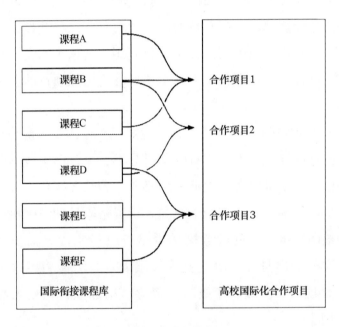

图1　国际衔接课程机制 ICCM

国际衔接课程机制（ICCM）的设计思路是以中方院校建设符合中外高校要求的国际衔接课程为主导，利用学分互认的原理，通过不同课程组合，满足认可该课程的合作办学项目需求。

在操作上，ICCM 首先由一所国内高校按照学科组织专家了解该学科的国内外课程体系，设计出一系列满足国内外高校要求并且可以兑换双方学分的国际衔接课程（ICC），并放入课程库中。当中外高校双方希望共建某国际合作项目时，由外方高校根据自身学术的要求，提出学生完成中方学习进入外方高校就读的学术标准及其他要求。根据此学术标准转化成为双方认课的国际衔接课程。对照双方认定的课程需求，从课程库中抽取满足课程要求的国际衔接课程，若发现项目需求的国际课程不在库内，则利用双方共建的形式构建新的国际衔接课程，最后将两部分国际衔接课程进行组合用以满足国际高校项目的需求达成构成项目的目的。国际衔接课程优先照顾开课单位学生，但在教学资源充分的情况下，不分专业，年级以及国籍，对所有需要该课程换取学分的学生开放，学生通过该课程考核则可以获得学分，由学生根据已有的学分选择对应的国际合作办学项目。

根据前文提到的认识，某成熟学科的主干课程及所覆盖的知识点在全世界范围内基本一致，通过知识点覆盖的方式，使得入库的国际衔接课程不断获得国外高校的认可。同时通过已获认可课程的不同组合可以满足不同高校同一学科的项目要求，使得中方高校可以通过一个国际衔接课程库搭建不同国家的不同模式的项目，为修读此类课程学生提供更多选择，解决了原有体系中出路较窄的问题。

新机制将原有的中外合作办学项目的粒度变细，以课程作为主要构成单位，强调课程符合中外各方的标准，不再是由外方主导。通过在内不断根据不同需求丰富国际衔接课程，对外则通过"抓药方"的课程组合方式与不同的外方高校谈项目合作，既满足了提高中外合作办学项目数量的要求又从实质上丰富了中方高校的国际化教学资源，起到了国际化促进教学的作用。

由于知识的无国别性，使得国际衔接课程存在可以复用的可能。若一个国际衔接课程同时满足多个项目要求，包括中外合作办学项目及留学生项目，所有项目的学生都可以参与该课程的学习。同时，某个学科所涉及的知识是有限的，也即是课程数一定是在一个范围内，不会随着项目数的递增而递增。此优点在节省了教学资源的情况下又丰富了课堂中学生的类别，为中外学生同堂学习奠定了良好的基础。

另外一个优点在于，该机制理论上可以对接不同国家各种类型的不同项目。由于课程的通用性，随着该模式的逐步推进，将形成一个由中方院校主导的课程受到来自世界各国高校认可的局面，对提高中方高校国际知名度及声誉有着极大的促进作用。

同时该机制最大限度满足了合作办学各方的需求。对于中方高校来说，在课程上既保持了中方特色减少管理难度和教学不一致问题，又可以与国外高校课程互认学分凸显国际化特性，课程复用又减少了教育成本。在对外洽谈项目中，根据已有的课程灵活组合，在理论上存在对接不同高校项目的可能，从而可以最大限度增加国际化项目的数量。课程的国际化必定带来外籍教师的增加，同时可以吸引更多留学生前来就读各类项目。再通过与外籍教师接触，了解其本身乃至教师院系、学校的教学科研资源，以外籍教师为突破口搭建起桥梁，进一步促进国内外高校教学科研合作，从而实现国际合作项目带动高校国际化的方方面面。对外方高校来说，合作项目的实施可以通过选择已有的国际衔接课程方式进行，降低实施复杂度和财力物力投入。学分互认的方式属于世界公认方式，减少了项目报批，材料准备的成本。由于课程最大限度对各类学生开放，在不降低学术要求的情况下增加了招生的可能性，符合国外高校的预期。对于参与项目的学生来说，不再是按照旧有的一个项目对应一个出路的机制，学生既可以根据自己期望的项目选择国际化课程，也可以在后续的学习中根据自己已获得的学分以及成绩情况动态调整所参与的国际合作项目，确保学生获得最大项目自由度和适配度，增加留学的可能性和保障。同时，由于国内修的课程可以冲抵国外学分，大大降低学生的成本，因此很好满足了学生的需求。

四 深圳大学国际合作办学项目——计算机专业

深圳大学国际合作办学项目——计算机专业（简称计算机国际班），是深圳大学以国际衔接课程机制为蓝本构建的一个国际校际交流项目。该项目利用深圳大学计算机与软件学院的国际化资源，构建出一系列符合国际化标准的计算机类课程。课程既纳入到深圳大学计算机专业要求的培养方案又得到不同国外高校的认可。在保证学院所有课程（包括思政类）要求的情况下，使得在读学生在修读深圳大学学位的同时，又可以灵活选择课程进行组合，满足不同高校不同层次如1+3、2+2、3+1，本硕连读等项目的要求。达到国外高校预备课程需求的学生可以直接对接合作高校的项目。促进了学生出国的可能和降低学生的出国成本。同时也为日后吸引留学生至深圳大学计算机专业就读专业课程，乃至学位创造条件。

项目实施步骤分为三步，首先，学院组织相关中外专家对英国、美国、澳大利亚、加拿大、日本、中国香港等高等教育比较发达的国家和地区的计算机培养体系进行综合分析抽取出共性课程。结合深圳大学计算机专业的课程体系，将相同或者类似的课程进行国际化处理，使得这一些课程满足国外高校计算机类课程要求。然后利用这些课程作为主干，加入深圳大学计算机专业的思政、体育、外语、实习实践等课程构造出符合深圳大学计算机专业本科的培养计划。其次，做到以我为主，通过利用这个培养计划里面不同年级的主干国际化课程，比对与计算机学院合作的国外高校校际交流项目，安排好课程的内容匹配以及开设时间最大可能性符合外方高校的项目要求，通过学分互认方式与对方高校探讨不同年限和形式的国际合作模式。最后，根据这个培养计划招收学生。

该项目于 2014 年在院内试运行，2015 年正式从应届一本录取的本科生中选拔，采取自愿报名，根据英语成绩进行面试的方式，按择优录取原则招收 30 名学生独立成班。按"深圳大学国际合作办学项目——计算机专业"培养方案实行学分制选课上课。同时，课程打破班级、项目、院系的壁垒，对非主选班级乃至其他学院对计算机专业感兴趣的学生开放，非主选学生在修够相关学分后，可以按照与国外高校的合作协议，直接转入对方高校学习，同时已修学分得到双方认可。这样使得本来没有机会获得国际化项目资格的学生，通过自身努力，不断跨专业修读此类国际化课程，存在对接国外高校相关专业的可能。

通过三年的实施，该项目的许多主干课程得到美国、英国、澳大利亚等国家知名高校的认可。在充分利用学校及学院的国际化资源的情况下，与境外多家高校签订了合作协议，使学生在大学期间可以根据自身情况，在不同年级通过学分互认方式灵活对接国外合作项目。根据不同合作高校的标准，符合条件的学生可选择项目包括短期交流（剑桥大学，牛津大学，杜克大学等），1＋3（昆士兰大学，迈阿密大学（ohio）），2＋2双本科（澳洲昆士兰大学，兰开夏大学），3＋1（美国哥伦比亚大学，加州大学圣地亚哥分校，加州大学河滨分校，田纳西大学，英国诺丁汉大学）以及 4 + 1 本硕连读（美国国际科技大学，桥堡大学）等模式。也可于本校直接申请海外高校研究生项目继续深造。

该项目的课程管理国际化课程体系从知识点上符合国内及国外高校要求，同时采用英文授课或者双语授课为主，使学生具备与国际主流高校计算机相关专业专业知识基础，可以以学分互认方式进入对方高校学习。提高学生的国际化水平，降低了出国的学习及经济成本。在课程管理方面，采用国际主流高校常见的学分制管理方式，打破传统的以班级定课的方式，学生通过修满相关学分，完成相关要求获得对应的学位或者辅修学位。简化了学生管理模式，提升了学生学习的目的性和能动性。同时以学分互认方式对接国外高校，学生可以从合作高校中挑选，改变了以往学校选择单一的问题。同时学分的互认，降低了学生的出国成本，提高了学生出国留学的积极性。由于教育资源的限制，目前该班级每届在全校理工类大一新生中选拔招收约 30 名外语及学习能力较强的学生，学生一半来自计算机用户软件学院。由于该班级核心课程为双语或者全英教学，为国外合作高校学生至深圳大学获得学分提供了可能。从而实现真正的中外学生同堂学习的国际化。

由于该项目的实施，为学生提供了较好的国际化能力基础。在学校和学院的奖学金支持下，每年有超过30%的学生参与不同种类的国际化合作项目，通过此类项目，国际班的学生既增强了自身国际化能力，又提高了学业能力及实践能力。首批 2015 级学生将于 2019 年 7 月毕业，截至 2018 年 11 月，已经有70%的学生获得国外录取或来自腾讯、华为、百度等公司的实习及正式工作岗位，取得了国际合作模式创新的预期效果。

五　结论与展望

在新的形势下，教育对外开放要以更高的站位、更宽的视域、更远的眼光认真谋划，拓展工作思路，既坚持已有的成功做法，又对标新形势新要求找不足、出新招，以更积极主动的姿态担当起新时代的新使命。本文在充分调研的情况下，针对原有国际合作项目中存在着出路较窄，课程无法与其他学校学分互认以及具有项目排他性等比较突出的问题，以新时代的新要求为导向，提出"以我为主，兼容并蓄，文化自信，满足需求"的新时代高校国际化教育合作项目的标准。在深入思考和理解高校教育国际合作的情况下，结合新标准设计出以建设国际衔接课程为抓手，以"课程主导，学分互认，灵活对接"为方式的国际化合作新机制 ICCM（International Connection Course Mechanism），最后以该机制为蓝本进行实际项目操作。作为一个项目实例，本文阐述了深圳大学国际合作项目——计算机专业的设计理念，实施过程与取得成果。

对比旧有中外合作办学项目模式，新机制在设计时从粒度更小的课程入手，以国际衔接课程组合衔接国际合作项目的思路体现了更好的灵活性。通过课程复用，使得教育资源得到合理整合，在减少课程重复建设的情况下又能对接更多的国际合作项目，体现了其拓展性，通过学分互认的方式对接国外高校减少了高校间的沟通成本，同时又能节省学生的费用体现了其便利性。当课程对接的项目数越来越多时，中方高校所构建出来的国际化课程也将得到更多国家高校的认可，体现了这个模型的标准性。这些特点将使得我国的国际合作项目更符合新时代的需求，更能被外方高校，学生及家长接受，从而有更好的国际认知度。

目前国际衔接课程模式仅在深圳大学计算机与软件学院得以推广，虽然初步达成一对多新高校国际化教育合作模式，但学生来源的单一性未能充分体现其优越性。在日后有更多不同项目的中外学生以及不同中外高校加入，将形成一个多渠道学生，多参与高校，多类型合作项目的三多模型，更能体现其拓展性及实用性。在三多模型中如何开设融合度更高的国际衔接课程，如何协调高校之间的学分互认，如何推动学生交流与项目对接，以及如何降低整体运作成本提高机制运作效率上，将成为国际衔接课程机制的后续研究方向。

培养体系篇

深圳大学特色班教学模式的探究与实践

陈辛未 *

摘　要： 特色班建设已经成为国内外各大高校积极实践和探索人才培养的新模式，深圳大学致力于打造一个教学特点突出、创新能力强、特点突出、就业前景好、个人全面发展的特色班级体系，为培育适应社会新形势的全方位人才以及综合素质过硬的经济建设者提供了一个新的途径，并取得了较大的成果。特色班教学模式作为深圳大学创新创业教育的先行者，始终注重探究人才培养的新理念，致力于教学方式和教育模式的创新，以培养"尖端的优质学生"为宗旨，积累了很多成功的经验，创造了许多示范性的典范。

关键词： 特色班；创新创业教育；人才培养

自 1999 年高校扩展至今，国内高等教育步入大众化。近年来，高等教育规模快速发展，为我国经济社会的快速、健康和可持续发展以及高等教育自身的改革发展做出了重要贡献。高等院

---

* 深圳大学教务部。

校是人才原始创新动力、教育与科研成果培养的主要基地，而特色班是高等院校教育体制改革的先驱，直接关系到人才培养及社会发展。特色班建设已经成为国内外各大高校积极实践和探索人才培养的新模式，为培育适应社会新形势的全方位人才以及综合素质过硬的经济建设者提供了一个新的途径，并取得了较大的成果。特色班教学模式作为深圳大学创新创业教育的先行者，始终注重探究人才培养的新理念，致力于教学方式和教育模式的创新，以培养"尖端的优质学生"为宗旨，积累了很多成功的经验，创造了许多示范性的典范[①]。

一　特色班建设的意义

特色班教学模式的建设是高等学校创新创业教育的全新探索，也是高校开展创新创业人才培养的集中体现。通过在高等学校开展特色班建设，努力建成一批办学水平较高、影响较大、竞争能力较强、深受社会欢迎的特色班，不但有利于促进学校创新创业教育的基本建设，而且有利于培养优势特色专业人才，适应社会经济发展需求，提升学校整体办学质量。

二　特色班建设的内涵与特征

（一）特色班级建设的内涵

所谓特色，是一事物区别于其他事物的本质特征，也就是自

---

① 张寒、赵惠忠等：《高等院校特色班人才选拔与培养机制》，《人力资源院校管理》2016年第5期，第62—67页。

身拥有的格外突出的个性、风格与特点等。广义的"特点"是一个中性的概念，可以指正面的特色，也可以指反面的特色，狭义的"特色"是指事物某些方面优于自身其他方面并优于其他事物同一方面的某些优秀品质。我们通常所说的"特色"是指狭义的特色，即表明与众不同，又显示优于众者。高等学校的特色专业是能够充分体现学校办学定位，在教育目标、师资队伍、课程体系、教学条件和培养质量等方面，具有较高的办学水平和鲜明的办学特色，获得社会认同并有较高社会声誉的专业①。

深圳大学特色班具有特色概念的基本特征，是学校在一定的办学思想的指导下，经过长期的办学实践而逐步形成的、相对稳定持久的、独特优质的发展方式。深圳大学特色班建设充分体现学校办学定位，在教育教学目标、师资认证、课程体系、教学条件和培养质量等方面具有较高的办学水平和鲜明的办学特色，是学校办学优势和办学特色的集中体现。

（二）特色班级的主要特征

深圳大学特色班具有以下基本特征：

（1）独创性：特色班是一个专业班级所具有的特殊性和个性在专业教学中的体现，是为一些成绩优异，学有余力的学生所提供的提高培优教育，因此具有明显地区别于其他班级的特点。

（2）普遍性：任何事物都是共性与个性的统一，特色班也不可或缺地具有其他班级所具有的共性。

---

① 于改之、贾配龙：《高等院校特色班建设探究》，《理论探索》2012 年第 10 期，第 3—7 页。

（3）先进性：特色班级一般是学校根据社会的需求或事物的发展规律而创建的，是科学、合理、系统的办学思想和管理经验的结晶。特色是学校办学优势的集中体现，必然反映了事物发展的状态和趋势，代表了事物在这一领域的发展进程及水平，即"人有我优"。

（4）稳定性：特色班是各个学院在深入了解社会需求和本学科学生的学习情况的基础上，结合本院办学优势而开设的，是一个充分论证、慎重选择，通过各种制度加以保障的结果。

（5）发展性：特色班的建设随着社会的发展而发展，随着办学条件及师资力量的改善而不断提升，具有时代的特征，特色班的先进性决定了特色班不会一成不变，应与时俱进，不断创新，不断增加新的亮点和培育新的特色，始终引领班级建设的方向，即"人优我新"[①]。

三　特色班建设现状分析

（一）创新工作理念制度

正所谓思想指导行动，特色班建设必须首先在思想观念上进行创新，以适应特色班建设的需要。上至学校管理层、下至每一个学生都要对此有一个清晰的认识。近年来，一方面我国高校毕业生就业难问题越来越突出，应该引起学校高度重视；但另一方面，我们也看到，企业对具有相当实践经验的技术人才或实用性技能人才的需要也很迫切。这个矛盾主要是由于中

---

① 牛国庆、王海娟：《对高等特色专业建设的思考》，《河南理工大学学报》（社会科学版）2009 年第 10 期，第 65—69 页。

国不少高校对社会的人才需求关注不够，甚至闭门造车，培养的学生与社会需求存在严重的脱节导致的。要改变这种局面，高校应该时刻关注世界产业发展的概况，尤其是我国以及高校所在地的发展情况，根据办学定位、办学特色、学科优势等自身实际和社会对各类人才的需求，及时对相关专业课程设置进行改革。

另外，特色班的稳定性决定了只有完善相关的教学管理制度才能保证一个特色班乃至专业建设的稳定性，主要包括学生的管理制度、课程的设置调整制度、经费的投入保障制度等，为特色班的平稳快速发展提供制度保障。

（二）优化特色课程体系

特色班建设必须在明确的人才培养目标和科学合理的人才培养方案下，建立特色鲜明的课程体系。学校要根据自身的办学优势和社会的发展对课程的教学内容进行改革创新。在课程设置上仍然遵循"理论与实践相结合"，构建多样化教学模式，课程安排要形成一个有机的系统，真正培养一批满足社会需求的高素质人才。

（三）加快转变课堂形式

在保证实现培养目标的前提下，要突破以知识传授为中心的传统教学模式，利用现代信息工具，探索以能力培养为主的启发式教学模式，积极尝试多媒体教学和网络教学等形式，开展实践性活动，真正将知识转化为生产力。

（四）加强师资队伍建设

良好的师资队伍是开展好特色班建设的重中之重[①]。教师队伍的建设主要有四个方面：一是加强自身教师的培养。完善教师的进修学习机制，加强与国内外知名大学或研究机构的合作，探索与企事业单位的合作办学模式，让教师能够有学习先进知识、接触实践操作的机会，培养自己的特色教师。二是加大特色教师引进。根据专业发展、教学的需要，积极地引进一些科研能力强、教学效果好、具有某方面专业技能的优秀教师。三是重视客座教师的队伍建设。从知名的企事业单位的一线或研究单位聘请一定数量的兼职教师，同时，积极邀请国内外著名的专家学者和高水平专业人才来学校任教或开设讲座。四是积极与其他学校合作办学。特别是国外院校的特色专业课程，结合社会发展趋势，鼓励学校联合发展交叉学科，在教学设施、教师资源等方面实现共享。最终形成一支年龄、职称、学历结构较合理，教学与科研综合水平高的教学团队。

（五）加大经费保障力度

首先，加大经费投入，是开展特色班建设的重要保障。学校、学院本身要加大资金的投入，另外，积极地吸引社会、行业以及企事业单位的支持、参与，共同办学。加强实验室建设及资料阅览室建设，购买实验设备和实验器材；购买最新的相关书籍，为教师授课提供更多的参考资料，也能拓宽学生的视野，便

---

① 刘彬让：《试论高等学校的特色专业建设》，《高等农业教育》2008 年第 3 期，第47—49 页。

于学生获取最新的学术信息，为学生的发展提供一个宽广的学术平台。其次，提高教师和学生的积极性，让教师把更多的精力投入到特色学科、专业的建设研究中来。要加大实践教学基地的建设，培养学生的实践操作能力和工作经验。要积极拓宽实践教学渠道，加大与社会、企事业单位一线的合作，共同开展实习教学，既为企业的发展提供了支持，同时也为学生的发展打下坚实的基础，最终实现互利共赢。

深圳大学各个学院基本都根据自身发展特点和行业前沿发展趋势建立特色班，每个特色班建设都受到学院的高度重视，班级特色突出、生源优秀、师资配置重点突出，在学术成绩等方面表现突出。以深圳大学工商管理创业精英班为例，根据深圳产业结构的技术和新兴产业导向的特点，未来的商业领导者应该具有专业和管理的复合型知识结构。为此，管理学院设立了工商管理专业创业精英班。

该特色班旨在培养具有国际化视野，系统掌握现代企业管理理论、知识和方法，熟悉商事法规和政策，具有创新开拓理念、营商知识技能及社会活动能力，能熟练运用 IT 技术，掌握一门外国语，适应社会经济发展需要的复合型高级创新创业型管理人才。以创新策划及创业活动的实施为核心，强化学生的实践能力，并由项目组实行导师制完成创新策划并指导实施过程。同时，联合企业、深圳大学创业中心的孵化器共同扶持资助优秀项目的启动。学生按照创业精英班课程计划完成相应学分可获取深圳大学颁发的工商管理专业创业精英班双学位证书及管理学院颁发的创业精英班证书。

深圳大学管理学院非常重视创新创业教育，对工商管理专业创业精英班的建立和发展给予了有力的支持和政策的倾斜。例如学院开展的创业精英班等活动，根据活动具体内容给予辅导教师一定的工作量补贴。系里将项目的启动经费用于相关的学生创业创新活动，为学生创业活动的开展和实施进行资金资助。积极申请学校对该项目的专项经费支持。这些举措极大地激发了教师和学生参与其中的积极性，强化以创新人才培养模式为抓手，通过内涵创新提升人才培养质量。

以此为例，深圳大学在机电、计算机、数学、人文、管理、法学、经济、艺术设计等方面都开展了优质特色班教育，加大投入力度，提高教学成果，赢得了师生们的称赞。

四 特色班建设模式分析

深圳大学特色班的建设一直注重探究人才培养新理念，致力于教学方式和教育模式的创新，以培养"尖端的优质学生"为宗旨，在特色班建设方面进行了很多大胆的尝试和创新，积累了很多成功的经验，创造了许多示范性的典范。特色班教育招生区别于普通教育的地方在于招收的学生主要是一些学习成绩优秀，品学兼优，学有余力的学生。优中选优，更加强化专业性、方向性。普通基础教学的特点则是偏重于理论学习和科学研究。特色班可以看作是不同于普通专业的特殊班的总称，有各种各样的具体类型。开设特色班通常需要学科、师资和设备等方面的大力支持。学校在特色班建立与逐步改革中，始终坚持以培养"宽口径、厚基础"的高素质复合型人才为根本，与时俱进，不断创新，做到"人无我有、人有我优、人优我新"。

特色班在组建之后应该与普通班级的管理分别开来。特色班教学模式本身拥有突出的特点、个性和风格，既与众不同，又优于众者。特色班首先应具有所有其他教学班级的共性，进而才能发展出其独特性，并最终优于其他班级。特色是院校办学优势的集中体现，是各个学院在深入了解社会需求的基础上，结合本院办学优势而开设的，是一个充分论证、慎重选择，通过各种制度加以保障的结果。此外，特色班应具有时代特色特征，其建设与管理应随着社会的进步而发展。

在结合特色班人才选拔机制的基础上，重视人才培养，才能更好地融合特色班建设。大学生进入高等院校之初，可以说处于相同的起跑线，但最终的培养结果却千差万别。深圳大学特色班选拔主要以大一新生为主，从入校时即灌输全新的教学理念，突出创新创业教育，积极发挥学生的学习主动性和创造性。此外，学生的发展离不开教师的引导和培养机制的完善，加强教师教育能力提升与职业精神培养，建立健全竞争淘汰机制也是必不可少的。

五　优秀特色班案例分析

（一）ACCA 国际会计创新班

本特色班旨在培养德智体美全面发展，具有广博的经济管理理论知识、深厚的会计专业基础和开阔的国际视野，熟悉各种财务、会计审计方法和国际通行的会计规则体系，专业英语功底扎实，能熟练运用计算机和会计软件，在大型企业集团、各类金融机构、政府机关、会计师事务所（尤其是跨国公司和国际会计师事务所）从事财务管理、会计核算和审计工作并具有职业道德的财务与会计专门人才。

该项目把获得 ACCA 资格的 14 门课程全部嵌入教学体系。

这 14 门课程采用全英文或双语教学。学生通过学校任课教师组织的考试即可获得相应的学分，修满培养方案规定的全部课程并取得学分后可申请毕业并可授予管理学学士学位。学生可申请成为 ACCA 的学员、报考 ACCA 组织的统一考试，全部课程合格后可申请 ACCA 会员资格。ACCA 国际会计创新班单独成班，制定独立的培养方案，按国际标准培养具有国际职业水准的高素质会计专门人才；把 ACCA 职业资格证书和教学有机结合起来；毕业后可获深圳大学会计学专业毕业证书和管理学学士学位，通过 ACCA 组织的全部考试可申请获得 ACCA 资格证书。

ACCA 国际会计创新班从全校大一新生中招生，经过学生报名和学院组织的面试，与学院签订协议正式成为特色班的学生。特色班所在经济学院成立 ACCA 项目中心负责该项目的管理。项目中心负责联系 ACCA 国际会计组织或其办事处，通知 ACCA 考试信息，联系 ACCA 培训机构并协调上课、考前辅导，沟通教学过程中存在的问题。特色班学生与学校其他学生一样，需要遵守学校的规章制度、服从学校和学院的管理，按照培养方案的规定获得足够的学分方可毕业、获得学位，同时自主参加 ACCA 组织的考试，通过全部考试可申请获得 ACCA 资格证书。

（二）数理金融实验班

"数理金融实验班"由经济学院及数学与计算科学学院联合建立，具有跨专业、复合型、精英化培养特色。部分课程选用英语原版教材，采用全英教学或中英双语教学；为保证学生培养质量，实行淘汰制度。"数理金融双学位实验班"的学生按该班培养方案要求，在四年学制内修满各类学分者可获相关专业本科毕业证书，符合学位授予条件者可同时获经济学学士学位和理学学士学位。

本特色班旨在使学生既掌握现代金融领域前沿知识，又拥有英语、数学及计算机技术等有效研究工具，具备适应现代金融发展所需要的定性及定量分析兼备的知识结构，能较好地进行金融衍生工具设计与开发、证券投资、期货投资、投资分析、银行经营、财务管理、保险精算等，可以在各类金融企业、事业单位、公司财务部门和政府部门从事金融业务和管理工作以及金融教育、科研工作，成为具有较高人文素质与科学素质、良好创新精神的复合型人才。

"数理金融实验班"是由经济学院和数学与计算科学学院的部分学生组成，与学籍有关的事宜按学生所在学院归口管理，其他事宜由经济学院统一负责，教学管理按"数理金融实验班"培养方案实行集中单班上课，由经济学院金融系一安排专业实习及实训课。"数理金融实验班"是深圳大学第一个特色班，经济学院和数学与计算科学学院对特色班非常重视，配置优质教师资源；严格执行淘汰机制；关注在校生的学习及生活。

（三）国学精英班

"深圳大学国学精英班"创办于2012年，在全校二次招生选拔优秀学生进行国学精英教育，成为学校第一个教学、人才培养改革的实验班。"国学精英班"旨在培养富于人文情怀与社会责任感，对传统国学的基础知识、重要典籍和治学门径有较全面的理解，能熟练阅读中国古典文献和外文，拥有文史哲等跨学科研究能力，德业双修与具备艺术涵养的高素质人文学科人才。

人文学院成立了"国学精英班"培养指导委员会。负责规划国学班的教学和管理模式，从宏观上进行指导。同时，还成立了"国学精英班"教学指导小组，具体贯彻实施学校和国学班培养指导委员会的工作意见，负责国学班的日常教学工作。"国学精英班"每年秋季二次招生，面向全校一、二年级学生公开招考，选拔 20 人左右的优秀学生进入国学班学习。选拔方式采取学生自愿申请，通过语文能力倾向测试、组织专家面试、参考高考成绩及第一学年成绩等多种方式对学生进行考察选拔。着重考察学生的综合能力、学术兴趣、创新精神、发展潜质以及意志品质等方面。

在培养机制方面，采取小班授课和导师制，因材施教。班级规模在 25 人内，每 3 名至 5 名学生配备 1 名导师，分学术导师（一、二年级）和专业导师（三、四年级），按照"师徒式"进行培养，促进学生个性化发展。除了课堂学习外，一、二年级在暑期分别要进行和专业相关的实践考察学习。

学生管理上实行班级管理与导师管理相结合。对国学班学生实行单独编班，配备优秀班主任和学术水平较高的专业导师，实行班级管理与导师管理相结合的学生管理模式。班级管理主要负责学生的思想建设、学习纪律、生活纪律，组织各类集体活动及班级成员的综合评价等；导师管理主要负责学生的人生引导、学业规划与指导，尤其是以导师的人格魅力和学术造诣给学生以启迪和濡染，促进学生全面、健康成长。

（四）高级口译实验班

"高级口译实验班"立足精英教育，旨在培养可熟练掌握英汉两种工作语言，拥有广博知识和良好人文素养，了解中外社会与文化，熟悉翻译基础理论，熟练掌握交替传译和同声传译基本技能，了解口译市场需求和行业规范，具有良好职业道德，能够熟练运用现代翻译工具，胜任外事、经贸、教育、文化、科技等领域口译工作的高端人才。

"高级口译实验班"采用课内教师指导练习与课外高强度、大运动量、自主学习相结合的教学形式，总训练量达 2000 个磁带小时。采用中期淘汰制，第一学年结束后进行中期考核，考核不合格者取消第二年口译学习资格；考核通过者必须学满两年，中途不允许学生退学。该特色班定期邀请口译领域专家、学者讲学交流。对于顺利完成课程学习的学生，由外国语学院颁发"高级口译实验班"结业证书。

该特色班学制为两年，学生进入"高级口译实验班"后需接受每周 8 个课时的高强度交替传译与同声传译训练。同时，教学重视学生百科知识的积累与人文素养的培养，并按照专业化口译人才的培养方式，对学生进行以联络口译和会议口译为重点的经典交传、视译与同声传译训练。学院聘请高水平职业译员担任"高级口译实验班"兼职教师，为学生提供专业的翻译教学指导。"高级口译实验班"学员毕业前必须至少拥有五次陪同口译或会议口译经历。此外，学院允许并鼓励学生利用寒暑假到英语国家游历、进修。

（五）工商管理创业精英班

本特色班旨在培养具有国际化视野，系统掌握现代企业管理理论、知识和方法，熟悉商事法规和政策，具有创新开拓理念、营商知识技能及社会活动能力，能熟练运用 IT 技术，掌握一门外国语，适应社会经济发展需要的复合型高级创新创业型管理人才。

工商管理创业精英班以创新策划及创业活动的实施为核心，强化学生的实践环节，并由项目组实行导师制完成创新策划并指导实施过程。同时，联合企业、深圳大学创业中心的孵化器共同扶持资助优秀项目的启动。学生按照创业精英班课程计划完成相应学分可获取深圳大学颁发的工商管理专业创业精英班双学位证书及管理学院颁发的创业精英班证书。

特色班生源来自于深圳大学各专业背景的、有志于未来创业的优秀学生。有意参加本计划的学生需提出申请，参加面试择优录取。申请时间和申请程序要求参考普通双学位的申请程序和要求，本学院本专业学生申请创英计划时间和申请程序相同，面试由项目专业的招生评审委员会组织实施。师资团队由管理学院跨专业的优秀师资组成。协作团队由教务处、招生就业办以及深圳大学学生创业园建构。项目组织由工商管理系统筹安排，已经搭建了项目的网络平台。未来该项目将实行类似 MBA 的专业化管理，项目专职或兼职的负责人具体负责管理。工商管理创业精英班为有创业激情和梦想的同学提供了一个良好的平台。

六　总结

加强特色班教学模式的建设，对于加强深圳大学创新创业教育，培养高素质创新型人才具有十分重要的意义。特色班建设，是一个系统的工程，需要高校根据自身优势积极探索与实践。特色班教学模式的发展离不开健全的机制、优良的师资、规范的教学过程以及严格的质量监控。随着时间的推移，特色班必将在高校创新创业教育领域扮演更为重要的角色。

高等研究院"理工创新实验班"拔尖创新人才培养探索与实践

韦　阳*

摘　要： 为回答著名的"钱学森之问"这一教育界发展的艰深命题，教育部联合中组部、财政部启动实施了首届"基础学科拔尖学生培养试验计划"（简称"珠峰计划"），致力于拔尖创新人才的培养。经过将近10年的探索，教育部等六部门近期提出了"关于实施基础学科拔尖学生培养计划2.0的意见"升级基础学科拔尖人才培养计划。在国家教育理念变革、拔尖创新人才培养的倡导下，深圳大学高等研究院"理工创新实验班"自2012年起积极进行拔尖创新人才的培养探索，不断探索出一条适合深圳大学发展的小规模、高水平、跨学科、重基础、研究型、国际化的"学术特区"道路，进行拔尖创新人才培养。本文以深圳大学高等研究院"理工创新实验班"为例，介绍高等研究院在招生选拔、培养方案（含大学英语课程改革）、师资配备、海外实习实践、早进课题、早进实验室、早进团队等方面的做法和经验，

---

* 深圳大学高等研究院。

总结和介绍我院以本为本、创新教育体系、创新拔尖人才培养的理念。

关键词：拔尖创新人才培养；人才培养模式；大学英语改革；大学本科；创新教学

一 我国拔尖创新人才培养背景介绍

我国拔尖创新人才培养的探索最早可追溯至 1978 年中国科技大学少年班的成立。在中国高等教育秩序恢复正常后的第一时间，中国顶尖大学在基础学科顶尖人才的创新培养上进行了大量的探索，先后进行了诸如"实验班""基科班""联读班""教改班"等多种尝试，在拔尖人才的培养上进行了多年的尝试和探索[1]。2009 年，为回答著名的"钱学森之问"这一教育界发展的艰深命题，教育部联合中组部、财政部启动实施了首届"基础学科拔尖学生培养试验计划"（简称"珠峰计划"），致力于拔尖创新人才的培养，培养中国自己的学术大师[2]。"珠峰计划"是我国的一项战略计划，先后共有近 20 所高校加入其中，例如北京大学、清华大学、中国科学技术大学、上海交通大学、浙江大学等。"珠峰计划"的人才培养首先集中在数学、物理、化学、生物和计算机学科。与以往"少年班""基地班"不同的是，教育部等官方机构并没有对上述高校设定统一的人才培养模式及课程体系等，而是提供前所未有的资源支持及宽松的制度，激励各高

---

① 潘云鹤、路甬祥、韩祯祥、吕维雪、吴健：《拔尖创新人才培养二十年的探索与实践》，《中国大学教学》2005 年第 11 期，第 21—23 页。

② 中华人民共和国教育部：《基础学科拔尖学生培养试验计划实施办法》，http://www.moe.gov.cn/s78/A08/gjs_left/moe_742/s5631/s7969/201210/t20121010_166818.html。

校因地制宜,切实开拓我国拔尖创新人才培养的新途径。各高校也结合各自的办学特色、师资状况、学校定位等现状进行基础学科拔尖学生培养。有的将学校现有的少年班、基地班、各类实验班进行梳理整合,有的将现有的校级精英学院进行升级对接,还有些在校内建设更开放的平台促使优秀的基础学科拔尖人才自发地产生。虽说有些国内的高校并没有入围上述 20 所基础学科拔尖人才发展高校队列,但在国家政策激励和教育科研氛围的引导下,越来越多的大学也开始自筹资源开展各具特色的校内拔尖人才培养计划,深圳大学即是其中突出的一所高校代表。

教育责任主体的定位与培养模式的确定间接决定了学生选拔和培养的模式,例如以精英学院为主导的培养模式,通常情况下会选择强选拔的方式,封闭式的管理①。由于培养主体性质的变换,以及学校定位等政策性的影响,各高校会在不断改革创新中折中和迂回变更,促使培养模式和教育制度不断地磨合和改进。白春章在《拔尖创新人才成长规律与培养模式研究述评》中指出:我国著名高校提出和实施的拔尖创新人才培养模式很多,呈现"名目繁多"的态势。由于运行的时间不长,其社会效果还无法得到考量和验证。各个领域的拔尖创新人才类型是不同的,因而培养模式不是一元的,而是多元的②。普遍情况下,各高校均采取小规模、高师生比、导师制、择优选才、资源倾斜等培养模式。

我国基础学科拔尖学生培养试验计划目前也进行了将近 10 年的探索,教育部等六部门近期提出了《关于实施基础学科拔尖

---

① 陆一、史静寰、何雪冰:《封闭与开放之间:中国特色大学拔尖创新人才培养模式分类体系与特征研究》,《教育研究》2018 年第 3 期,第 46—54 页。

② 白春章、陈其荣、张慧洁:《拔尖创新人才成长规律与培养模式研究述评》,《教育研究》2012 年第 12 期,第 147—151 页。

学生培养计划2.0的意见》①，鼓励学生早进课题、早进实验室、早进团队，为学生攀登学术高峰搭建平台。拔尖计划2.0版拓展了实施范围，增加了医学、天文学、海洋科学、哲学、心理学等12个学科。希望再经过5年的努力，建设一批国家青年英才培养基地。全国各大高校都将迅速行动起来，更广泛、更深入地推进本科拔尖人才培养工作。

在上述拔尖创新人才培养的背景下，为探索中国高等教育改革、创新人才培养模式，为深圳地区社会与经济转型发展提供高层次人才和高水平研究成果，深圳大学于2012年提出了建立深圳大学高等研究院的构想，进行拔尖创新人才培养的探索，以期达到整体提升深圳大学人才培养效果的目的。目前高等研究院拔尖创新人才培养主要有两个实验班，"理工创新实验班"和"金融科技实验班"。本文将以最早成立的"理工创新实验班"为例，介绍深圳大学拔尖创新人才培养的理念和做法。

二　拔尖创新人才培养的探索、实践与成果

（一）以深大文化创新发展纲要为纲，弘扬深大精神，创新人才培养模式

在深圳市政府、深圳市财政委员会、深圳市教育局等的大力支持下，深圳大学高等研究院于2014年初正式成立。根据《深圳大学高等研究院建设方案》，学院自建院以来便致力于在大众化教育背景下探索特色创新人才培养模式，开展创新人才培养、

---

① 中华人民共和国教育部：《教育部等六部门关于实施基础学科拔尖学生培养计划2.0的意见》，http：//www. moe. gov. cn/srcsite/A08/s7056/201810/t20181017_351895. html。

尖端科学研究和高新技术开发。2017年，深圳大学发布《深圳大学文化创新发展纲要》（以下简称《纲要》），指出深圳大学文化创新发展的指导思想与建设目标，更加明确地指出深圳大学文化建设的方向，也为一直"摸着石头过河"的深圳大学高等研究院指明改革的路径。

新时代全国高等学校本科教育工作会议的召开，标志着中国高等教育发展进入了新阶段。以本科教育为本，实现"回归常识、回归本分、回归初心、回归梦想"，是国家层面对高校"内涵式"建设发展提出的新要求。深圳大学高等研究院"理工创新实验班"拔尖创新人才的培养目标与国家倡导的教育理念相一致，符合我国新时代民族复兴对高精尖人才的需求。高等研究院积极响应国家育人战略，在"理工创新实验班"的探索实践中，牢记"以本为本"的教育理念，汇聚优质教育资源、凝集高端师资力量、整合前沿科研平台，打造输出精英化理工特色创新人才。

结合建设高水平有特色一流大学的目标，以全国高校思想政治工作会议精神和习近平总书记重要讲话为指导，在《纲要》的指导下，深圳大学将在"十三五"期间重点推进大学精神工程、立德树人工程、师德师风工程、学术文化工程等十项文化创新发展工程，全面提升深圳大学立德树人的水平质量。身为深圳大学学术特区的高等研究院更应担负起全面推进人才培养模式改革的重大使命，争做改革的先行者，勇于探索中国高等教育改革，创新人才培养模式，发展并弘扬深大文化。经过深入探析国内外人才培养发展历程后，高等研究院在建院之初便开始借鉴国内外高校拔尖创新人才培养模式，引进国际一流大学通行的管理体制与运行机制，聘请国际水平的管理与教学、研究人才，以小规模、宽口径、重基础、研究型、国际化、新体制的办学理念，在海洋资源与环境、功能材料、生物技术、金融科技等交叉领域，开展创新人才培养、尖端科学研究和高新技术开发。

（二）择优选才，确保培养主体与体系的高匹配度

人才选拔是人才培养的关键，也是人才培养的起点，创新人才培养与招生选拔密不可分[①]。高校人才的培养要求选拔出适应其培养理念的人才，同时培养的效果也对招生工作起到了一定的反馈作用，不断促成选拔工作和人才培养的有机结合。考虑到深圳大学拔尖创新人才培养的目的和现状，高等研究院在 2014 年 9 月第一次招生时即确定"强选拔"的方式，希望吸引到校内外优秀的学生生源参与到此次人才拔尖培养的项目中，以确保学生主体与培养体系的高匹配度。被选中的学生进入一个"封闭"的教育环境，在深圳大学特区大学内部实施特区学院的管理模式，匹配优质的教育资源，有针对性地在培养过程中实行集中管理的方式，增加学生的集体感以及凝聚力。

为实现强选拔、择优选才，确保培养主体与培养体系的高匹配度，高等研究院针对实验班出台了系列特色选拔方案。根据招生选拔方案，学生选拔分为预面试及常规面试两种渠道。预面试于每年填报志愿前开启，意在吸引省内外高分考生报考。通过预面试选拔的高分考生，达到深圳大学的录取标准后，则可以在开学后直接加入"拔尖创新培优计划"，该渠道的增加也为深圳大学优秀生源注入了不少新鲜血液和优秀的学生群体。常规面试则于每年深圳大学新生录取工作结束后启动，主要面向被深圳大学

---

① 姜斯宪：《优化招生选拔机制 培养拔尖创新人才》，《中国高教研究》2018 年第 3 期，第 13—16 页。

录取的优秀新生，综合报名学生的高考成绩、获奖情况等指标选拔学生参加复试。复试包括笔试及面试两个环节。笔试主要通过数学、英语两门科目，考察学生的数学基础能力及英语运用能力。面试主要通过全英文问答形式，考察学生的逻辑思维能力、学习能力、专业能力、抗压能力、沟通交流能力以及英文表达能力。面试过程中，专家评审团会结合"理工创新实验班"不同的培养特色及目标对考生的综合表现进行评定，分别选拔出符合实验班特色的高素质人才。该系列选拔方案不仅为高等研究院招纳了众多优秀高分学子，也为深大的校内二次选拔招生模式提供了参考模式。

（三）宽基础、重交叉，构筑创新人才培养体系

高等研究院"理工创新实验班"旨在探索大众化教育背景下特色创新人才培养模式，小班制教学，侧重跨学科教学和研究，在数学与应用数学、物理、化学和生物科学等基础学科及其交叉领域培养掌握扎实基础学科理论知识、交叉学科前沿知识，具备良好人文和艺术素养、探索和开拓精神、创新和创业能力的特色创新人才。

学生培养的总体目标为培养学生具有相关学科的基础知识、基本理论和基本技能，比较系统扎实地掌握专业方向的基础理论和基本实验方法，并培养学生具有一定的人文和社会科学知识，接受较系统的科学思维和科学研究的基本训练，初步具备综合运用所在专业及相关学科的基本理论和技术方法进行研究、教学和开发的能力；具有科学的世界观，掌握计算机及信息技术等方面的知识，掌握人文社会科学知识以及其他自然科学和相关工程技术的初步知识；具有独立获取知识和应用知识的能力，能够发

现、提出、分析和解决问题，具有从事专业研究的能力；具有较强的学习、交流、协调能力和团队合作精神，适应科学和社会发展；有较强的语言表达能力，具备较强的中英文读写能力和表达能力；具有一定国际视野和跨文化环境下的交流能力；对文学和艺术理论及著名作品有一定了解，具有一定欣赏能力。

为实现上述人才培养的总体目标，在学科设置上，"理工创新实验班"侧重跨学科教学和研究。本科前两年不分专业，学生需要学习并掌握数学与应用数学、物理学、化学和生物科学四个学科的基础知识和基本实验技能。本科第三年，学生在学习过的学科中根据自己的兴趣和特长选择最终的专业方向。"理工创新实验班"四个学科专业的本科培养方案相互结合，学生前两学年修读的非本专业平台课程和三、四年级自行选修的非本专业课程，可以计入辅修或双专业学分。学生毕业可以申请单一专业、一专一辅、一专两辅等毕业证书。此种培养模式，使得学生不光具有扎实的理论知识，同时也给学生多次专业选择的机会，学生可以在深入接触相关专业知识后，根据个人意愿选修专业。

除此之外，高等研究院人才培养的主要做法还有采用国际上认可的经典教材，中英文双语教学；师资队伍由相关领域高端的国际化高水平教学科研人员组成，在培养学生的过程中，加强学生与导师的联系，实行导师制，所有专职教师均兼任"理工创新实验班"新生导师及专业导师，针对学生个性差异，指导学生学习、研究和生活；同时引入荣誉学位授予等机制积极探讨和推进本科教学体系的建立；作为课堂教学的补充和延伸，高等研究院重视学生的本科科学研究素养和探索创新精神，学院在人才培养的过程中于本科三、四年级开设特色实践课程"科学研究训练"等。

为了系统性、专业化地提升学生的英文语言能力，学院特别聘请了香港浸会大学副教授黄月圆博士及国内外优秀英文教师组成英文教研团队，进行英语课程教学模式改革。该团队为"理工创新实验班"本科生量身定制了一套个性化的英语课程教学方案，专门设计和发展了一套大学英语课程新体系（课程设置见表1），并根据培养目标为实验班编写了一套《理工创新实验班大学英语系列教材》，共五册（系列教材见表2），为实验班开设英文辩论赛、理工科英文论文写作工作坊、英文答辩技巧培训等系列专题模块。此英语课程采取小班制教学，每班不超过20人，以小班为单位、以平行班制度为保证完成大学英文课程学习。

表1　　　　深大高研院"理工创新实验班大学英语课程"的
设置（主编：黄月圆）

课程开设学期	课程名称
大学一年级（上、下学期）	大学英语（1）和大学英语（2） College English I & College English II
大学三年级（暑期）	高级学术英语：论文写作及口头答辩 Advanced Academic English：Thesis Writing & Oral Presentation
大学四年级（下学期）	英语工作坊系列：论文写作及口头答辩 English Workshop Series：Thesis Writing & Oral Presentation

表2　　《理工创新实验班大学英语系列教材》（主编：黄月圆）

序号	书名	课程名称	使用学期
Book 1	*Integrated English*（1）	College English I	大一上学期用书
Book 2	*Integrated English*（2）	College English II	大一下学期用书
Book 3	*Basic Academic English*	College English I & II	大一上、下学期用书

续表

序号	书名	课程名称	使用学期
Book 4	*Extended Readings*	College English I & II	大一上、下学期用书
Book 5	*Thesis Writing & Oral Presentation*	Advanced Academic English：Thesis Writing & Oral Presentation	大三、大四用书

高等研究院英文课程的改革主要把大学一年级的"大学英语（1）"和"大学英语（2）"课程的重点放在通用英语上，加强和提高学生综合运用英语听说读写的能力。此套设计和自编的教材具有通识性、突出人文性，把跨文化内容和批判性思维融合在大一的英语课程中。大一第二学期结束时，"理工创新实验班"的全体大一学生参加"高研院创新杯英语辩论赛"。这项活动既提高了学生的英语学习兴趣，又在深大校园内推广了高研院英文课程新模式。学生在大学一年级进行基础的学术英语知识训练，大三和大四期间接受专题的英语论文写作和口头答辩的训练。英文团队编写的学术英语教材重点放在学术论文的全局结构和局部结构上，以结构为切入点来突出学术思维的基本模式和学术语言的特点，帮助他们熟悉和了解学术论文写作的原则和要素。

大四结束时，首届实验班的全体毕业生已经用英语撰写并完成了本科毕业论文。高等研究院于 2018 年 5 月 21 日成功举办了首届优秀本科论文论坛，学生流利地用英文汇报了自己的论文，取得了极大的成功。

（四）招贤引才，加强人才培养优势师资配备

高等研究院自建院以来，即面向全球招纳引进一批具有一流

视野的资深教授和发展潜力的青年教师,为拔尖创新人才培养的实施提供了源源不断的智力支持。学院教学科研人员的招聘参照国际知名高校现行教师招聘体系及程序,采取同行评议制度,侧重跨学科教学和研究,广泛吸纳与学院发展目标和愿景相匹配的高素质复合型前沿教学科研人才;且注重科研合作、领域融合,形成了多个各具特色的创新型交叉学科研究团队。

高等研究院尊重学生成长成才规律、聚焦学生多元技能拓展,建立了学生个性发展支持体系。该体系以拔尖创新人才培养目标为核心、以全面素质育人为导向,实行全过程介入、引导式培养,自本科生第一学年入学至第二学年结束为其配备新生指导教师,在入学教育、学业规划、心理建设、团队意识、专业启蒙、科研思维、国际视野、实践能力、创新创业等方面为所指导的学生提供全方位帮扶,是学生的人生导师和学业领航人。同时,高等研究院关注学生的科学研究素养和探索创新精神,于入学第四学期组织专业导师师生互选活动,学生根据学科兴趣、研究方向等确定大三、大四的学业导师,所有学生大三开始进入专业导师实验室和课题组,开展为期两年的科学研究工作,培养学生科学研究和实践动手能力。学生本科期间在高水平国际期刊上发表了多篇学术论文,为硕士、博士研究生阶段的学习和研究工作打下了坚实基础。此外,学院通过定期举办名师讲堂、知名学者讲学、高端学术讲座等为学生营造多角度、宽层次、深领域的优质前沿科研氛围。

同时,学院专门聘请多位海内外知名学者、专家为本科生授课,为学生全面、个性、可持续的发展提供了广阔平台。与国际知名学者专家的零距离接触大大激发了实验班本科生的学术热情,专家深入浅出、生动形象的独特授课方式打破了很多学生对于专业知识掌握的"最后一公里"壁垒。

（五）海内外实习实践，拓展学生实践动手能力及国际化视野

培养学生实践创新能力是高等研究院培养目标中的重要一环。为此，高等研究院通过科学研究训练、专业实践与调研、海外学术研习、科学研究训练、拓展阅读与研讨、毕业论文（设计）等必修实践环节来提升学生国际化视野，拓展学生实践动手能力。

科学研究训练是所有"理工创新实验班"学生必须经历的环节，该实践课程目标是培养学生科学研究和实践动手能力，将理论知识应用到实际研究中，熟悉学科前沿交叉领域。提倡学生以实验项目或者竞赛为依托，进行相关科学研究训练，如美国大学生数学建模竞赛、世界基因工程基因大赛（IGEM）、深圳大学创新发展实验项目、深圳大学挑战杯大学生课外学术科技作品等。学院大力支持学生参与国际交流，每学年均有专业导师带队赴海外知名高校，例如美国马里兰大学、美国国家标准技术局、中国台湾大学、中国台湾"清华大学"等境外知名高校或研究所进行深度体验及学术交流。高等研究院每年组织"理工创新实验班"学生前往与专业学习密切相关的高新技术产业工厂、企业和研究机构进行社会实践和调查研究。为保证学生在学习理工类知识的同时，不断提升人文素养，高等研究院还开设了人文艺术讲座和拓展阅读活动等。

三　拔尖创新人才培养的挑战与展望

受社会发展及高等教育改革的影响，拔尖创新人才的培养已

经成为大势所趋，并非以个人的意愿为转移，采取何种人才培养模式及选拔方式也与学校的现有资源以及各高校的定位、文化传统有着不可分割的关系。高等研究院近几年有幸在深圳市委市政府、深圳大学党委和校领导，以及相关院系和部门的大力支持下，在拔尖创新人才培养上进行了不少的探索，逐渐在拔尖人才的培养上形成了自己的特色。但教育的难点在于不断地变革和创新，高等教育的主体也随着社会的变革不断地发生着变化，如何不断创新教育体系，变革教育模式适应社会需求成为一道教育的难题。以深圳大学为例，近几年深圳大学的科研水平不断提升，招生工作不断取得新突破，学校本科招生主体的水平也在不断提升，如何适应未来本科生的能力设置适合他们的教育模式和方式，并不断适应新形势下社会的需求成为拔尖创新人才培养首要关心和亟须解决的问题。同时，在当今在线课程的影响下，如何调整本科教学培养方案和学习内容，也成为我们必须思考的问题。除此之外，如何设计出更交叉学科的课程、更精当的专业教育课程来适应当下交叉人才的培养，也是当下亟须考虑的问题。

十年树木，百年树人，教育的改革也并非一朝一夕可以促成，我们仍需在制度和管理层面与兄弟院校交流探索，不断地提升自身水平，以人为本，创新教育体系，不断地促进拔尖创新人才培养。

数学与计算机科学双学位实验班教育初探

陈　波[*]

摘　要：数学与计算机的关系非常密切，数学是计算机科学必不可少的基础，而计算机技术的进步又促进了数学理论的创新和发展。党的十九大精神和《深圳大学文化创新发展纲要》都要求加强拔尖创新人才培养模式改革和精英人才培养，国家特别是深圳市的经济发展急需数学基础牢固的计算机科学技术专门人才，数学与计算机科学双学位实验班应运而生。该班依托于数学、计算机科学与技术两个一级学科，突出计算机学科与数学学科交叉融合，重视数学特别是计算数学基础，突出软件实践，培养能够进行计算机软件核心技术研究与开发的拔尖创新人才。本文将从实验班简史、学生选拔、学生培养、毕业生质量、未来展望等方面进行总结和探讨。

关键词：数学；计算机；双学位；特色班；创新教育实践

---

* 深圳大学数学与统计学院。

一　实验班简史

数学与计算机是和我们实际生活与工作息息相关的两个不同学科①，数学与计算机的关系又非常密切，数学是计算机科学必不可少的基础，而计算机技术的进步又促进了数学理论的创新和发展。计算机科学最初是数学学科的一个分支，很多数学家对计算机发展做出了卓越贡献，最早研究计算机的专家也都是数学家。在计算机进行运算的基本原理中，处处渗透着数学的各种思想。而现在，计算机科学已经深受人们的关注，成了一个独立的学术领域，这离不开数学理论的推动。伟大数学家阿兰·图灵和冯·诺伊曼对计算机理论和技术的发展做出了卓越贡献，数学思想和原理体现在计算机技术和系统中。另外，计算机的高速发展也促进了数学的发展，如计算数学、离散数学、机器证明等。在如此双赢的循环发展模式下，推动了整个人类社会文明和科学的不断进步与发展，使得人们的生活日益富足②。在现代社会，数学与计算机高度融合，如机器学习、云计算、大数据分析和人工智能等热门方向，无不体现了数学和计算机的高度融合。

随着科技的迅猛发展与知识经济的到来，社会需要更多的高素质的复合型人才，双学位教育是培养复合型人才的重要途径③。西安交通大学坚持以"育人为中心"，结合教育教学改革实践与

---

① 谢秉博：《浅谈数学和计算机的关系》，《信息科技探索》2018 年第 2 期，第 113、116 页。

② 瞿飞忠：《数学与计算机携手并进》，《信息化教学》2016 年第 8 期，第 221—221 页。

③ 陈苏一：《浅谈本科双学位教育的现状与发展策略》，《教育改革》2011 年第 11 期，第 14 页。

经验，在加大拔尖人才培养力度，拓宽拔尖人才培养路子的同时，积极探索各类创新人才培养的突破口①，构建学科交叉、基础宽厚、系统性强的知识体系和课程结构，并在培养模式、教学手段、考核方式、育人方法上注入新的思维和方式②。郑州轻工业学院创新人才实验班教育改革，在组建大学生创新实践基地的基础上，采用学生为主、教师为辅的管理方式，以培养学生的创新意识和创新实践能力③。

党的十九大、教育大会和《深圳大学文化创新发展纲要》都要求加强拔尖创新人才培养模式改革和精英人才培养，促进人才培养机制创新。国家特别是深圳市的经济发展急需数学基础牢固的计算机科学技术专门人才，需要交叉学科、两个学院联合培养。科研项目和学科竞赛中也要求学生掌握综合知识，具有竞争意识和团队合作精神，同时可以改善学有余力学生的知识结构体系，提高其应用能力及就业竞争力等④，这使得数学与计算机科学交叉人才培养非常必要。

基于这些必要性，深圳大学数学与统计学院和计算机与软件学院合作开始筹办双学位特色实验班（见图1）。从筹办开始，学校和学院领导高度重视，多次协商和开会讨论（见图2）。李清泉校长上任之初，来数学与统计学院调研，明确提出数学人才培养要走学科交叉的路子，在获知数理金融实验班成功开办后，

---

① 邱捷、谢霞宇：《不拘一格培养创新人才——西安交通大学探索实践》，《中国大学数学》2010年第8期，第13—15页。

② 邱捷、杨鹏、王锟鹏：《用"大成智慧学"教育理念设计培养方案培育创新人才》，《中国大学数学》2009年第6期，第20—23页。

③ 岳永胜、孙冬、曹卫锋、陈晓雷：《高校创新人才实验班培养模式研究》，《实验技术与管理》2017年第10期，第21—24页。

④ 王凤玲、孔林涛：《本科辅修双学位教育深入发展的思考》，《教育管理》2011年第4期，第45—47页。

他建议可探索数学与计算机科学的交叉。之后，数学与计算机科学双学位实验班的开办提上了议事日程。最终决定，数学与计算机科学双学位实验班由深圳大学数学与统计学院和深圳大学计算机与软件学院合办，从2013年9月开始招生。

图1　两个学院的院标

图2　校院领导协商讨论

数学与计算机科学双学位实验班每年从新生入学开始进行选拔，其中数学与统计学院和计算机与软件学院各选拔20人，共40人组成一个单独的实验班，配备优秀教师，制定单独的培养方案，为保证学生培养质量，实行淘汰制度。数学与统计学院学生在四年学制内修满各类学分者可获信息与计算机科学专业本科毕业证书，学生毕业做两个论文，符合学位授予条件者可同时获理学学士学位和工学学士学位。

数学与计算机科学双学位实验班致力于交叉人才培养，注重德、智、体、美全面发展，掌握数学与自然科学基础知识，系统地掌握计算机科学理论，计算机软、硬件系统及应用知识，具备运用数学知识和使用计算机分析问题和解决问题的能力，"综合素质好、专业基础好、业务能力强、适应能力强"，能够在国家特别是深圳经济建设和社会发展中起骨干作用的信息计算、计算机科学技术高级专门人才。实验班鼓励学生参与创新实践项目和高水平学科竞赛，强调在科研项目和学科竞赛中培养学生，使学生"寓学于赛"和"寓学于做"，重视数理基础，突出软件实践，强化竞争意识，培养团队合作，积极尝试课程教学方法与手段的改革，探索新形势下拔尖创新人才培养的有效机制。

二　学生选拔

数学与计算机科学双学位实验班依托数学、计算机科学与技术两个一级学科，突出数学与计算机学科交叉融合，重视数学基础，突出科学实践，培养能够进行计算机软、硬件核心技术研究与开发的拔尖创新人才。该班学生选拔采取深圳大学数学与统计学院和计算机与软件学院的新生自愿报名、两学院共同组织考试的方式，按择优录取原则选拔学生。

数学与计算机科学双学位实验班由数学与统计学院和计算机与软件学院协同开设，未来也将以两个学院的学生为主，与学籍有关的事宜按学生所在学院归口管理，其他事宜由计算机与软件学院统一负责，教学管理按数学与计算机科学双学位实验班培养方案实行集中单班上课，由计算机与软件学院统一安排专业实习及实训课。为了响应学校的高水平大学建设，我们也将适当吸收刚入学的优秀学生。

数学与统计学院和计算机与软件学院的大一新生入学后，经过自愿报名，考核录取后即进入特色班学习。该方式不同于大学二、三年级再进行选拔，原因如下：

"数学与计算机科学双学位实验班"是由数学与统计学院和计算机与软件学院的部分学生组成的，与学籍有关的事宜按学生所在学院归口管理，其他事宜由计算机与软件学院统一负责，教学管理按"数学与计算机科学双学位实验班"培养方案实行集中单班上课，由计算机与软件学院统一安排专业实习及实训课。一年级上学期即进入特色班有利于按照该班特定的培养方案进行培养。

"数学与计算机科学双学位实验班"采用淘汰制，若"数学与计算机科学双学位实验班"的学生在第一学年必修课不及格课程的门数累计达两门以上（含两门），将被从"数学与计算机科学双学位实验班"转出，转回所在学院的普通班。一年级上学期即进入特色班有利于"淘汰"制度的严格执行，不断督促学生进步与发展。

"数学与计算机科学双学位实验班"从 2013 级开始招生起，都是执行从大学一年级开始入班 的培养方案，目前已有两届毕业，培养效果良好。

按照往年惯例，大一学生入学报到时即开始报名，需要缴纳一定的考试费用用于出题、监考和改卷等。考试内容主要为高中数学，考试范围以广东省理科高考范围公共部分为准。按照考试成绩择优录取的原则，数学与统计学院录取 20 人左右，计算机与软件学院录取 20 人左右，组成一个单独的班级，执行特定的培养方案。

三 学生培养

数学与计算机科学双学位实验班由数学与统计学院和计算机与软件学院联合承办，单独制定培养方案，实行集中单班上课。实验班学生不但学习了数学与自然科学基础知识，而且系统地掌握计算机科学理论、计算机软、硬件系统及应用知识，具备运用数学知识和使用计算机分析问题和解决问题的能力。

数学与计算机科学双学位实验班是由数学与统计学院和计算机与软件学院的部分学生组成，与学籍有关的事宜按学生所在学院归口管理，其他事宜由计算机与软件学院统一负责，教学管理按数学与计算机科学双学位实验班培养方案实行集中单班上课，由计算机与软件学院统一安排专业实习及实训课。数学与计算机科学双学位实验班采用淘汰制，若数学与计算机科学双学位实验班的学生在第一学年必修课不及格课程的门数累计达两门以上（含两门），将被从数学与计算机科学双学位实验班转出，转回所在学院的普通班。从第二学年第一学期起，必修课不及格课程的门数累计达三门以上（含三门，不包括重修后及格课程门数），将被从"数学与计算机科学双学位实验班"转出，计算机与软件学院的学生将转到计算机专业的普通班，所修课程学分按单学位的要求进行总量累计；数学与统计学院的学生将转到信息与计算科学专业的普通班，所修课程学分按单学位的要求进行总量累计。该双学位实验班学分要求低于辅修双学位，节省时间。

计算机与软件学院教师主要负责计算机学科的课堂教学，数学与统计学院教师主要负责数学专业课的教学。该班的师资队伍均来自计算机与软件学院和数学与统计学院中的优秀教师，以最好的教学质量保证该班的教学效果（见图3）。

图3 实验班同学主题班会、读书分享会和出游照片

（一）培养目标

数学与计算机科学双学位实验班培养德、智、体、美全面发展，掌握数学与自然科学基础知识，系统地掌握计算机科学理论、计算机软、硬件系统及应用知识，具备运用数学知识和使用计算机分析问题和解决问题的能力，"综合素质好、专业基础好、业务能力强、适应能力强"，能够在国家特别是深圳经济建设和社会发展中起骨干作用的信息计算、计算机科学技术高级专门人才。

（二）培养要求

数学与计算机科学双学位实验班学生主要学习数学和计算机领域的基本理论和基本知识，具有计算机系统设计与研究方面的基本能力，具有较高的科学素养和较强的创新意识，具备科学研究、教学、解决实际问题及计算机软硬件开发等方面的基本能力和较强的更新知识的能力。通过实验班的培养，希望毕业生能获得以下几方面的知识和能力：

工程知识：具备数学、自然科学、计算机工程基础和专业知识，用于描述、分析和解决计算机系统、软硬件设计开发及计算机科学研究等相关复杂问题。

问题分析：能够应用数学、自然科学和工程科学的基本原理，识别、表达，并通过文献研究分析计算机系统、软硬件设计开发以及计算机科学研究等复杂计算机工程问题，以获得有效结论。

设计/开发解决方案：能够设计针对计算机系统、软硬件设计开发及计算机科学研究等相关复杂问题的解决方案，设计满足特定需求的计算机算法、模块、开发流程或软硬件系统，并能够在设计环节中体现创新意识，综合考虑社会、健康、安全、法律、文化以及环境等因素。

研究：能够基于计算机科学原理并采用专业科学方法对复杂工程问题进行研究，包括前期求证、设计实验、分析与解释数据，并通过信息综合得到合理有效的结论。

使用现代工具：针对复杂计算机工程问题，在软硬件设计与开发、系统分析设计等过程中，能够选择、使用恰当的软硬件开发环境与工具、信息检索与分析工具，完成对复杂计算机工程问题预测与模拟仿真，并能够理解其局限性。

工程与社会：能够基于计算机工程相关背景知识进行合理分析，评价计算机软硬件开发、系统设计等计算机工程实践过程和复杂计算机工程问题解决方案对法律、安全、健康、伦理和文化等影响，并理解应承担的责任。

可持续发展：能够理解和评价计算机工程实践对环境、社会可持续发展的影响。

职业规范：具有人文社会科学素养、社会责任感，能够在计算机工程实践中理解并遵守行业职业道德和规范，履行责任。

个人和团队：能够适应多学科背景下的团队合作方式，并具备在团队中胜任需求分析、软硬件设计开发与测试等多种角色工作的能力。

沟通：能够在复杂计算机工程问题上与业界同行以及社会公众进行有效沟通，并具备一定的国际视野，能够在跨文化背景下进行交流。

项目管理：理解并掌握计算机工程项目的成本、进度、范围、质量、风险等管理原理与经济决策方法，并能在多学科环境中应用。

终身学习：具有自主学习和终身学习的意识，能够阅读理解、对比分析和综述计算机专业文献，能够发现实践中存在的问题，并具有不断学习新知识和适应计算机技术快速发展的能力。

（三）主干学科

数学、计算机科学与技术。

（四）核心知识领域

几何、分析、代数、概率统计、数值计算、离散结构、程序设计、数据结构与算法、计算机组成、操作系统、计算机网络、数据库系统、软件工程等。

（五）核心课程

大学英语、数学分析、高等代数、解析几何、概率统计、数值分析、随机过程、统计学、离散数学、程序设计基础、面向对象程序设计、数据结构与算法、大学物理 A（1）、大学物理 A（2）、计算机系统（1、2、3）、操作系统、算法设计与分析、Java程序设计、软件工程、计算机图形学等课程。

（六）创新创业实践与学生发展（见表1）

表1　　　　　　　　学生创新创业实践课程表

实践类别	实践名称	学分	课程组织（学期、周数或学时）
基本实践课程（必修）	军事训练	1	第一学期集中安排4周
	毕业论文（数学）	10	15周
	岗位实践	2	第七学期安排

续表

实践类别	实践名称	学分	课程组织（学期、周数或学时）
创新研究课程（选修）	科研项目短课	1	每年春季学期以短课形式集中授课18学时
	专题研讨短课	1	每年春季学期以短课形式集中研讨18学时
	专技实践短课	1	每年春季学期或暑假以短课或集训形式集中实践18学时
	职业规划短课	1	每年春季学期或暑假以短课形式集中进行18学时
创业指导课程（选修）	创业指导课程	1	全校公共选修课，所获学分计入课程成绩单并计算绩点
学生发展课程（选修）	学生发展课程	1	全校公共选修课，所获学分计入课程成绩单并计算绩点
自主实践课程（选修）	含创新创业训练计划、科研创新奖励学分两部分	1	所获学分视项目的情况可折抵学科专业选修课或公共选修课学分，奖励学分另文规定

（七）学生毕业专业及学位

数学与计算机科学双学位实验班的毕业生，符合学位授予条件者可同时获工学学士学位和理学学士学位，其中计算机与软件学院学生按该班培养方案要求，在四年学制内修满各类学分者可获计算机专业本科毕业证书，数学与统计学院学生按该班培养方案要求，在四年学制内修满各类学分者可获信息与计算科学专业毕业证书。

（八）学生管理

数学与计算机科学双学位实验班是由数学与统计学院和计

算机与软件学院的部分学生组成,与学籍有关的事宜按学生所在学院归口管理,其他事宜由计算机与软件学院统一负责,教学管理按数学与计算机科学双学位实验班培养方案实行集中单班上课,由计算机与软件学院统一安排专业实习及实训课(见图4)。

图4 2018年9月20日特色班建设研讨和师生座谈会

(九)采用淘汰制

数学与计算机科学双学位实验班采用淘汰制,若数学与计算机科学双学位实验班的学生在第一学年第一学期必修课不及格课程的门数累计达两门以上(含两门),将被从数学与计算机科学双学位实验班转出,转回所在学院的普通班。从第一学年第二学期起,不及格课程的门数累计达三门以上(含三门,不包括重修后及格课程门数),将被从数学与计算机科学双学位实验班转出,计算机与软件学院的学生将转到计算机专业的普通班,所修课程学分按单学位的要求进行总量累计;数学与统计学院的学生将转到信息与计算科学专业的普通班,所修课程学分按单学位的要求进行总量累计。

四 毕业生质量

数学与计算机科学双学位实验班的计算机与软件学院学生按该班培养方案要求，在四年学制内修满各类学分者可获计算机专业本科毕业证书，符合学位授予条件者可同时获工学学士学位和理学学士学位；数学与计算机科学双学位实验班的数学与统计学院学生按该班培养方案要求，在四年学制内修满各类学分者可获信息与计算科学专业毕业证书，符合学位授予条件者可同时获理学学士学位和工学学士学位。实验班学生不但学习了数学与自然科学基础知识，而且系统地掌握计算机科学理论，计算机软、硬件系统及应用知识，具备运用数学知识和使用计算机分析问题和解决问题的能力。

数学与计算机科学双学位实验班从 2013 年开始招生，目前共有两届毕业生顺利毕业。根据学校聘请的专业评估公司对深圳大学毕业生的培养质量的评价报告指出，近两年深圳大学毕业生的特点包括：升学比例上升，深造意愿进一步增强；立足深圳，服务于中小型民企；薪资水平持续提高，毕业生就业感受较好；九成毕业生对本校教学工作表示满意，教学工作整体开展效果较好；毕业生对母校整体认同程度较高。深圳大学毕业生的月收入、就业现状满意度、教学满意度、校友满意度均高于全国"双一流"院校平均水平，专业相关度与全国"双一流"院校平均水平持平，毕业生半年后的就业率持续稳定，略低于全国"双一流"院校，数学与统计学院毕业生居于深圳大学的中位数，而月收入则高于全校毕业生的平均数，同时数学与计算机科学双学位实验班的学生就业率和月收入均居于学院各专业前列。学生毕业去向包含就业和继续深造，就业单位以科技类公司为主，也有到太平洋保险、招商银行、交通银行等单位工作的，有部分同学到英国伯明翰大学、香港理工大学、香港浸会大学、厦门大学、中山大学等攻读硕士研究生，继续深造。

五　未来展望

我国高校对创新人才培养模式的相关研究起步较晚，后期发展很快，获得资助的力度逐年加大，研究水平不断提高，研究内容针对性强，集群特征明显，在全国 1000 多所高校中，专门开设相应的实验班进行人才培养模式改革与创新尝试的院校有 80 所左右[①]。实验班作为一种培养拔尖人才的特殊形式，对提高人才培养质量起了重要作用，但仍要不断对其教育理念进行创新[②]。深圳大学数学与计算机科学双学位实验班学分要求低于辅修双学位，节省时间。该班在运行的六年里，获得了一些经验教训。部分学生表现不错，如 2013 级刘宁同学成绩优秀，获得广东省数学竞赛三等奖，并获 2015 年度国家奖学金。但也存在一些问题，部分问题原因分析及应对措施见表 2。在当今大数据分析和人工智能飞速发展、信息技术引领新工科背景下，以全国教育大会为契机，数学与计算机科学双学位实验班一定能够更好更快地发展。

---

① 刘红宁、朱卫丰、康胜利：《国内高校创新人才培养模式研究文献述评》，《中医教育》2014 年第 5 期，第 4—8 页。

② 扶慧娟、辛勇：《理工实验班与拔尖创新人才培养》，《继续教育研究》2011 年第 12 期，第 197—199 页。

表 2   **存在问题、原因及应对分析**

存在问题	课程设置较多，学生所修课程的广度已经足够，为了适应新的招生形势，在课程的深度上需不断改进，进一步夯实优化相关数学基础，设置更加科学的培养方案
	增强社会发展需求，需要对学生的实践能力和计算机应用能力进一步提高，将人工智能和数据科学等热门方向融入到课程建设中
	加入教师项目团队和实验室的同学偏少
	两学院学生的融合问题
问题产生原因分析	本学院有两个特色班，同时选拔，由于数理金融特色班的竞争，数学与计算机特色班所选拔的学生素质不够强
	要求学分较多，学生普遍反映学习压力较大
	有的选修课程未开，而部分开出的选修课程又未在大纲里
	由于专业的问题，班级中男生较多，女生较少
	有些班主任并未给班级上课，并且两学院共管，同学缺乏归属感
未来应对改进措施	优化培养方案，适当减少专业必修课，增加专业选修课
	加强基础课程建设，编写适合特色班的基础课教材
	加强论文及实践环节，建设针对特色班的实习基地
	严把考试选拔关，严格执行淘汰制度，实行毕业生跟踪机制
	配备优秀师资、专配班主任及新生导师，定期召开人才培养总结会
	提供部分资金支持，与国外高校开展"3＋2"等人才联合培养模式

CFA 特色班创新创业教育建设心得

陈　莹[*]

摘　要: 为探索创新创业型人才培养新模式, 以深圳大学 CFA 特色班的创新培养方案及"一站式, 全流程"创新创业实践培养模式为例, 介绍了 CFA 特色班的项目建设基本情况和创新创业实践教育的培养模式设计。通过结合金融学人才培养, CFA 考试课程特点和金融机构市场需求, 制定特色班全新的培养方案, 加入市场实际及金融科技相关实践内容, 力争培养更多符合社会发展需要的金融精英人才。

关键词: 创新创业; CFA; 特色班

一　CFA 特色班的项目介绍

(一) CFA 特色班的建设情况介绍

CFA (Chartered Financial Analyst) 是"特许金融分析师"的简称, 是美国以及全世界公认的金融投资行业最高等级证书, 也

---

* 深圳大学经济学院。

是各类财务金融机构金融分析从业人员的必备证书。该证书不仅用来衡量金融分析师的业务能力，也代表其诚信程度，属于当前全球金融第一认证体系。

继上海、北京之后，深圳是 CFA 持证人数最多的城市。随着深圳金融中心地位的不断深化，对于国际化复合型实践金融人才的需求也随之持续增长。作为深圳本地最有影响力的高校，深圳大学毫无疑问地承担起为深圳发展培养和输送人才的重任。深圳大学金融学专业是广东省名牌专业、国家特色专业，是深圳大学的热门专业和优势学科之一。学科建设是高校可持续发展的战略性任务，优势学科的建设更是衡量高校综合实力的重要标准。通过开展"CFA 特色班"建设，可以有助于学校金融学专业优势学科的建设，可以成为学校现有金融专业设置的有益补充，更可以进一步补充完善学校金融人才的培养体系。未来可以凭借 CFA 证书的影响力以及学生良好的实践能力和高就业率，形成优势专业特色，树立专业品牌效应，为学校学科的长远发展做出贡献。

经济学院金融系所开设的"CFA 特色班"作为培养拔尖创新型人才的特色班，依托深圳的地域特色及金融产业优势，在现有课程方案的基础上，充分考虑专业基础知识的学习及 CFA 考试的内容，科学设计并开设国际化金融教育课程。课程中引入与华尔街金融实务同步的知识体系，力求理论联系实际，专业学习与 CFA 考试相辅相成，培养与国际金融精英标准接轨的卓越人才。独立成体系的 CFA 特色班课程培养方案，能坚持社会主义办学方向，贯彻落实党的教育方针，遵循高等教育发展规律，紧密联系国际 CFA 考试课程与我国金融市场，结合金融学学科专业优势，把学生培养成为能适应金融分析理论及实践发展要求的应用型、创新型、国际化复合型金融卓越人才，未来定会立足深圳、服务全国、面向世界。

CFA 特色班将从每一届新入学的大一新生中择优选拔组成。由于 CFA 考试为全英文考试，且考试课程难度达到研究生水平，因此，CFA 特色班的学生要求有较好的英语、数学基础及良好的心理素质和较高的综合素质。学生通过报名参加学院组织的笔试，考试成绩入围者再参加面试，测试学生的英语口语、心理素质和综合素质，要求学生具备在持续高强度下的学习能力。按照笔试和面试的总分从高到低录取约 60 人，与经济学院签订协议后正式成为特色班的学生。

"CFA 特色班"从 2017 年开始招生，培养模式为学校与校外机构合作，将 CFA 一级资格考试所需的 10 门课程全部嵌入标准教学体系中。这 10 门课程采用全英文或双语教学，并且通过在理论学习中穿插机构对这 10 门课程的考试热点进行培训，加深学生对相关课程的掌握程度，为将来参加二级和三级考试打下坚实的基础。学生通过学校任课教师组织的考试即可获得相应的学分，修满培养方案规定的全部课程并取得学分后可申请毕业并可授予经济学学士学位。学生可注册成为 CFA 学员、报考 CFA 一级考试，通过后可申请 CFA 一级资格。

为了加强"CFA 特色班"的管理，学院成立 CFA 项目中心专门负责该项目的管理。项目中心负责联系 CFA 协会或其办事处，通知 CFA 考试信息，联系 CFA 培训机构并协调上课、考前辅导，沟通教学过程中存在的问题。学院挑选在教学和实践中经验丰富的老师进行授课，并定期召开教学研讨会，让教师与学生、教师与机构、教师之间均能更好地沟通，更好地设计与调整授课内容。

（二）CFA 特色班的培养情况介绍

"CFA 特色班"有着良好的学习氛围，在校内班主任和机构派驻的学管班主任的指导下，由班委组织成立了班级内部的各种学习交流群，供同学们课后相互讨论和帮助解答难题。2017—2018 学年考试中，"CFA 特色班"同学的排名在学院年级前 100 名的共有 24 人，占全班同学的 40%。在全学院前 100 名的同学里，有四分之一的同学来自于 CFA 特色班，足以说明特色班的同学们成绩优异。CFA 特色班上还有同学获得了交换生的资格，将远渡重洋在著名学府继续学业。

"CFA 特色班"的学生综合素质较高，文体全面发展。不仅学习认真，也积极参与学校里的活动，屡创佳绩。在 2017 级经济学院迎新晚会上，"CFA 特色班"独力成队，取得了二等奖的好成绩；在各种体育比赛中，很多同学都取得名次；在团日活动方面，"CFA 特色班"代表经济学院参与校级评选，获得了校级双十佳的荣誉。2017 级的 CFA 特色班还被评为了 2017—2018 年度优秀班集体。成绩和荣誉对"CFA 特色班"的培养模式和同学的努力都给予了肯定。

二 创新创业教育建设

（一）特色班的培养方案特色

根据 CFA 考试的特色和人才培养的要求，"CFA 特色班"在充分调研的基础上，制定了全新的培养方案。培养方案包含了获得 CFA 一级资格所需的 10 门课程，这 10 门课程采用全英文或双语教学。每门课程均由校内导师先讲授理论知识，再由机构讲师讲授考试相关的考点和热点，加深学生对相关课程的掌握程度。对每一门课程的讲授不仅是 CFA 一级考试的内容，也为将来二级、三级考试搭建了理论和思想框架。

在入学后的第一学期，通过考试组建特色班后，将会安排同学们通过网络课程初步接触专业英语，引导同学们打好英语基础。从第二学期到第六学期，将会安排各类专业课程，力求让学生全面掌握金融知识。在大三的暑假，将组织"CFA 特色班"通过网络课程进行全面复习。第七学期前三个月将会由机构讲师带班级同学全面复习相关的课程。并鼓励特色班同学参加 CFA 协会组织的一级考试，考试通过后，将会获得 CFA 一级成绩。

在培养方案中，还强调学生需要参加相关金融投资前沿知识讲座与实践项目，为学生开拓广阔的视野，丰富知识。学院与机构合作，提供优秀的金融机构实习机会与暑期实践项目，丰富学生实习经历，为未来深造或就业打造富有竞争力的履历。

为保证教学质量，CFA 项目中心在校内挑选教学和实践经验丰富的老师，及通过培训机构，邀请国内顶尖的投资银行、基金、商业银行、私募基金等金融机构中具有 CFA 资格的优秀讲师对特色班进行授课。扎实的理论基础、学科的前沿知识和丰富的金融从业经验相结合，将会带来不同凡响的课程体验与教学效果。学院配备了专门的图书资料室，并购买了 Wind、Csmar 等著名金融数据库，可供特色班使用。特色班与机构合作，定制专门针对 CFA 考试的最新图书资料及习题，供学生学习与参考。

CFA 特色班与培训机构紧密合作，从各方面提供实验与实践机会。首先，特色班将定期邀请上海、北京、深圳等国内外著名的金融机构高层管理人员、业界精英为学生举行各类前沿金融知识讲座，开阔眼界，丰富知识；组织学生参加国内外各类的财经主题大赛；推荐优秀学生获得优秀的金融机构实习机会与暑期实践项目，并提供海外实习和游学机会；提供全方位职业发展服务，创新创业教育，包括邀请业内大咖举办职业发展论坛等，为未来深造或进入金融机构工作提供有竞争力的辅助。

（二）创新创业研究教育

"CFA 特色班"充分利用学校的多种实践教学新模式进行创新创业教育，建立"一站式，全流程"的创新实践能力培养模式。首先，在大三上学期，会为"CFA 特色班"的同学安排"学院特色"的创新研究短课，让企业导师到学校面对面为同学们授课，学习实践中所需要的基础知识；其次，在大三下学期，通过"聚徒教学"课程形式，由校内导师和校外导师一起带领，完成若干个实践项目，让学生学以致用，充分了解市场；最后，在大三暑假的专业实习中，安排同学们到相应的机构进行实习，将课堂学到的知识运用在市场中。

1. 创新创业课程类型选择

学校开设"创新研究短课"，目标是营造探究式学习和自主学习氛围，激发学生创新思维，培育学生创新精神和实践能力，充分体现深圳大学办学特色。"创新研究短课"主要针对学生开展科学研究所需的专业技能和职业发展必备的岗位技能，以教师讲授辅导和学生实操相结合的方式，开展专用技术技能集中培训，更加强调学术性、研究性和实践性。在教学内容上，结合国家"互联网＋"等重大战略，围绕新技术、新业态、新产业和新模式，开展综合性、设计性实验和实践教学，构建课内实验模块、自主探索实验模块和企业项目实战模块"三位一体"的实践教学体系，培养动手能力强、综合素质高的创新实践人才。在教学组织形式上，基于产学融合、校企合作协同育人的人才培养模式，依托实践教学基地、实习基地等合作单位，以教师讲授辅导和学生实操相结合的方式开展内容丰富的实验教学指导、调研考察实践或创作制作等。

"聚徒教学"则是一种以研究性教学为基础的精英教育模式，以拓宽学生学术视野、培养学生创新能力、激发学生自主学习、提高学生实践技能为目的。"聚徒教学"创新教育模式的建设目标在于，将导师的科研或实践项目融入教学，使本科生获得初级的科研能力，实现科教互融；突破时间和空间的限制，打破年级和学科的壁垒，实现泛在化的教学；创新教学方式，通过研究型学习激发学生自主学习能力，实现以"教"为中心向以"学"为中心的转变；以"师带徒"的模式提供师生直接交流的平台，增进师生感情，实现学术经验传承。

2. 合作企业介绍

由于"CFA 特色班"人才培养的主要目标，是培养高端的证券投资管理人才，因此选择了与国信证券和银河证券合作进行创新实践合作。

国信证券股份有限公司（简称"国信证券"）前身是 1994 年 6 月 30 日成立的深圳国投证券有限公司，公司总部设在深圳，为全国性大型综合类证券公司。截至 2017 年末，在全国 119 个城市和地区共设有 51 家分公司、166 家营业部。国信证券 2013 年至 2016 年的总资产、净资产、净资本、营业收入、净利润五项核心指标均进入行业前十，获得"广东金融百优奖""2018 中国先锋证券经纪商"等荣誉。而中国银河证券股份有限公司（简称"银河证券"）是中国证券行业领先的综合性金融服务提供商，公司及旗下子公司提供经纪、销售和交易、投资银行和投资管理等综合性证券服务。在"2018 中国品牌价值百强榜"中排名第 96 位，获"2015 年度中国互联网金融创新奖""中国最具影响力的证券公司"前十等荣誉。经济学院和两个证券公司都签订了战略合作协议，在人才培养，实习实践中充分合作，并在两个证券公司均挂牌成为"深圳大学实习基地"。

3. "一站式，全流程"的创新实践能力培养模式设置

大三上学期，两家证券公司的相关部门负责人或资深讲师会到学校进行基础知识的授课。银河证券授课的课程名称为《证券投资创新实践短课》。为学生们讲授四个部分内容，包括：证券行业概况以及最新动态；证券投资者教育；资产配置和股票期权等新工具的实操和证券行业营销实操。课程通过分析行业概况和最新动态，使学生对证券行业有全新的认识，有助于学生理解行业前沿和把握行业发展脉搏。课程会结合证券非法交易案例，使学生认识证券合规的重要性，对今后从事金融工作面对合规风险提高警惕。另外，对证券行业投资者陷阱案例进行梳理，使学生对证券行业风险有一定的认知，有助于识别和防范投资风险。另外，课程还分享了银河证券资产配置和股票期权的实践经验，使学生结合实践，深入了解不同资产的配置方法以及风险和收益的辩证关系。最后，通过分享银河证券营销理论和营销方法，使学生了解证券销售的流程和技巧，有助于提升学生的金融销售能力。

国信证券授课的课程名称为《基于 Python 语言的程序化交易》，课程主要学习程序化交易的基础知识与核心理念、基础交

易规则、主流策略的原理及实现过程、程序化交易平台的使用，并通过实训课程提供交易策略研发的实践机会，进一步加深对程序化交易的理解。通过本课程的学习，学生能基本具备在程序化交易相关岗位实习或工作的基础技能。学生在课程中能学习到 Python 语言和平台；交易策略的开发过程，包括想法形成、策略编码、策略回测、优化和自动化等；还能使用 Python 语言实现各种交易策略等。

为特色班所开设的这两门创新短课各有侧重，各有特点。《证券投资创新实践短课》强调对金融产品的选择和配置，可以帮助学生了解投资中的实际操作；《基于 Python 语言的程序化交易》偏重于金融科技方向，让学生学会用计算机语言来实现金融投资策略。CFA 特色班的学生可以按自己的兴趣，选修一门创新研究短课。经过一个学期的学习，掌握实践中相关的基本知识并能熟练运用。

在大三下学期，两个企业都会安排企业导师与校内导师合作若干课题或项目，CFA 特色班的学生作为项目组成员，以"聚徒"的模式，跟着导师做具体项目。聚徒授课的地点和形式可以是在校内组织讨论，校外调研或在企业平台动手实践。例如可以直接到国信证券的 TradeStation 量化平台实验室进行实践演练，在企业导师的指导下完成任务。经过"聚徒"方式的学习，企业导师"手把手"带学生处理实际问题，学生可以从具体项目中加深对相关知识的理解，并动手处理实际的事务，大大提高创新实践能力。

大三暑假所安排的专业实习中，学生会被安排到相应证券公司实习，真正把所学到的各类知识用到实际工作中。有了两个学期创新实践课程和相关知识的积累，学生到证券公司实习后，能更快更好地处理一些专业要求较高的工作，成绩优异者更能得到企业的留用就职机会，也实现了学校为金融机构输送理论功底扎实和动手能力强的优秀学生的目标。

图1展示了"一站式，全流程"的创新实践能力培养模式的各个环节。经过三个阶段培养的学生，能学到工作中所需要的各种专业知识，并锻炼了创新实践能力，在未来的深造或者就业中，能更了解和适应市场，真正体现了CFA的专业性。

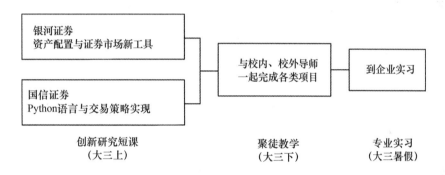

图1　"一站式，全流程"的创新实践能力培养模式

三　特色班的未来建设安排

"CFA特色班"在建设过程中取得了一些成绩，未来依然有很大的提升空间。未来，我们将致力于整合各类有助于提高同学们专业能力的资源，包括组队参加各类全国性大赛，让同学们在比赛中学习提高，以赛带学；开设社会实践导师讲座系列，让同学们了解金融市场的现状和需求；组织系里骨干师资参加实践培训，更多了解市场，在平时能给予学生更多指导；加强同学们对金融科技领域相关课程的学习。

在改革开放 40 年的今天，构建现代金融体系，建设大国金融成为我国金融产业未来发展的目标。"CFA 特色班"通过创新办学模式，结合市场实际对学生进行创新创业教育，不断完善培养方式，争取为深圳、为国家输送更多的金融精英人才。

深圳大学国学精英班"拔尖创新人才"培养模式的探索与实践

梁立勇[*]

摘　要：人才培养模式的改革创新是高等学校培养拔尖创新人才的方法保障，也是高等学校提高本科教学质量的重要途径。深圳大学人文学院在学校的支持下组建了"国学精英班"，该班成为深圳大学拔尖人才培养模式的改革实验区。国学班成立六年以来，本着"厚基础、宽口径、重科研"的原则，在教育理念、教育模式、管理机制方面进行了有益的探索。

关键词：拔尖创新人才；培养模式；改革

一　"拔尖创新人才"的定义、特征及其在高等教育中的重要性

"创新人才培养"是当今教育界的一大热点。教育部《国

---

* 深圳大学人文学院。

家中长期教育改革和发展规划纲要（2010—2020年)》（以下简称《纲要》）指出："我国正处在改革发展的关键阶段，经济建设、政治建设、文化建设、社会建设以及生态文明建设全面推进，工业化、信息化、城镇化、市场化、国际化深入发展，人口、资源、环境压力日益加大，经济发展方式加快转变，都凸显了提高国民素质、培养创新人才的重要性和紧迫性。中国未来发展、中华民族伟大复兴，关键靠人才，基础在教育。"因此，贯彻和落实《纲要》，努力培养大批社会急需的拔尖创新人才，是高校的重要任务。而要实现创新人才培养，首先要明确什么是拔尖创新人才，以及其培养的内涵、特征等。一般而言，拔尖创新人才指专业基础扎实，富于开拓性，具有创造能力，发现问题、解决问题能力，对学术研究做出创造性贡献的人才。通常有以下几个特征：（1）有强烈的好奇心和求知欲；（2）有很强的自我学习与探索能力；（3）在专业方面拥有广博而扎实的知识，有较高的专业水平；（4）具有良好的人品与情商，易于与他人合作；（5）有健康的体魄和良好的心理素质，能承担艰苦的工作。了解了拔尖创新人才的特质，就为我们推进人才培养模式的综合改革指明了方向。

二 深圳大学国学精英班的缘起及发展情况

2009年教育部出台《基础学科拔尖学生培养试验计划》，旨在为社会培养杰出人才。2012年，深圳大学为响应教育部号召在人文学院尝试开设"国学精英班"，在全校二次招生，选拔优秀学生进行国学精英教育。"国学精英班"遂成为学校第一个教学、人才培养改革的实验班。人文学院为此专门成立了"国学精英班"培养指导委员会，负责规划国学班的教学和管理模式，从宏观上进行指导。同时，还成立了"国学精英班"教学指导小组，具体贯彻实施学校和国学班培养指导委员会的工作意见，负责国学班的日常教学工作。"国学精英班"每年秋季二次招生，面向全校一、二年级学生公开招考，选拔 20 人左右的优秀学生进入国学班学习，迄今为止已招收六届学生。

三　国学精英班在"创新人才培养"方面的实践与探索

在国学精英班创新人才培养的实践过程中，我们首当其冲重视的就是教育理念的创新。从影响人才培养效果的关键因素看，教师、培养方案、学生是教育过程的三大主要因素。所有的教育改革创新目标都指向这三者。对于教师来说，关键是要从"以教为中心"转变为"以学为中心"来设计和实施教学，树立创新型的教育思维，并且将研究思维引入日常的教学当中，积极探索以科研促教学的研究型教学模式，从而为创新人才培养目标的实现提供良好的路径保障。就培养方案而言，关键在于课程与教学内容的结构性、系统性和前沿性，重在优化课程体系设计与教学方法的选择；对学生来说，关键在于要从"以记诵知识为主"转为"以提高研究能力为主"来规划和落实学习任务，尤其要强调自学能力与发现问题、解决问题能力的提高。国学班所有的教学改革尝试都围绕这三个方面展开。

（一）创新教育理念。首先要确立创新人才的培养目标

首先我们要明确什么是创新型人才，然后才能谈得上如何培

养创新型人才，才能知道如何在现有的培养方式基础上进行改革。"国学精英班"旨在培养富于人文情怀与社会责任感，对传统国学的基础知识、重要典籍和治学门径有较全面的理解，能熟练阅读中国古典文献和外文，拥有文史哲等跨学科研究能力，德业双修与具备艺术涵养的高素质人文学科人才。

（二）提倡全面多元的人才选拔方式，摒弃以卷面考试分数至上的弊端，形成多样化的选拔标准

试卷考核是比较简单粗放的一种适合大众化教育的考核方式，对于创新型人才的选拔，其弊端非常明显。国学班的选拔方式采取学生自愿申请，然后进行笔试与面试。笔试重在测试学生的专业基础知识及语文能力，面试则由人文学院组织的5—7人组成的专家组实施，面试着重了解学生报考国学班的动机与期望，考察学生的综合能力、学术兴趣、创新精神、发展潜质以及意志品质等方面。

（三）完善培养方案及相关保障制度。制定个性化培养方案、完善创新课程体系设置

培养方案是根据培养目标而制定的培养途径及措施，是实施人才培养的纲领。现阶段我国的人文学科的专业设置主要是参照欧美国家的专业划分，文学、历史、哲学分属于不同的学科专业。这种文史哲的分立是现代学术发展的必然。但是，对于研究中国传统学术来说，这种划分实际上割裂了传统学术。中国传统学术是"四部"之学，即经、史、子、集。其中"经学"在中国传统学术中最为核心、最为基础，是其他学术的前提。如以现在的专业划分视之，则原属于经学范畴的《春秋》三传属于历

史,《周易》《论语》属于哲学,《诗经》属于文学。如此划分将中国传统文化这一"七宝楼台,拆碎不成片断"。所以,中国传统学术一贯强调文史哲不分家,港台地区的大学专业设置中仍然保持着这一传统。为此国学班建立了融合文史哲的大类基础培养方式。

1. 建立"厚基础、宽口径、重能力"的基础教学体系

厚基础:研究中国古典学问,无论是文学、历史还是哲学,都以"小学"为基础。张之洞曾在《书目答问》中指出研究传统学术的路径:"由小学入经学者,其经学可信;由经学入史学者,其史学可信;由经学史学入理学者,其理学可信;以经学史学兼词章者,其词章有用;以经学史学兼经济者,其经济成就远大。"王力先生也说:"古人把文字(字形)、音韵(字音)、训诂(字义)看成继承祖国文化遗产的基础知识,那是很有道理的。"(《汉语音韵·小引》)所谓"小学"就是指文字、音韵、训诂之学。现当代的一些著名的国学大师,如章炳麟、王国维、陈寅恪、闻一多等,无一不是精通古文献,对于传统小学具有深厚的学养。有鉴于此,我们在国学班的专业核心课程里设立了"文字学""音韵学""训诂学""说文解字""文献学"等基础课程,切实地帮助学生夯实专业基础,为其进一步学习、探研做好准备。

宽口径:专业核心课设置上注重文史哲大类学科知识结构的交叉和融合,拓宽学生学科知识背景,为将来其自由选择学习方向创造条件。

重能力:增强研究性环节,注重学生研究能力的培养,改革教学方式,增加自主式、问题式以研促学的学习模式,培养学生综合应用能力和创造性思维。

2. 设立自主性、个性化、研究型的专业教育体系

国学精英班实施专业导师指导下的教育培养，在学习专业核心课的同时，坚持以学生学术兴趣为中心，突出自主性、个性化、研究型的学习特点。国学精英班学生可根据自己的兴趣在中文、历史、哲学三个专业中任意选择主修专业，除了规定的专业核心课外，学生可以选择文史哲三个系的专业课作为其专业选修课。同时学生可以自主选择专业导师，参与个性化的专业培养方案的制定。专业导师根据学生学术兴趣，组织并指导学生尝试进行学术探研，促进学生科研兴趣与能力，从而进一步提升学习效率。

3. 改革主干课程教学内容与教学方法

国学班专业核心课程中不仅开设有讨论式课程，还有自学课程，实现了课程类型的多样化；课程内容也强调不同学科方向的交叉与融合，教学内容的整合与优化，尤其注重学术前沿的引进与介绍，从而拓展学生的学术视野与思维。例如，作为儒家十三经之一的《礼记》是汉代流传下来的文献，但近年新发现的一些出土材料（郭店楚简和上海博物馆藏的竹简）中却有不少与《礼记》相同、相关的一些内容。因此，我们在"礼记"这门课程的讲授中，即以几种不同本子的差异比较为重点，引导学生思考其所以异同的原因。这种探研式的上课形式与对学术前沿问题的探讨极大激发了学生的研究兴趣。除此以外，我们对学生课程内容的掌握要求也各有不同，有的以启发思维、拓展思路为目的，有的则要求学生记诵经典原文，切实把专业基础知识打扎实。例如，《左传》一书记载了春秋时代很多关于天道、鬼神、卜筮、灾祥、政治、战争的事，保留了诸如各国官制、兵制、田制等很多当时的珍贵社会史料。同时，《左传》也极具文学色彩。可以说，《左传》是保存春秋史料最重要的史书。对于这样一部

经典课程，要求学生泛泛而读、浅尝辄止是不够的。因此，我们选了近 2 万字的富于哲理、文字茂美的篇章，要求学生熟读成诵。由于记诵量较大，考核不能一次完成，而是分为 4—5 次进行。通过这样学习，学生不仅对上古汉语有了深刻的感性认识，加强了语感，同时对春秋时期的历史及各国名物制度也有了较深的理解。这种要求下笨功夫的课程学习取得了不错的效果。不少学生在考研复试时，即因能当场背诵大段的《左传》原文得到面试老师的青睐而获得高分。有的同学甚至因为对《左传》熟悉而被录取到先秦史专业。

（四）加强师资队伍建设。完善师资配置，明确导师职责

为实现创新型人才的培养目标，我们非常重视加强师资队伍的建设，一个高水平的教学团队是提高专业建设质量的关键所在。为了进一步提高教学质量，我们逐步完善人才培养和引进机制，建设了一支相对稳定的，由本校教师及国内外专家学者组成的学术水平高、责任心强、有热情、肯投入的高水平师资队伍，共同参与课程教学、学术讲座、学业和科研指导等，保证国学班学生的培养质量。在国学班教学活动中，我们给每 3—5 名学生配备 1 名导师，按照"师徒式"进行培养，促进学生个性化发展。导师分学术导师（一、二年级）和专业导师（三、四年级）。学术导师主要是介绍治学方法和经验，指导学生自学，帮助学生寻找适合其自身特点的学习方式，评阅学生的读书报告。专业导师要引导学生进入专业研究，指导学生的课程选择、课题选择和"学年论文"等科研环节的论文写作，最后完成学位论文。除此之外，导师还要加强学生的人生和思想指引，通过言传身教，引导学生树立远大理想、激发学生对国学的兴趣。

（五）构建新的教与学模式、营造主动性、研讨式学习氛围

通过教育改革，探索和构建一种新的教学模式，让学生从被动型、应试型学习逐步转化为主动型、探究式学习；国学班每班学生人数一般在 20 人左右，其专业核心课程实现了小班化教学，除了课堂正常教授以外，有些课程则以研讨课的形式组织教学，积极推进讨论式、探究性学习。同时，开设部分以自学为主的课程，规定理论课课外自学内容，培养学生自学能力。国学班在教学实践中鼓励老师在遵循教学基本原则和基本规律的基础上大胆探索和实践，开展启发式、研讨式、问题式教学改革，逐步将"课堂为中心、课本为中心、教师为中心"的传统教学模式，变成以学生为主，以问题为纲，以自学、讨论、多媒体讲解、实地调研等多种教学方式和内容为主的教学模式，增强教学的针对性和互动性，使学生在获取知识的过程中学会思考、懂得合作，真正发挥教师在教学过程中的主导作用和学生在学习过程中的主体作用。

（六）注重创新思维的培养

拔尖人才的培养中最大的问题是创新思维缺失，尤其在目前的教育机制下，学生缺乏独立的判断意识，往往人云亦云，容易盲目追随学术界已成为定式的理论及观点。因而我们要引导学生学会批判性思维，同时努力为学生创造一个宽容的学术氛围，允许学生通过独立思考，突破思维定式，提出自己的新观点和新看法，即使其观点不完全正确，也不要一棍子打死，而是要帮助其分析所致错误之由。总之，要给予学生犯错误的权利和机会，允

许其大胆试错，使其可以在轻松和愉快的学术氛围中探索、成长，养成其勇于探索，乐于尝试的品格，并逐渐形成创新性的思维和能力。

（七）设立探究式的实践环节

在学生培养过程中，实践性教学环节是整个教学过程的重要一环，是提高学生由知识向能力转化的主要途径。实践性环节在培养人的科学思维、创新意识，发现问题并解决问题的综合实践能力方面，具有重要作用。同时，实践性教学环节也是检验教育教学质量的重要手段。国学班精英班教学中的实践性环节，注重基础知识与专业性方向之间的协同规划，建立了基础训练、模拟研究、创新研究三个层次的实践教学体系。

1. 强化基础知识训练

基础知识是开展研究的前提。"小学"知识是研究中国传统学问的根基。对于这些基础知识，我们要求学生下一些诸如背书、抄书之类的死功夫。例如，"音韵学"要求背出《广韵》的206韵，"训诂学""文献学"要求繁体手抄《尔雅》及《汉书艺文志》，《左传》的考核要求背诵2万余字的文选。经过这样的学习，学生们打下了较为扎实的专业基础。

2. 提升学生学习中的研究性

为了训练培养学生的研究能力和创新思维，提高学生的自主性、综合性实践能力，我们组织学生成立读书会，要求学生听取学术报告，鼓励学生举办、参加学术会议。

国学班的读书会分两种类型，一种是由专业老师带领学生精读一些他们不太容易理解的专业文献，例如《说文解字注》《存在与时间》等；另一种则是由老师主持，学生自己分享自己最近所读之书的体会与收获。前一种读书会重在专业知识上的进一步提高，后一种则更强调思维上的拓展。

听习学术报告是积累专业知识、了解学术前沿、扩展学术视野的重要途径。闭门造车、瞑目塞听是不可能做好研究的。当今的学术研究越来越专精复杂，仅仅依靠课本上的专业知识是远不敷使用的，因为课本上的知识往往是作者若干年前的学术思想与成果，很难反映学术界最新的成果与动态。听习学术报告不仅仅能获得最新的专业研究信息，更可以学到前辈学者的治学理念、态度与方法，发现自己研究思路或方法上的问题而及时补正纠偏。国学班采取了研究生的培养方式，要求学生在毕业前完成 30 场学术报告的听习，每次都要做笔记并在讲座后请讲者签字确认。

国学班还非常重视让学生走出去参加各种学术会议，在学术会议上，报告人报告的往往是其最新的研究心得与学术成果，甚至是还没有最终成形的研究设想，这些学术信息，是在其他的场合无由获得的。在会议的讨论环节或是茶歇时刻，甚至还能向报告人当面请益，这时候学生能学到的不仅仅是学术上的某个专业问题的解决思路，还往往能感受到这些学者的学术情怀和良好的学术氛围，从而激发学生的学术热情。2016 年我们举办了"第四届全国国学本科论坛"。来自北京大学、复旦大学、广西大学、湖南大学、南昌大学、南京大学、武汉大学、中国人民大学、中山大学、郑州大学的师生代表共同参与了此次论坛。国学班罗启权、姜春萌等四位同学参加了本届论坛并宣读了学术论文。迄今为止，国学班学生已经赴香港、西安、武汉、广州等地参加过一些学术会议与学术论坛。

3. 改革考核评价方式

对学生的考核要突出能力和创新的目标，克服应试考核的弊端,采取平时与期末、笔试与口试、考试与考查、理论与实践、开卷与闭卷、过程性与终结性等多种考核方法并用的评价方式。国学班尤其注重对学生的课堂讨论、作业、调查报告、课程论文、读书报告、随堂测验、期中考试等多方面的学习情况的考核,提高这些成绩在课程最终成绩中的比重,把加强平时考核作为进一步提高教学质量、改善治学风气的重要手段。

4. 鼓励支持学生社团活动

丰富多彩的学生社团在涵养学生的性情,培养学生的兴趣,拓展学生综合素质方面起着越来越重要的作用。随着社会的发展,社会对拔尖人才的需求也不仅仅局限于专业知识方面,而是需要拥有全面素养的复合型人才。课堂上所学知识某种程度上并不能满足这种专业与综合能力的培养要求,学术社团是学生拓展研究能力的第二课堂,是课堂教学的有益的补充。学术社团的学术氛围和自我学习不仅能让学生在专业知识方面得到提升,同时也能使学生在自我驱动、自我激励方面得到锻炼,满足学生全面提高综合素质的需要。我们帮助国学班学生成立"新咏国学社"、创办了《新咏》刊物及微信公众号,在经费、专业指导等方面上予以大力支持。国学班还积极帮助学生利用课余时间组织其他专业社团活动,如兰亭书法社等,以调动学生的主动性和创造性,开拓学生的传统文化视野,增加对"国学"的感性认识,进行诗词、茶道和琴棋书画等国艺修习。

5. 开展专业实习实践活动

国学班实践活动的内容主要是由专业老师带领学生对历史文化遗迹、文物进行考察,是一种特殊方式的教学活动,是课堂教学的延伸。首先,实践考察有助于培养学生严谨的学习研究态度。通过考察学生会认识到,历史是层垒地建造在真实材料基础上的。其次，实践考察活动可以弥补文献学习及课堂教学的不足。比如对于青铜器的学习，如果不看实物，是很难对其纹饰、器型、断代有较为确实的感性认识的。再比如古籍装帧概念里的"旋风装"与"蝴蝶装"，如果没有目睹实物，对这种带有文学描述色彩的概念几乎无从理解。同时，实践考察也为师生之间的交流提供了机会。国学班的实践考察活动分别安排在一、二年级的暑假进行。目前国学班已在山东泗水尼山圣源书院、中华书局等单位建立了实习实践基地。每年暑期，国学班一年级同学在专业教师的带领下赴山东曲阜尼山书院进行为期一周的访学考察活动，活动内容以了解孔子与儒家文化为主，通过邀请专家学者讲座和参观孟庙、孔庙、孔子出生地等，使学生对儒家思想的源流递嬗和文物制度等有更为深入的了解和体验。二年级暑期进行专业实习。由专业教师与同学共同商议确定考察项目。项目确定后，专业老师召开团队会议，布置任务，提出调研问题，要求学生查阅相关文献，为考察做好准备，防止考察沦于形式，保证学生能有切实的收获。最后由专业老师带队赴目的地实习考察。在实践考察活动完成后，我们会组织公开的实习实践汇报会，每一个项目组都要做考察报告。迄今为止，国学班已经完成的考察项目有：

（1）清华大学藏战国竹简研究；

（2）洛阳博物馆藏三体石经研究；

（3）河南南阳汉代画像石与文学研究；

（4）西安碑林《开成石经》研究；

（5）岳阳楼形制及迁址研究；

（6）敦煌壁画中的飞天造型研究；

（7）故宫博物院文物医院考察；

（8）龙尾山歙砚研究；

（9）曲阜三孔遗迹考察；

（10）《孔宙碑》研究。

6. 设立专项奖学金引导学生进行科研

奖学金在调动学生学习积极性，促进学生个人成长，推动教育目标实现等方面的作用有目共睹。一般而言，本科生奖学金的评定标准多是以课程绩点或者社会工作作为评奖的主要权重。为了突出科研导向，培养学生的学术兴趣，与学校其他奖学金类型形成互补，国学班设立了以学术论文为评定条件的"志恒"学术奖学金。该奖学金每年4月份评选一次，国学班的二、三、四年级原则上每年级奖励5人，共15人，每人5000元。我们专门组织了专家对参选论文进行匿名评审，严控质量，宁缺毋滥。2018年我们就只评了10篇。为了保证获奖论文的质量，我们加强了对评奖论文的过程性考核，对于每一篇参评的论文都要求学生在相应的时间节点完成选题与文献综述等规定内容，否则即视为自动放弃。目前看来，这种奖学金的导向性效果颇为明显，学生的研究兴趣、学习态度和效果都有明显的提升。例如，刚刚升入大学二年级的2018级国学班的钟芷嫣同学的论文《李杜关系新探——从李杜的诗文交游说起》入选2018深圳大学首届本科生学术论坛主论坛论文（主论坛论文一共五篇）。

知行合一：深圳大学创业精英班的创业人才培养探讨

潘燕萍　何孟臻　崔世娟*

摘　要： 在"双创"的背景下，大学生创业率也越来越高。自 2012 年起，政府"自上而下"地推动创业教育，将创业教育正式纳入学校改革发展规划、纳入学校人才培养体系之中。高校应该如何根据自身的特色开展创新创业人才培养？本文以深圳大学创业精英班的创业教育实践为例，探讨"创新精神"与培育实践导向相结合，实现"知"与"行"合一的创业教育培养模式。根据创业精英班的实践经验，本文在教育宗旨和创业教育系统等方面总结了对我国高校创业教育的启示。

关键词： 创新精神；实践导向；创业教育；创业精英班

一　引言

创业学作为一门课程、一个专业、一个研究领域迅速发展。

---

* 深圳大学管理学院。

创业教育也在世界各地的高校中展开。在美国，从 1947 年哈佛大学商学院开设创业课课程起，国商学院开始盛行"创新精神"课程。现如今，美国已在超过 1600 所高校开设超过 2200 个相关课程，设有 44 种英语的学术期刊和 100 多个创业相关的研究中心①。在日本，自 1995 年起，日本的大学根据自身的条件陆续设立铲雪联合部门、技术转移部门、开展创新创业教育的"Venture Business Laboratory"、大学生孵化园等相关机构②。在中国，从 1999 年 1 月国务院批转教育部《面向 21 世纪教育振兴行动计划》政府开始探索性地、渐进地推行高校创业教育。2012 年 8 月教育部颁发《普通本科学校创业教育教学基本要求（试行）》从政策上正式要求并支持创新创业教育纳入学校改革发展规划、纳入学校人才培养体系之中。在政府推动下，各大高校加强创新创业教育课程体系建设，并广泛开展创新创业实践活动。教育部会同科技部，以国家大学科技园为主要依托，重点建设一批"高校学生科技创业实习基地"。

创业者是科技成果、专利等无形资产价值市场化的主要践行者。推动创新创业的法律法规政策，众创空间向专业化、精细化方向升级，为创业活动提供了外部支持。工商局的数据统计显示，2017 年全年的商标注册量为 13594110 件，平均每天新增商标 37244 件，平均每分钟产生 25 家公司。然而，持续高涨的创业率下，创业绩效并不容乐观，创业失败率居高不下。国家工商总局的《全国内资企业生存时间分析报告》指出，约 60% 的新

---

① Katz J. A. ，"The Chronology and Intellectual Trajectory of American Entrepreneurship Education1876 – 1999"，*Journal of Business Venturing*，No. 18，2003，pp. 283 – 300.

② 潘燕萍：《从"自上而下"向"创业本质"的回归——以日本的创新创业教育为例》，《高教探索》2016 年第 8 期，第 49—55 页。

企业寿命在五年以内。根据 GEM 关于 73 个国家创业生态环境的调查报告，创业教育的不完善是制约多数国家创业发展的要因。吴晓波的《大败局》指出即使是教授、发明家、博士、军医和作家等精英创业，也仍然难逃失败的命运，缺乏系统的职业精神正是创业失败的原因之一[①]。德鲁克的《创新与企业家精神》指出，创新精神是可以通过后天培养的。可见，创业教育毋庸置疑具有深远的战略意义[②]。

如果创业人才已被论证可以被培育，并且需要长远的开发与培育，那么高等教育应该如何基于自身的特色开展创新创业人才培养？本文以自 2010 年开始探索的深圳大学管理学院创业精英班（以下简称"创英班"）为例，从创新精神的角度探讨创业教育开展的模式。

二　创新精神与创业教育

"创新型"企业家和"复制型"企业家之间的关键区别是什么，以及他们如何促进经济增长[③]？大多数企业家都是复制型的。他们开一家传统的小店或小车间，这在帮助消除贫穷方面是重要的，但是复制型的企业家以传统活动对工业革命和随之而来的经济增长的爆炸贡献甚微。创新型企业家不同，他们可以被认为是

---

①　吴晓波：《大败局》，浙江大学出版社 2013 年版。

②　［美］彼得·F. 德鲁克：《创新与企业家精神》，张炜译，上海人民出版社 2002 年版。

③　Baumol W. J. , "Entrepreneurship in Economic Theory", *Social Science Electronic Publishing*, Vol. 58, 2009, pp. 64 – 71.

新产品和新生产技术的推销员①。

"Entrepreneurship" 意指创业行为或者创新精神。Gartner 将创新精神定义为是"创建组织"②。然而，创新精神并不仅仅局限于创业活动中③。现有成熟组织，大多面临着组织僵化的问题，他们开始强调创新精神，开始以创业导向来管理组织，吸引大量的具有创新精神的人才。Kuratko 认为创新精神就是企业家寻找机会，坚持把一个想法变成现实④。Timmons 指出创业不仅仅意味着创办新企业、筹集资金和提供就业机会，也不仅仅等同于创新、创造和突破，还意味着孕育人类的创新精神和改善人类生活⑤。德鲁克的《创新与企业家精神》认为创新精神不是天赋、才干、灵感或"灵光乍现"，而是有组织，且须有加以组织，有目的的任何和系统化的工作⑥。Kuratko 认为创新精神是关于持续创新和创造力的。商学院应该开始发挥领导作用，创业教育工作者必须具备让学生具有创新动力的能力⑦。Dyer 和 Christensen 指出创造性可以通过不断学习而习得⑧。

---

① Griffiths M., Kickul J., Bacq S., et al., "A Dialogue with William J. Baumol: Insights on Entrepreneurship Theory and Education", *Entrepreneurship Theory and Practice*, Vol. 36, No. 4, 2012, pp. 611 –625.

② Gartner W. B., "'Who Is an Entrepreneur?' Is the Wrong Question", *Entrepreneurship Theory and Practice*, Vol. 12, No. 4, 1988, pp. 47 –67.

③ Kuratko D. F., "The Emergence of Entrepreneurship Education: Development, Trends, and Challenges", *Entrepreneurship Theory and Practice*, Vol. 29, No. 5, 2005, pp. 577 –597.

④ Ibid..

⑤ Timmons, J. A., *New Venture Creation*, 8th ed., New York: Richard D., Irwin, 1999.

⑥ Baumol W. J., "Entrepreneurship in Economic Theory", *Social Science Electronic Publishing*, Vol. 58, 2009, pp. 64 –71.

⑦ Kuratko D. F., "The Emergence of Entrepreneurship Education: Development, Trends, and Challenges", *Entrepreneurship Theory and Practice*, Vol. 29, No. 5, 2005, pp. 577 –597.

⑧ Dyer J. and Gregersen H., Christensen C. M., *The Innovator's DNA: Mastering the Five Skills of Disruptive Innovators*, Harvard Business Press, 2011.

曹胜利和高晓杰认为创业教育有两种界定，狭义的创业教育是一种培养学生从事工商业活动的综合能力的教育，使学生从单纯的谋职者变成职业岗位的创造者。广义的创业教育是培养具有开创性精神的人，是一种素质教育[①]。Weber 指出大多数大学级别的项目旨在提高创业意识和培养有抱负的企业家[②]。Bae et al. 认为创业教育就是对企业家的态度和技能的教育，包括"任何针对创业态度和技能的教育学项目或教育过程"。对于那些还没有决定要从事哪一种职业（例如，就业与创业）或者在参加创业课程之前没有创业经验的学生，创业教育能够提高他们的意识[③]。Neck 和 Green 认为创业是"一组时间的方法"，并针对百森商学院的创业教学实践，提出了"玩耍、移情、创造、实验、反思"等实践教学方法[④]。潘燕萍认为创业教育应当立足于创业发展的内在规律，重视培养学生的创新精神，创业教育的表现形式可以是多元的，需要结合高校自身的特点，构建开放的创业教育生态系统[⑤]。潘燕萍和王军将创业类课程设为"必修课"，将其作为培养我国大学生的创新精神提升的必要条件。高校需要结合各种

① 曹胜利、高晓杰：《创新创业教育培养新时代事业的开拓者——中国高等教育学会创新创业教育研讨会纪要》，《中国高教研究》2007 年第 7 期，第 91—93 页。

② Weber, R., *Evaluating Entrepreneurship Education*, Evaluating Entrepreneurship Education, 2011.

③ Bae T. J. and Qian S., Miao C., et al., "The Relationship between Entrepreneurship Education and Entrepreneurial Intentions: A Meta-Analytic Review", *Entrepreneurship Theory and Practice*, Vol. 38, No. 2, 2014, pp. 217 – 254.

④ Neck M. H. and Green G. P., Brush G. C., *Teaching Entrepreneurship: A Practice – Based Approach*, Massachusetts: Edward Elgar Publishing Limited, 2014.

⑤ 潘燕萍：《从"自上而下"向"创业本质"的回归——以日本的创新创业教育为例》，《高教探索》2016 年第 8 期，第 49—55 页。

资源提供实操性的训练教育平台，以提高大学生的创业能力①。

三 深圳大学管理学院创业精英班概况

（一）深圳大学管理学院创业精英班的培养目标

为了长期系统地培育创新创业人才，孕育创新精神的校园文化，深圳大学从 2011 年起面向全校的本科生开设了"创业精英班"（以下简称"创英班"）。主要招募大一至大三有创业志向、有志于培养创新精神、创新能力与领导能力的学生。其旨在培养具有国际化视野，系统掌握现代企业管理理论、知识和方法，熟悉商事法规和政策，具有创新开拓理念、营商知识技能及社会活动能力，能熟练运用 IT 技术，掌握一门外国语，适应社会经济发展需要、引领社会发展的创新人才，包括推动社会进步的创业家，在各类企业、非营利机构、事业行政单位等组织中具有创新精神、社会责任和领导力的创新将才。

（二）深圳大学管理学院创英班的招生设计

深圳大学管理学院创英班是面向全校大一大二的学生，欢迎来自不同专业的学生，以促进多样思维的碰撞和团队分工合作。凡是有意向参加创业精英班的学生均需提出申请，参加面试等择优录取。申请时间和申请程序要求参考普通双学位的申请程序和要求，本学院本专业学生申请创英班时间和申请程序相同，面试由项目专业的招生评审委员会组织实施。具体招生对象如表 1 所示。

---

① 潘燕萍、王军：《高等院校创业教育模式及成果评价研究——以深圳大学为例》，《中国科技产业》2014 年第 7 期，第 42—45 页。

表1   深圳大学管理学院创英班招生对象

招收年级	大一大二有创业志向、有志于培养创新精神、创新能力与领导能力的学生。大三学生仍作为考虑对象
专业	专业不限，尤其欢迎理工科学生报名
平均绩点要求	不低于 2.5 分
招生人数	拟招收 30—32 名

创英班在每年 4 月份面向全校招募学生，通过发布公文通等各种宣传方式公布该年度招生，并开设宣讲会，帮助有志向申请的学生进一步了解创英班以及考核流程。5 月份确定面试名单并开展第二、三轮等考核，在期末结束前完成招生工作，公布录取名单。主要分为以下四个阶段开展。

第一阶段全校公开招募：设计印发传单，通过不同的方式，如：摊位宣传、到班级上宣传等方式面向全校招募学生。

第二阶段开展宣讲会：举办宣讲会，由创业精英班成员承办。

第三阶段择优选取：创业精英班招生报名截止，进入简历筛选的阶段，经过对所有报名表的认真审阅和严格筛选，在公文通上公布进入面试流程面试环节的约 60 位同学名单。

第四阶段面试：经过简历筛选的面试者进入面试，面试分为小组讨论和压力面试两个环节。最终录取 32 名。具体的招生设计如图 1 所示。

创业精英班从 2011 年 5 月开始招生，每期招收 30 人左右。至今总申报人数为 1349 人，而实际招收 229 人，平均每年招生比例为 17%。经过 8 年的探索，创英班已经在学生中形成一定的"口碑"，每年报名人数在稳步增长。从目前的招生数据来看，进

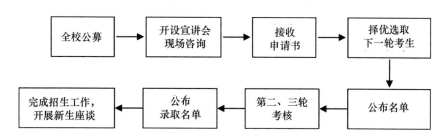

图1 深圳大学招生流程

注：第二、三轮考核方式以面试为主，但是根据每年申请者的人数和整体情况，具体考核方式会略有变动。

入创业精英班的难度越来越大。这些数字也可以说明，创英班这八年的努力获得了学生的认可（见表2）。

表2　　　　　深圳大学管理学院创英班历届招生人数统计

年份	申报人数	实际招募人数	招生比例
2011 年（1 期）	250	28	9:1
2012 年（2 期）	286	15	19:1
2013 年（3 期）	107	30	4:1
2014 年（4 期）	168	32	5:1
2015 年（5 期）	111	30	4:1
2016 年（6 期）	115	32	4:1
2017 年（7 期）	130	32	4:1
2018 年（8 期）	182	30	6:1
合计	1349	229	6:1

注：第8期有5位大一的特招生。

（三）深圳大学管理学院创英班的培养体系

创英班基于"创意—创客—创业"的创新过程，循序渐进地培养学生的创意思维、创客、创业能力。教学方式灵活多样。打破传统的课堂教育方式，以问题导向，以"实际案例"，以创意创作，以"学生的创业项目"等体验式教学为基础，主讲教师与校外客座嘉宾通过开放式的课堂方式合作教学。同时，创英班注重社会资源网络的建设，充分结合校内资源与校外资源、结合地域资源与全球资源，共同培养学生团队。实行导师制，导师对学生创新策划和行动过程进行全程指导。

创业精英班实施通才教育与专才教育相结合的培养方案。创业精英班设置了校、院和专业三级课程体系，它们分别为综合必修（校级课程）、专业必修（院级学科平台课程和专业级课程）和综合选修课程（专业级课程），体现了管理学院工商管理专业本科人才培养方案对学生基本知识和能力、管理技能、管理思维和管理研究方法四大方面的培养要求。课程计划遵循学科知识内在的逻辑关系，令学生能循序渐进地完成必修和选修课程的学习。

另外，在以上培养计划的基础上，创业精英班增设了以创业模块为核心的课程，创业模块的课程为：创业学（2 学分）、创业主题研讨（1 学分）、风险管理（2 学分）、企业战略管理（3 学分）、新产品开发（2 学分）、创业法律法规（1 学分）、公司治理（2 学分）、管理策划（1 学分）、创业模拟（1.5 学分）。所有取得创业精英班资格的学生必须完成以上模块课程。学生根据个人学习兴趣和发展计划，修读选修课程，包括全校性公共选修课。

创业精英班实施通才教育与专才教育相结合的培养方案。除了学习管理学、经济学及工商管理的基本理论的基本知识外，还需要接受企业和公共部门工商管理实践领域的方法与技术方面的基本训练，以得到管理技能、管理思维和管理研究方法的锻炼，具有分析和解决企业和公共部门工商管理问题的基本能力。以"学生的创业项目"等体验式教学为基础，以问题导向，以"实际案例"培养学生创意创作动手做的能力，结合校内外多元化资源，主讲教师与校外客座嘉宾通过开放式的课堂方式合作教学，共同培养学生团队。

管理学院创新创业教育中心规划整合管理学院相关资源，如：整合学院的 ERP 社团、创业精英班、公益专才班、创业 0.5 团队等创新创业资源，为更好地培养人才提供了"实训·实践"的机会。例如，打造 MIE – TALK 创新创业讲座品牌，帮助学生与不同创业人士对话。自 2011 年开始成立创业 0.5 办公室，帮助学生在校内模拟创业。为了更好地管理和摸索创业 0.5 团队的运营与管理，在同等条件下，由创英班成员组建的团队优先录取。第二个创业 0.5 团队则是由创英班成员组成。

综上所述，创业精英班的人才培养体系是由基础板块、应用板块、实践板块组成（见表3）。在基础板块，安排了九门必修课，以课程教授为主，帮助学生掌握创新创业、企业管理的基础知识和技能。在应用板块，定期举办有关创业的沙龙讲座等、开展暑期实践和公众号运营，培养学生兴趣，培养学生"发现问题、思考问题、解决问题"的能力，初步探寻创业项目。在实践板块，主要以创业精英班同窗会、创业 0.5 工作室、创业实训基地为载体，通过校内外导师的辅助，帮助学生自发形成的项目进行进一步孵化以及落地。由此可见，创英班的培育立足于课堂课程教育，但超越了课堂课程教育。在培养特色上，能够充分利用深圳大学的办学资源以及深圳的地缘优势，帮助学生从"创意想法→创业项目→创业企业"的顺利开展。由于在课堂教学上注重创新精神的培育，课外也注重学生形成团队合作、开展项目的氛围，已经在创业精英班班级文化上形成了浓厚的创业精神（见表3）。

表3　　　　　　　　　　深圳大学创业精英班的培养体系

	基础板块	应用板块	实践板块
教学方式	以课程讲授为主	定期交流活动、暑期实践、公众号运营	创业实训基地、项目孵化、同窗会、创业0.5工作室
培养重点	基础知识和技能的教授	培养学生兴趣，培养学生"发现问题、思考问题、解决问题"的能力，初步探寻创业项目	指导学生进行真正的创业实践
课程	创业学 创业主题研讨 风险管理 企业战略管理 新产品开发 创业法律法规 公司治理 管理策划 创业模拟 ……	E-weekend：有关创业、创客、创新、创投等内部交流学习活动 E-corner：举办有关创业学习、行业最新动态、商务礼仪、团队建设、演讲沟通等学习会 E-maker：与外部创客中心合作，定期举办创客活动 ……	校内导师库的建立 校外导师库的建立，如：全至集团总经理等 创业实训基地的联系和合作 在"实践课程：创新创业"模块中表现优异的队伍，可优先入驻深圳大学创业园，推荐参加全国、国际创业大赛，并有机会获得深圳大学管理学院MBA天使投资资金 ……

（四）深圳大学管理学院创英班的人才培育成果

深圳大学创英班的教育旨在培养具有创新精神、创新能力与领导能力的学生。从历届创英班的成员的表现来看，创业班的培育模式取得了一定的成绩。在 2017 年 5 月教育部审核式评估中，评审专家组组长李延保教授重点表扬了创业精英班的育人理念及取得的成绩。在学生参加赛事成果、双修辅修情况以及毕业生就业创业情况上有较突出的表现。

1. 参加学生赛事成果

由于班级有参加各种赛事的实践传统，每年创英班的学生都会组团参加挑战杯、深港青年创业大赛、南山创业之星及青年之声·青年创客等比赛。其中，创英班六、七、八期学生共有 27 名同学获得深圳大学"挑战杯"金奖、互联网＋大学生创新创业大银奖等 24 个奖项。具体情况见表 4。从 2015 年起，为了打通历届创英班的校友资源，加深各级学生的渗入交流，每年在 11 月都举办创业精英班同窗会。该交流会会邀请历届在校生与毕业生、学院领导、社会孵化器负责人等参加。同窗会为来自不同年级、不同专业的在校生与已经毕业在外工作或创业的往期校友提供了项目路演、创业经验、投资经验等学习交流的机会。

表 4　　　　　深圳大学创业精英班比赛主要成果（部分成果）

	比赛名称	奖项名称
创业类比赛	Startup Weekend Shenzhen	团队项目第一名
	香港数码港粤港青年创业基金计划	10 万港币创业基金
	深圳大学首届公益创新创业项目大赛	铜奖
	"学创杯"全国大学生创业综合模拟大赛省赛	二等奖
	创行中国广澳地区区域赛	二等奖
	创行中国社会创新大赛全国赛	三等奖
	香港科技大学百万奖金创业大赛	电梯演说奖
	第三届全国"青年之声·青春创客"大赛	三等奖

	比赛名称	奖项名称
	深圳大学"旭日杯"征文	二等奖
	美国数学建模竞赛	二等奖（H奖）
	第九届全国大学生广告艺术大赛策划案类	三等奖
	第十届全国大学生广告艺术大赛策划案类	广东赛区一等奖
	第十届全国大学生广告艺术大赛策划案类	全国一等奖
	深圳大学"启言杯"辩论赛	最佳辩手
	"思维之星"深圳大学生思辨赛	最佳思辨者
	深圳大学矢量商战	一等奖
非创业	第十一届"尖烽时刻"全球商业模拟大赛校内选拔赛	三等奖
类比赛	深圳大学四院联合辩论赛	团体冠军
	深圳大学智者风采演讲比赛	第二名
	深圳大学四院联合逻辑思维大赛	优胜奖
	心理与社会学院"挑战杯"	三等奖
	深圳大学"启言杯"辩论赛	团队冠军
	深圳大学"党知识竞赛"	优秀奖
	深圳大学"睿思谏言"校园提案大赛	优秀奖
	"华为杯"个人简历大赛	二等奖
	Red Dot Award	winner

2. 获得辅修、双学位情况

深圳大学管理学院创英班的学生可以自由选择是否作为双学位或者辅修，所有的完成三个模块课程的学生可获取管理学院颁发的创业精英证书。从历届的情况来看，有 50% 左右的学生选择读取双学位并成功获得双学位（见图 5）。而攻读双学位的学生的毕业论文中，大多结合深圳市的初创企业，对相关的市场、创业团队及企业的商业模式，如《深圳 App 创业公司生存状态与发展现状调研与分析》《华侨城创意文化园的发展战略研究》《深圳市坪山区出口加工区的生命周期研究》《创业团队异质性、团队冲突与创业绩效的关系》《婴儿智能可穿戴产品的发展分析》等。尽管有些教育者认为"大学生创业者没有时间精力修读课堂课程"，否定这种辅修双休的班级设计模式，但是从创英班实践以及正在创业的毕业生反馈来看，证明了这种模式的有效。创业者需要在实践中持续学习。这种学位设计有利于培养学生学习时间管理、平衡创业与学习的冲突关系，并推动创业与学习互相促进的良性循环。

表5　　　深圳大学创英班成员获取辅修、双学位情况（部分成果）

	当年录取人数	辅修	双专业/双学位	合计比例
2014 年（1—2 期）	28	3	5	30%
2015 年（2—3 期）	15	—	9	60%
2016 年（3—4 期）	30	2	15	50%

3. 毕业生就业创业情况

除了在各项大赛中取得较为瞩目的成绩外，创英班的成员在毕业之后的就业情况整体较好和创业比例整体较高。从不完全统计数据来看，创业比例达到30%，高于全国大学生创业比率。从创业情况来看，创英班的成员创业领域比较广，例如有文化创意类的旅游、服装、投资管理，也有新兴的公众号、社交平台、创客教育、O2O 等。部分项目已经获得深圳大学创业园的资助、进入孵化器、同窗会校友的支持和风险投资，部分项目已经取得和国际知名品牌如阿里巴巴、鄂尔多斯的深度合作。从就业情况看，创英班的成员有很多在世界五百强企业如腾讯、中国移动、西门子等企业中担任要职。具体情况如表6 所示。

表6   **创业精英班学员主导的项目已成立公司或**
拟成立公司（部分成果）

公司/项目名称	创立成员	简介
深圳诗莉莉酒店投资管理有限公司	创英班一期成员	致力于中国度假酒店开发与运营，旗下品牌有莫默客舍、诗莉莉庭院酒店、诗尔曼度假酒店
深圳市甜心工坊科技有限公司	创英班一期成员	一家能满足公司福利需求和白领生活需求，"健康、便捷、新鲜、生产标准化"的甜点
深圳市椰福伦科技有限公司	创英班一期成员	为传统服装经销公司、品牌公司做深度微信开发与运营； 签约：梦特娇、鄂尔多斯、利奥纳多、皮尔卡丹、圣大保罗、金安德森、tommy john 等国际知名品牌；每个品牌都是一亿的合同
深圳市前海候鸟投资管理有限公司	创英班一期成员	深圳市前海候鸟投资管理有限公司是一家集投资旅游项目、地产项目、酒店项目的综合性发展公司
深圳市云游者科技有限公司	创英班一期成员	深圳市云游者科技有限公司，主要从事信息技术的研发、计算机软硬件及周边设备的购销；展览展示策划；市场营销策划；经营电子商务
深大淘课	创英班三期成员	深圳大学知名微信公众号
深大荔知	创英班三期成员	深圳大学知名微信公众号
深大蹭课	创英班四期成员	入驻深港产学研基地，已签孵化协议
美丽银行	创英班一期成员	免费的全球礼仪模特演员资源通告对接服务、娱乐经纪与互联网娱乐社交平台

续表

公司/项目名称	创立成员	简介
深圳市银色风暴科技有限公司	创英班一期成员	公司拥有一支较强的技术研发队伍并和国内多家机构强强联手，为互联网、电商等公司提供技术设计开发服务
深圳市小菜绳物流有限公司	创英班三、四期成员	致力于生鲜O2O的平台
深圳市点点联盟科技有限公司	创英班四期成员	和阿里巴巴公司合作，负责淘点点在罗湖区的推广工作
深圳市念想科技有限公司	创英班四期成员	Resonance社交软件
深圳市康艾健康科技有限公司	创英班一期成员	抗癌互助公益平台——四叶草抗癌之家。已获得种子轮，App将要上线，正在寻求天使轮融
服装品牌女装男装	创英班四期成员	服装销售试运营
创意表现形式——自媒体平台	创英班四、五期成员	已入驻创业园，等待创业园资金注入，已产生内容
潮汕印象	创英班四期成员	微信公众号、潮汕文化表情包等
深圳市智造家创客教育科技有限公司	创英班四期成员	青少年创客教育，种子轮已完毕

四　经验与启示

无论是创业研究还是创业教育实践，世界各高校都在探索与试验。在政府的大力倡导下，我国高校创业教育正如火如荼地开展，快速地在全国范围内普及创业知识。特色班级的设办是创新创教育的常见模式。有些院校的特色班级已经难以为继，有些仍在学生绩点与实践成果的衡量标准中徘徊。许多学者也指出创业教育不应仅停留于"课堂的知识"，要让"创业行动"发生。深圳大学的创业精英班在"教育创新"的八年中，始终坚持"知"与"行"合一，既立足于长远发展的教育本质，培育学生的"创新精神"，又关注实践前沿，在培育体系上以"实践为导向"，培育学生"大胆试错、尝试落地"的执行能力，努力做到"知行合一"。以下，本文总结出教育宗旨和创业教育系统等方面对我国创业教育的启示。

第一，注重创新精神和创造性思维的培养。曹德旺说："现在的年轻人跟我们那一代人不一样了，今天注册公司，最好明天上市，后天成为中国首富。"教育的宗旨在于长期育人，重视培养学生的创新精神。在当下浮躁的环境下，创业教育并不是为了让学生立马成为成功的企业家。大学只是人生成长的其中一个阶段，而不是最后阶段，大学带给学生更多的是一种创新性的思考方式、一种探索的精神和发现问题、解决问题的能力。高校更需要思考的是让学生真正体会到创业教育之实，而不是创业教育之名。

第二，灵活的评价方式，体系性开发学生的创新精神和实践能力。正如前文提到，创英班的课程体系鼓励学生发现商机，并将学生的创意化为现实，鼓励学生参与实践，在"实践课程：创新创业"模块中表现优异的队伍，可以优先入驻深圳大学创业园，推荐参加全国、国际创业大赛，并有机会获得深圳大学管理学院 MBA 天使投资资金。需要强调的是这些项目主要培养学生"发现问题，解决问题"的能力，因此，并不能够仅仅是停留在商业计划书的制作上。例如，举办项目遴选大赛，表现优异的学生可以获得资金的支持。

第三，打造多元化的师资团队。强大的师资团队是优良教育的基础。创业教育师资队伍是创业教育的实施者和责任承担者，加之创业教育涉及范围广、实践性强、与社会的联系紧密，因而创业教育者自身的素质、水平和经验，以及其在创业教育上投入的精力，对创业教育的效果有着显著的影响。因此，深圳大学创英班建立了导师库。以管理学院的教员为主，教授立足于创业内在本质教授创业基础的知识、技能和一般规律。辅以校外的教授，如校外的成功的实践者如四云奶盖贡茶副总监、上海九众控股集团董事长等，让学生能够了解到最前沿的成果、倾听最真实的英雄故事。

第四，立足于深圳地区构建班级的创新创业的人力关系网络。创业者的社会关系网络会影响创业行为和绩效。深圳大学为在校生接触企业家、投资人等提供了机会。例如，建立了同窗会，不定期地举办讲座，邀请知名企业的高管董事以及深大校友回到母亲开展特色讲座，如 2001 级深大校友、怡亚通供应链管理公司美国区总经理、朗科执行董事马国宾先生及他的团队等。

第五，结合高校自身的资源，建设开放式的创新创业教育生态系统。深圳大学位于深圳市南山区，校园的南北两端伫立着两座腾讯大厦。北门坐落在与长安街齐名的"深南大道"上。从地理位置来看，深圳大学处在一个全国最具有创业活力的城市，创业密度继续居全国首位，有良好的创业氛围。然而，在全国各大高校中，师资、教学场地、资金等硬件，以及校园文化、地方政策等软件上都存在着差异，高校应当结合自身的特点，构建适合本校发展的创业教育生态。创英班认识到，创业教育是一项实践导向强的活动，如果仅仅依靠内部资源难以开展高质量的创业教育。因此，创业精英班充分利用了外部资源，如辅助资金、创业导师资源、孵化器等，构建开放式的创业教育生态系统。

多元化本科毕业综合训练改革探索与实践

——以深圳大学为例

高　玲* 　江　辉**

摘　要： 随着我国经济发展的转型升级，社会对当代大学生的实践创新能力提出了更高、更新的要求，"双创教育"应运而生，传统的综合训练形式——本科毕业论文（设计）由于自身的局限性，已不能满足当前本科人才培养的需求。本文对多元化本科毕业综合训练形式改革进行了探索研究，重点介绍深圳大学多元化本科毕业综合训练实践的经验与做法，并分析深圳大学多元化本科毕业综合训练存在的问题并给出了改进建议。

关键词： 本科；高等教育；毕业综合训练

早在教育部组织的普通高等学校本科教学工作水平评估，和目前正在进行的本科教学工作审核式评估的指标体系中，本科毕

＊　深圳大学教务部实践教学管理室。

＊＊　深圳大学光电工程学院。

业综合训练环节一直都是作为实践教学体系的重要观测点，指标体系中说明了本科毕业综合训练是指不同类型专业在毕业前所进行的专业综合训练环节①。如毕业设计、毕业论文、产品研发、工程设计、毕业汇报演出、作品展示、医学临床实习、社会调查报告、营销策划等。这不仅明确了毕业综合训练的内容及其相关的形式，而且也表明了随着我国高等教育的不断发展，只有多元化的毕业综合训练形式才能正确全面地体现本科人才培养的实践教学水平和学生实践创新能力②。

一 传统单一的毕业论文（设计）的局限

本科毕业综合训练是高等学校本科教学计划的重要组成部分，其作为本科生培养的最后一个环节，在学生培养中起着非常重要的作用。其质量高低，不仅反映学生四年的学习成果，而且也体现了学校教学质量的教学水平。随着我国经济发展的转型升级，社会对本科生的实践能力提出了更高、更新的要求，加上不同学科自身发展的特殊性，现行单一的传统毕业论文（设计）的训练模式已不能完全满足现实的需要。目前现有的毕业论文（设计）模式存在着以下不足之处：

（一）训练形式单一

（1）传统毕业论文（设计）环节形式单一，导致学生无法

---

① 张心远：《应用型本科毕业综合训练方案研究——以本科城市学院英语（国际采编新闻）专业综合训练试点为例》，《北京城市学院学报》2012 年第 111 卷第 5 期，第 46—49 页。

② 尹进、李昌龙、贾舜宸：《本科高质量、多样化毕业论文改革探索与实践——以四川大学为例》，《高等教育发展研究》2014 年第 31 卷第 1 期，第 32—35 页。

根据自身特点和兴趣选择合适的训练方式和途径来展示自己四年所学的成果。由于学生理论知识水平和实践创新能力的差异性，仅提供单一的毕业论文（设计）这一训练形式，对于理论知识水平较低而实践动手能力强的学生，是较难达到预期的科研训练和学术论文写作的训练效果的，因此这类学生的毕业论文通常质量不高，抄袭现象严重[①]。

（2）对于文科和艺术类专业来说，其专业应用实践性非常强，仅用传统的毕业论文形式来训练本科毕业生的专业实践能力则更显不足。例如广告设计、艺术和表演等文科艺术类专业的学生，在专业学术理论创新上通常比较困难，因此仅用一篇传统形式的毕业论文是很难全面客观地反映学生的设计、表演或艺术水平的。

（二）训练内容与实际需求脱节

（1）理工科毕业论文（设计）题目普遍定位偏高理论性偏强，与工程实际脱节严重，其训练效果不能满足用人单位对毕业生在短期内适应工作岗位的需求[②]。

（2）传统毕业论文（设计）选题要求学生学习相对独立，运用知识单一，学科间渗透、融合不够，离培养复合型、应用型人才的目标有一定距离。

---

① 夏云宏：《关于毕业设计形式多样化改革需求的调查与思考》，《长春工程学院学报》（社会科学版）2016 年第 17 卷第 3 期，第 139—141 页。
② 陈鹤鸣、汝一飞：《本科毕业设计模式改革的探索》，《电气电子教学学报》2009 年第 S1 期，第 107—109 页。

二　深圳大学多元化本科毕业综合训练实践与探索

（一）政策导向，鼓励学院积极开展毕业综合训练改革试点

鉴于传统的毕业论文（设计）训练形式的种种局限和不足，多年来，深圳大学积极探索新的本科毕业综合训练教学模式，学校教务部先后多次发布了加强本科毕业综合训练教学工作的文件，旨在尝试从内容和形式上对现行单一的传统毕业论文（设计）模式加以改革，并鼓励各专业开展多种形式、个性化的毕业综合训练改革试点，为本科生提供更多的适合其自身发展的毕业综合训练方式和途径，以求多元化展示和体现本科生的专业知识及能力水平。

在学校政策引导和支持下，1997 年深圳大学传播学院广告学专业率先进行了毕业设计的改革，将学生单一的毕业设计转变为团队合作，模拟性完成企事业（公益）营销策划方案，有效地激发了学生学习的积极性和兴趣，为学生提供了一个广告专业特点突出，又适合本科学生的个性化发展，并且最大限度地贴近社会需求的毕业综合训练模式。此项改革较好地解决了广告教育中理论与实践脱节问题，不仅保证了教学实践内容和社会市场发展的同步水平，而且开辟了学生进入业界的畅通渠道，并取得了较好的毕业综合训练效果，该毕业综合训练模式得到了全国上百所高校同专业的认可和推广。随着深圳经济发展的转型升级，广告专业创新教育与数字营销创新实践结合日益紧密，毕业生普遍希望毕业设计能从模拟实战走向真正实战化，直面企业营销中真实环境与问题，并提出创意解决对策。深深扎根于深圳经济特区这一

沃土之中的深圳大学广告学专业，又领先开启了多元化、融合型、实战化毕业训练改革，在模拟实战基础上进一步紧密结合创新型企业营销实战需求，增加实战化商业（公益）营销策划方案PK、创业方案（含产品创新）展示等多种训练形式，进一步增强学生专业核心竞争力。该毕业综合训练模式要求学生通过自行分组，自主征集项目，独立进行社会和市场调研、文献研究、策划创意、设计制作，完成一项完整的商业实战营销策划方案。教师在此项过程中负责立项评估、项目规划和设计进程指导，并在完成阶段，和企业方一起，进行评审。企业负责提供一定经费支持，在毕业设计全过程参与指导，挑选优秀创意进行落地执行。这种方式不仅体现了广告专业的应用性与综合性、创新性特点，更是将学生直接置于真实的社会需求和专业竞争的环境，使毕业综合训练跨越在校模拟实战的边界，整合相关社会资源，进入到实战化创意创新创业人才培养的层次。

（二）设置专项经费，立项资助学院开展本科毕业综合训练改革

由于开展本科毕业综合训练改革所需的人力和物力投入必是大于传统的毕业论文（设计），为全面推动毕业综合训练改革进程，2014年深圳大学设置专项经费用于资助各学院进行毕业综合训练改革。为高效和规范地使用专项经费，形成综合训练改革长效机制，学校对本科毕业综合训练改革项目实行项目管理制度，确保改革项目完成质量。

深圳大学本科毕业综合训练改革项目按照改革内容和形式分为两大类：毕业论文（设计）类和毕业综合训练类。

（1）毕业论文（设计）类项目：要求学院或系根据专业特

点，在原有的毕业论文（设计）内容形式的基础上尝试增加产品研发、工程设计、应用研究、工程/项目管理、调研报告等内容形式，并提出相应的论文（设计）基本规范和撰写要求及评价指标。

针对传统的毕业论文（设计）与实际需求脱节、重理论轻应用和重结果、轻过程等问题，以及当前本科生就业形势日益严峻的背景下，深圳大学心理、生物医学工程、电子科学与技术、光电工程等9个理工科学院的相关专业充分发挥学校和业界的双重能量，从业界精英中聘请老师加入本科毕业论文（设计）指导工作，并且以短期培训、创新研究短课和专业性选修课程形式，引导学生了解和接触行业前沿和最新技术，接受科学思维和工程训练，将原有的毕业论文（设计）训练内容与业界先进技术和需求、学界先进研究成果进行实际接轨。

例如：深圳大学心理学院社会工作专业针对传统毕业论文重学术导向、轻应用导向，重结果、轻过程的问题，在毕业论文训练内容中增加了以过程为导向的毕业调查设计。过程导向的毕业调查设计是一个全方位的毕业综合训练，具体包括社会调查培训短课、社会调查实施、社会调查报告撰写等环节。社会调查培训短课，主要是针对参与的学生进行选题、社会调查方法、资料分析方法、社会调查报告撰写等方面指导的短课，它以解决实际问题为导向，为参与的同学提供个性化、精准化指导。社会调查实施，是确定好选题后的学生，具体深入调查地点开展社会调查的过程。导师组负责指导参与学生的抽样、问卷或者访谈提纲设计、试调查、正式调查等；帮助建立与调查方的关系，为学生的调查提供便利；评估学生调查资料的质量等。毕业调查设计较传统的毕业论文特色在于：在工作量上，比传统毕业论文更大一些，大概需要20周的时间；在指导形式上，毕业调查设计实行导师组统一指导，导师间的知识及信息互补性强；在评价标准上，毕业调查设计坚持过程导向，针对社会调查的各个环节都将进行评分，并纳入总评成绩；在选题上，毕业调查设计讲究时效性、应用性，偏向于时事热点问题；资料收集上，毕业调查设计强调实证研究法，通过问卷或者访谈等收集资料，形成调查报告。

又如：深圳大学生物医学工程学院根据学生兴趣和今后的发展，在学生毕业设计指导工作中，构建分层次、多元化的毕业设计训练。挑选对工程设计有兴趣且专业基础知识扎实的学生，参加基于医学仪器开发设计的毕业设计实践，项目选题来源于企业的真实需求，注重体现行业对专业知识的具体要求，引入迈瑞、理邦和安保等合作公司的专业人员作为合作导师，参与毕业设计项目指导；在毕业设计的全过程参照产业的实际开发流程进行，从而减少企业用人单位的再培训过程，也使毕业生在未来的工作中能够尽早融合进工作团队；毕业设计的评价采用工程评价的方法，是以实际软（硬）件系统的设计结果为主要评价依据，并参考过程控制中的报告输出，予以整个毕业设计总评价。

（2）毕业综合训练类项目：要求学院或系根据人才培养的目标和要求，在确保质量的前提下，开展除传统毕业论文（设计）形式外的其他毕业综合训练形式，如能反映学生创新能力且与专业教育相关的作品、设计、毕业汇报演出、商业策划、语言类同声传译实践等形式的毕业综合训练，并提出相应的具体实施方案、可行性分析及评价指标。深圳大学艺术设计、师范、机电与控制工程、信息工程和传播学院等 7 个学院先后开展了毕业综合训练多元化模式的改革与实践，以下重点介绍两个学院毕业综合训练多元化模式的情况：

深圳大学信息工程学院的集成电路设计与集成系统专业，除了传统毕业论文（设计），还为本科毕业生设置了面向设计团队的综合性集成系统实战项目研发训练，该训练从选题制度、实施模式、指导方式、考核机制入手，全方位改革了传统形式的毕业设计，为本科毕业生提供了一个全新的综合训练模式。训练项目的选题秉持"丰富和创新"的指导原则，摒弃传统教师单方面制定与发布选题的模式，基础知识扎实、有浓厚研究兴趣的学生自组团队，与相应的导师组成项目组。项目组将解决需求与问题的方案转化为项目课题，不再受单个指导教师知识结构局限性的影响，导师组所掌握的知识结构，大大拓宽了选题的知识覆盖面；项目训练模式以学生为主体，项目意识与工程素质为本位，形成项目工程设计型团队，团队采取定期组织讨论和工作汇报的形式，共同完成文献查阅整理、方案制定、课题的进度协调与配合、结果分析及设计报告撰写等环节。整个训练完全将学生置身于一个完整工程设计项目组中，其目的是让学生得到作为一名工程师所必须经历的训练，在设计过程中提高学生理论知识的综合运用能力；根据不同选题采取相应的指导方式，应用性和实用性较强的项目，采取双指导的模式，从相关企业中聘请专业人士，借鉴其专业技术水平和丰富的实践经验，给予学生更加切合实际的帮助，弥补毕业训练与社会需求接轨方面的不足；训练项目成果要求提交完整的项目报告和项目展示答辩，与企业对接的项目，还需做项目的市场化和产品化分析与评测。评分标准根据选课题的综合性与难度，方案的创新性与完整度，实施过程中的考核，学生的工程素质与能力等标准进行给分，并按比重不同计算出学生的最后分数并给予相应的评估过程与最终评价。

目前，传统的服装系毕业设计学生多从时尚流行趋势出发，对市场流行款式的拷贝与模仿是主要设计手法，缺乏服装设计方法的系统性和逻辑性，这样就造成了自主命题带来的同质化：同届或往届同学作品间的雷同、设计手法的相似性。为了解决"同质化现象"等问题，近年来，深圳大学艺术设计学院的服装设计专业借鉴美国、英国等国际一流服装设计院校的毕业综合训练模式，充分利用世界"设计之都""时尚之都"——深圳所赋予的服装设计学科的地域优势，通过与企业建立切实有效的服装设计实践项目，将企业实际需求带入毕业综合训练环节。该训练模式是以企业实际需求和产品研发意向来组织毕业综合训练，以清晰明确的设计定位和目标消费群界定来展开设计研究；设计的过程中学校和企业导师共同对本科毕业生的设计主题进行指导，保证了学生设计研究的方向性与深入性，同时以企业实际设计命题来引导毕业设计，可以使得学生的设计更具逻辑完整性和可实施性；学生在设计训练过程中，不仅可以学习和掌握优秀品牌企业先进的工艺设备、工艺技术、面料研发以及品牌服装运营方式，而且还能建立清晰的设计思维和方法，使学生走出校门，能够快速适应企业用人单位的需求。经过了此种模式的毕业综合训练后，2018届本科生毕业设计成果展示，已由校内的毕业秀扩展到2019年春夏深圳时装周服装秀动态展演、企业时尚艺术空间展览和专业展会。

深圳大学本科毕业综合训练改革立项建设4年多来，16个学院20个专业的改革探索和实践，为多元化毕业综合训练改革积累了许多的成功经验，创建了一批学科特色突出成效显著的毕业综合训练模式，同时改革试点项目的示范效应，全面促进深圳大学本科生毕业综合训练改革进程，从而有效地解决和弥补了一些传统的毕业论文（设计）存在的问题和不足，一定程度上提高了我校毕业综合训练水平。同时学生可根据个人发展需求，在多元化的毕业综合训练中进行自主选择，挖掘自身潜力，弘扬个性，并通过毕业综合训练使自己的创新能力、科研能力、实践能力以及综合素质得以提升。

三　现行本科毕业综合训练存在的问题及对策的建议

（一）现行多元化的本科毕业综合训练存在的问题

目前，深圳大学多元化的本科毕业综合训练改革实践尚处于探索阶段，学院领导、专业负责人及指导教师，往往是将改革重心侧重于综合训练方案及内容上，而对于其教学组织管理、学生提交的训练成果、评价和考核体系三方面思考的较少，相应地，这三方面存在的问题也较多。

1. 多元化毕业综合训练的教学组织管理

毕业综合训练中引入了业界的工程设计或实际需求后，训练模式通常将学生转身于真实企业或社会中，学校与企业双导师制普遍适应于此类毕业综合训练当中，其教学组织管理无法完全沿用传统形式毕业论文（设计）的管理系统。如果训练教学组织管理中导师责任不明确，这样极易出于多种原因使得双导师都疏于对学生的教学管理，从而有可能让训练效果大打折扣；另外，由于训练中多采取项目组或团队进行，若教学管理和监督松散，造成团队或项目组中偷懒耍滑的学生可以蒙混过关，这将挫伤其他勤奋学生的积极性。

2. 学生提交的训练成果

多元化毕业综合训练改革项目要求学生提交的训练成果，通常是反映学生创新能力且与专业教育相关的作品、设计、毕业汇报演出、商业策划书，它与传统形式的毕业论文（设计）基本规范要求完全不一样，无章可循，这样导致了多元化毕业综合训练学生提交的训练成果极不规范，有的训练项目仅提交学生实物制品或系统功能实现视频，其他无任何文字报告或说明，这样的训练成果将无法全面充分展示学生经过训练后的实践能力和水平。

3. 评价和考核体系

如何建立一个科学合理的多元化毕业综合训练项目评价和考核体系，对于所有开展此项改革的管理者和指导教师来说都是一个全新的课题，学校也无统一的基本要求和规范，目前，深圳大学现行毕业综合训练项目评价和考核是各说各话，随意性较大，考察内容不甚全面，如：有的训练项目考核标准多集中于学生完成的作品情况和答辩表现，而忽略了对学生平时表现的考核，成绩评定标准也不够细化和规范，达不到多元化毕业综合训练长远发展的要求，需要改革者和教学管理者在教学实践中去不断完善。

以上存在的问题不仅影响本科毕业综合训练的教学质量，也将限制和束缚进一步深化多元化本科毕业综合训练的改革，多元化本科毕业综合训练的教学质量监控与评价考核标准等保障体系的建立，及其管理机制的完善已是势在必行，刻不容缓。

（二）针对问题的对策及建议

1. 管理机制的建立与完善

本科毕业综合训练管理是一个涉及学校、学院、系（教研室）、师生、参与训练的企业或公司或社会机构等多方面、多部门的管理工程。建立健全学校、学院、教研室（系）三级管理机制，搭建有利于师生交流和管理部门监督的管理系统，制定切合实际的本科毕业综合训练管理办法，是多元化毕业综合训练教学质量的根本保障。完善的管理机制可以促使学院根据学校的要求，结合学科和专业特点，制定责任和要求明确的学院毕业综合训练管理规定，以及各专业不同类型毕业综合训练的基本规范和要求，这样才能有效地提高毕业综合训练的教学质量。

2. 构建监督管理长效机制

在本科毕业综合训练管理办法中制定监督管理的相关规定，建立学校、学院对指导教师工作的管理监督机制。在毕业综合训练期间，教务处、学院须组织安排工作人员，按照各负责毕业综合训练教师提前向教务处、学院或专业提交的训练计划时间安排，深入训练场所，随机走访学生、指导老师和参与训练企业、公司或社会机构人员，及时了解学生训练情况，反馈训练期间存在的问题和需求；定期组织学生问卷调查，了解学生对综合训练和导师指导工作的满意度及相关要求，强化综合训练指导工作的管理。

3. 评价考核体系的建立与规范

学校教务部应该组织相关单位及专家进行讨论，制定学校关于多元化本科毕业综合训练学生提交成果、答辩要求、学生评价、考核办法和成绩评定标准的基本要求和规范，要求各学院或专业则可以根据学校的要求和学科特点，制定一个规范且细致的本学院或专业毕业综合训练学生的评价、考核和成绩评定标准，同时明确规定学生提交成果形式的基本要求。

4. 建立毕业综合训练改革的激励机制

多元化毕业综合训练的教师指导工作量普遍大于传统形式的毕业论文（设计），为了有序稳定推进毕业综合训练改革，学校应该制定相关激励措施，建立有效的激励机制。例如将毕业综合训练改革项目列入各学院绩效考核体系，并提高相关指导教师工作量计算标准；设立毕业综合训练改革项目评优机制，表彰成绩突出的学院、指导教师、联合培养企业、公司或社会机构以及学生；定期开展毕业综合训练教学交流研讨会，及时将优秀的改革经验进行推广和宣传。

多元文化背景下的音乐表演专业
毕业设计改革探究

华　敏　潘　健[*]

摘　要：毕业设计是大学教育中最重要的教学和评估环节之一，综合性大学的音乐表演专业因其教学环境和专业特殊性，在招生方式、教学模式、课程设置等方面有别于大学里的其他专业。本文就音乐表演专业毕业多模式改革试点的方案为例，借鉴其他同类高校同专业毕业考核方式，探究综合性大学音乐专业如何在毕业模式设计中体现自身学科的特点，同时保证毕业考核的合理性与可执行性，并能够充分发挥综合性大学的教育资源优势。

关键词：音乐表演；毕业模式设计；多模式改革；多元化

音乐学和音乐表演的区别在于培养目标的设定：音乐学专业的培养目标是具备一定的音乐实践技能和教学能力，能在普通院

---

　　* 深圳大学艺术学（部）音乐舞蹈学院音乐系。

校、社会文艺团体、艺术研究单位和文化机关、出版及广播、影视部门从事教学、研究、编辑、评论、管理等方面工作的专门人才。而音乐表演专业的培养目标是学生主要学习音乐表演的基本理论和基本知识，接受本专业严格的技能训练，培养具有音乐表演的专业知识和艺术素养，掌握音乐表演专业技能的高级技术应用性专门人才。

音乐学和音乐表演的区别是定义的不同：音乐学是研究音乐的所有理论学科的总称，音乐学在不同时期的研究对象和侧重点是不同的，音乐学除了基本的研究对象外，还研究历史和现在的一切个人和民族的音乐行为，即音乐的生理行为、创造行为、表演行为、审美行为、接受行为和学习行为。而音乐表演专业是通过乐器的演奏，人声的歌唱，以及原创音乐写作在内的多种艺术手段，将乐曲用具体的音响表现出来。它是音乐创作与音乐欣赏的中介，是音乐活动中不可缺少的环节。作曲家、演奏家、歌唱家等通过自己的艺术实践，对乐曲做出不同的解释和表现，从而给听众以不同的影响和感受。音乐表演是音乐的再创作活动，俗称"二度创作"。

目前国内的综合性大学音乐专业一般以技能实践方面的专业方向为主，因此，综合性大学中的音乐专业因其专业特殊性，在招生和培养模式、课程设置、教学方式等方面与其他学科专业明显不同。高校音乐专业的毕业设计是四年学习和培养的总结，如何符合专业的培养需求的毕业模式设计、检查、巩固和提高学生在校期间所学知识和实践能力，成为音乐专业高等教育人才培养的重要环节。

2015 年初，深圳大学教务部提出毕业环节多模式改革项目的研究和探索项目（毕业综合训练改革试点类），音乐系借此契机积极申请并获得批准此项目的改革实践。历经两届毕业生（约230 人）的改革实验，从传承到创新、到推广、到拓展等初步取得了一定的良好效果，既梳理了以往的问题，又找出新的解决方案，同时也发现一些有待于进一步深入研讨的空间。毕业综合训练改革试点类成果在 2018 年项目结题中被评估为优秀。由于实践时间、教学执行力还处于不断探究、不断完善中，因此，要回顾过去，展望未来，逐步提升。

一 综合性大学音乐专业毕业设计的类型与特色

综合性大学的专业方向丰富多彩，文科、理科、工科兼容并蓄。其音乐专业所依托的学科背景有别于独立的音乐学院（特别是音乐表演类），因此部分综合性大学没有区分音乐教育专业与音乐表演专业的特性区分，在毕业设计方面，统一方式来检验学生的思辨和写作能力，故毕业论文写作就成为各专业方向主要的考核方式。

国内综合性大学多数设有艺术学院、音乐学院或师范类音乐系。专业设置主要由中西器乐表演、声乐表演、音乐创作、音乐理论研究四大部分所组成，课程和专业方向的设置取决于办学条件和师资配比情况，因此各大学的音乐专业在学科侧重方面也有所区别，但是毕业设计模式基本分为两种类型：（1）器乐和声乐表演专业，专业方向主要考核学生的舞台实践能力，要求独奏/独唱音乐会（公开演出或非公开汇报演出）。（2）音乐创作专业，专业方向以呈现原创作品为主，并根据办学条件和培养方式要求不同的作品展示方式。

二 螺旋式变化进程

在音乐的学科中有音乐学与音乐表演分类方向，音乐学和音乐表演的区别是研究音乐的所有理论学科的总称。音乐学的总任务就是透过与音乐有关的各种现象来阐明它们的本质及其规律。如研究音乐与意识形态的关系，有音乐美学、音乐史学、音乐民族学、音乐心理学。音乐表演是音乐的再创作活动。通过乐器的演奏，人声的歌唱，以及包括指挥在内的多种艺术手段，将乐曲用具体可感的音响表现出来，传达给听众，以发挥其社会功能。它是音乐创作与音乐欣赏的中介，是音乐活动中不可缺少的环节。指挥家、演奏家、歌唱家等通过自己的艺术实践，对乐曲做出不同的解释和表现，从而给听众以不同的影响和感受。

（一）毕业设计原状况及改革意向

深圳大学自 1998 年音乐专业成立以来，一直以音乐教育为培养目标，故毕业设计环节均以学术论文为唯一考核方式。但随着学科的发展和扩大，已于 2012 年获音乐表演专业独立招生权，但毕业考核模式还没有修订。音乐系借着学校教学改革的东风，提出符合音乐表演专业特点的毕业设计模式申请，获得批复与实施。改革修订为毕业生可在第七学期末领取任务书和论文选题的确立、指导教师的分配，组织开展开题报告答辩会。答辩通过后，学生需完成十个课时的论文指导、修订等工作量。毕业音乐会的举办和原创音乐的审核、论文定稿和提交时间为第八学期第十周左右，并于第八学期第十二周前完成答辩工作和成绩审核、复核，完善所有提交资料的工作。

（二）毕业设计主要问题分析

音乐专业学生自入学起，学习内容大多围绕专业技能的培养和舞台实践方面的能力提高开展教学，以毕业论文作为唯一考核方式无法体现音乐表演学生的音乐实践能力。音乐专业的学生文化基础较薄弱，在培养方案课程设置中，重视技能技巧的提升多于理论性写作，因而缺乏科研经验，无法较好地掌握论文撰写的要领，故完成的论文学术价值不高，费时又费力。学生基本依赖论文指导教师制定论文大纲、设计开题、校正论文的现象成为常态，大幅度增加教师的工作量，而一位教师往往指导多名毕业生，造成精力分配不足。上述种种问题的存在均导致毕业论文的质量无法得到保证，学生对毕业论文抱持敷衍的态度，实际所学的专业能力和学习成果无法进行总结和提高，音乐专业的优势无法充分发挥。

（三）音乐专业毕业设计模式改革的指导思想

毕业设计模式改革旨在从内容和形式上对现行单一的传统模式进行探索，针对专业特点，培养多种形式、个性化的毕业综合训练，全面提升音乐表演专业本科生的基本素质和舞台专业技能展现能力，力求通过改革，探索出一条适合自身发展的毕业综合训练方式和途径。更好地从创新精神和实践能力出发，以求多元化展示和体现音乐专业特点的艺术生特色之路。

三　改革探究初步实践的多元化与规范化

（一）毕业设计模式改革的具体内容

毕业设计模式改革试点所在的音乐表演专业含器乐演奏（涵盖传统器乐演奏、流行器乐演奏）、声乐演唱（涵盖传统声乐演唱、流行声乐演唱）及作曲与时尚音乐编创三个专业方向。课题组经过两年多的反复实践，深入探讨、不断修订，弥补实践中出现的问题和不足，并在此基础上学习、借鉴国内外同等高校音乐表演专业的毕业设计方面的案例，例如：美国的综合类大学中的音乐表演专业，在毕业环节设计方面要求学生必须举办两场独唱/独奏或重唱/重奏音乐会，每场音乐会给予两个学分，举办音乐会的学生要预先提出申请并进行音乐会曲目预审，预审不通过者不予举办。故我们的毕业设计模式由原来单一的论文写作形式改革为多项选择模式，且由学生和指导教师共拟或自选，大大提高了学生自我能力展现的积极性，同时也体现了所学专业的特殊性，进行了多元化的实践活动。

（二）毕业设计组织管理

按学校规定的程序，在第七学期的第十五周左右，组织学生进行毕业设计意向及导师选择。每年在 10 月中旬至 11 月中旬调研、考察学生意向和能力；11 月下旬根据调研情况，下达毕业设计任务书，填写预选形式与内容；12 月下旬提交毕业设计形式的选择结果，组织相关人员审核预申请的毕业设计形式，审核确定毕业设计形式后基本不容许更改；隔年 1 月初至中旬进行已确定的各类毕业设计形式的开题答辩工作，进一步帮助学生在确立形式后的深入要求；2月至4月中反复修改设计文件、音乐会指导排练、作品写作调整，并提交毕业各方向设计稿以及修订和补充情况；4月中进行评阅人评审和指导教师评审、评定等工作；4月底至5月初进行正式的毕业论文答辩和多模式音乐会举行、原创作品的答辩工作；5月中全部完成毕业多模式设计的所有工作，复核终极成绩。

（三）毕业模式改革的具体操作

学生在专业教师的指导和建议下，根据学生自身的条件、能力和规定学期的专业考试终评成绩，选择毕业设计形式，确定毕业设计形式后基本不更改。器乐演奏与声乐演唱专业的学生以大三一学年专业考试终评成绩为基础，划分档次进行选择种类和合作形式。专业考核终评成绩85分以上者（含85），可选择独奏/独唱音乐会形式或论文写作形式；专业考核终评成绩为75分以上者（含75），可选择重奏/重唱形式，包含二重奏、三重奏/二重唱、三重唱音乐会形式或论文写作形式；专业考核终评成绩为60分以上者（含60），只可选择三重奏/三重唱音乐会形式或论文写作形式；作曲与时尚音乐编创专业学生需根据大三一学年专业考试终评考核成绩划分档次进行选择种类和合作形式，专业考核终评成绩85分以上者（含85），可选择独立原创作品写作或论文写作形式，专业考核终评成绩为60分以上者（含60），选择组合或论文写作形式。

（四）各方向设计模式及具体要求

将原有单一论文写作模式改革为学生自愿多选模式。多选模式分为：音乐会形式，原创音乐作品写作形式，论文写作形式。其中音乐会形式丰富多彩，如：独唱、独奏、重唱、重奏，且重唱、重奏的形式中有人数限定和曲目分配数量的比例要求，二人组合与三人组合的时间长度也有具体要求。

1. 声乐考核模式

独唱——净演唱时长不少于 30 分钟，二重唱——净演唱时长不少于 45 分钟，三重唱——净演唱时长不少于 60 分钟。在重唱音乐会形式中，两人或三人重唱作品不少于演唱总时间的三分之二。

曲目选择要求：毕业音乐会应不少于三种不同音乐风格的作品，外文作品要求原文演唱，也可选择主题性专场音乐会，如莫扎特歌剧、舒伯特艺术歌曲等。

美声演唱曲目应包含艺术歌曲、歌剧选段、中国作品；民族演唱应包含不同风格、不同时期、不同地域、不同作曲家的中外民歌、戏曲选段等；流行演唱应包含不同风格、不同时期、不同地域作品的流行歌曲和音乐剧选段。

2. 器乐独奏形式

独奏：净演奏时长不少于 40 分钟，重奏不少于 60 分钟。且在重奏音乐会中重奏作品不少于五首。

曲目选择要求：毕业音乐会应不少于三种不同时期、不同体裁、不同音乐风格的作品。其中，钢琴、手风琴、小提琴、大提琴等西乐类应包含复调、练习曲、奏鸣曲、协奏曲、变奏曲，中外乐曲（包含古典、近现代乐曲、爵士作品、流行音乐）；民族器乐应包含不同风格、不同时期、不同地域作品（包含古典、近现代乐曲）。

重奏形式（限三人以内）：二重奏不少于 60 分钟，三重奏不少于 70 分钟。在重奏音乐会形式中，二重奏或三重奏作品不少于总演奏时长的三分之二时间。

钢琴与原创作品组合音乐会形式：钢琴独奏部分净时长不少于 20 分钟演奏，重奏作品必须选择对各乐器演奏能力要求均衡的作品，重奏作品不少于总演奏时长的三分之二。

3. 原创写作形式

学生需提交不少于三种风格的音乐原创作品以及原创作品音响资料，每首作品不少于 5 分钟。如以音乐会形式呈现原创作品的学生需提交完整音乐会音像资料一套。原创作品时间要求：独立创作不少于 15 分钟（含 15 分钟）；合作创作：双人不少于 20 分钟（含 20 分钟），三人 25 分钟以上（含 25 分钟）。

以上举办各类型音乐会形式的学生需提交音乐会节目单及完整音像资料一套。

4. 毕业论文形式

毕业论文应符合本校本科生毕业论文（设计）撰写规范及要求。选题应紧密结合本专业特色，能够基本体现毕业生运用学术研究方法分析学术问题的研究能力，论文字数不少于六千字。学生需提交完整论文资料一套。

四　评价体系的提升与完善

评价体系的完善对于每一位学生来说都具有极其重要的意义，特别是音乐表演类，由于现场的状态、临场发挥、考评人员的衡量尺度等都不存在绝对性，因而，体现一个较为合理的评价分数就成为一个最后的体现结果。如何取值、公正评价？有两个总的指导原则，一个是科学性，另一个是实用性。为了满足这两个指导原则的要求，在建立评估评价指标体系的过程中，应当遵循以下几个原则：

（1）遵循合理的评价原则：种种实践表明，音乐类考核要想达到客观的、公平的、公正的舞台考核体系，就必须体现出合理的核心评价思想，只有依此建立的评价体系，才有利于合理评价学生在舞台上的表现，公平地考核学生的现场表演，从而保证考核结果的合理性、准确性。

（2）针对专业方向建立不同的评价要求：对考核评委来说，舞台展现是学生学习业绩的考核平台，因此，不同的专业方向应该有不同的评价系统标准。所以建立以责任为导向的评价系统，更有利于客观、公平、公正性反映考核实际。

（3）采用百分制的评价尺度：以百分制为代表进行评价，其中85分以上代表优秀（A），74分以上代表良好（B），60分代表及格，在综合评价中，分评定等级（考核体系中分为A、B、C、D、F五个等级）。

各指标体系的设计及评价指标的选择必须以科学性为原则，各指标之间要有一定的逻辑关系，它们不但要从不同的侧面反映出完整性、流畅性、音乐性、和谐性、色彩变化对比性等主要特征和状态，而且还要反映出整体音乐之间的内在联系。各评价指标之间相互独立，又彼此联系，共同构成一个有机统一体。构建具有层次性，自上而下，从宏观到微观层层深入，形成一个不可分割的评价体系。

确保评价体系具有一定的典型代表性，尽可能准确、细致，避免指标信息遗漏，出现错误、不真实现象，提高评价结果的可靠性。另外，评价体系指标的设置、权重在各指标间的分配都应该与现场的实际表现相适应。体现分类指导的思想，消除客观条件不平衡的影响，使评价结果和排序科学、公平、合理。

（4）定量为主、定性为辅

指标体系的构建是为更科学的管理评价服务的，指标选取的计算方法必须统一，考虑各专业评估的差异性影响，定量的要求就要具体化，特别注意在总体范围内的一致性，各指标尽量简单明了，微观性强、便于收集，各指标应该要具有很强的现实可操作性和可比性。而且，选择指标时也考虑能否进行定量处理，以便于进行计算和综合分析和评价。评价指标尽量能与国内外相同专业数的通用指标对照、借鉴，便于与国际接轨。

以音乐会形式呈现的，从以下几方面进行考核：

①音乐展现的完整性、流畅性（百分之十）；

②作品风格的把握（百分之二十）；

③音色变化的细致、丰富性（百分之十）；

④演唱、演奏中音准、节奏及歌唱中语言的准确性（百分之三十）；

⑤音乐的表现力、技术的展现（百分之二十）；

⑥舞台形象及精神面貌（百分之十）。

以原创作品形式呈现的，从以下几方面进行考核：

①完整性、流畅性（百分之二十）；

②作品的写作手法、风格多样要求（百分之三十）；

③音色写作变化多样性（百分之十）；

④创作音乐语汇的准确性、丰富性（百分之二十）；

⑤音乐的表现力（百分之二十）。

器乐演奏分档评价标准：

A档：完成音乐会规定时长，作品演奏完整性好、流畅性强、音色变化细致、音乐对比丰富，在演奏中节奏鲜明、速度准确、音乐表现力丰富；演绎作品的风格把握正确，展现出较好的演奏技术水平，舞台精神面貌良好。

B档：完成音乐会规定时长。作品演奏完整性较好、流畅性较强、音色变化较细致、音乐对比较丰富、在演奏中节奏较鲜明、速度较准确、音乐表现力较丰富、演绎作品的风格把握尚可、展现出一定的演奏技术水平、舞台精神面貌较好。

C档：完成音乐会规定时长要求。作品演奏完整性较差、流畅性较差、音色变化较少、音乐对比单一，在演奏中节奏不够鲜明、速度不够稳定、音乐表现力较弱，演绎作品的风格把握较差，演奏技术水平不足，舞台精神面貌尚可。

D档：完成音乐会规定时长要求。作品演奏完整性差、流畅性差、音色变化少、音乐对比单一，在演奏中节奏不够鲜明、速度不够稳定、音乐表现力弱，演绎作品的风格把握差，演奏技术水平较低，舞台精神面貌尚可。

F档：未完成音乐会规定时长要求。作品演奏完整性很差，在演奏中音准、节奏、音色变化、音乐对比、速度等失误频繁，把握作品的演绎风格差，舞台表现力差，精神面貌较差。

声乐演唱分档评价标准：

A档：完成音乐会规定时长要求。音乐展现完整、流畅、音色变化细致、丰富；在演唱中音准、节奏、语言准确，演绎作品的风格把握准确且含有一定的演唱技术难度，舞台表现力强，舞台形象及精神面貌良好。

B档：完成音乐会规定时长。音乐展现较完整、流畅，音色变化较细致，在演唱中音准、节奏及语言基本准确，演绎作品的风格把握较准确，舞台表现力较强，舞台形象及精神面貌较好。

C 档：完成音乐会规定时长。音乐展现基本完整，在演唱中音准、节奏、音色变化、语言基本准确，演绎作品风格把握基本准确，舞台表现力尚好，舞台形象及精神面貌尚可。

D 档：完成音乐会规定时长。音色对比展现一般，在演唱中音准、节奏存在一定不足，把握作品的演绎风格一般，舞台表现力一般，舞台形象及精神面貌一般。

F 档：完成音乐会规定时长要求。音色对比展现较差，在演唱中音准、节奏存在一定不足，把握作品的演绎风格较差，舞台表现力较差，舞台形象及精神面貌较差。

原创作品的分档评价标准：

A 档：完成规定的原创作品时间要求，不少于三种写作体裁。写作结构严谨，对比强烈、完整、流畅，创作音乐语汇丰富，音色写作变化多样性。音乐表现力强，调性运用较丰富，节奏鲜明，结构布局较好。配器较合理，表现力强。

B 档：完成原创作品规定的时长要求，不少于三种写作体裁。写作结构较严谨，对比较强烈、完整、流畅，创作音乐语汇较丰富，音色写作较多样性。音乐表现力强，节奏鲜明，结构布局较好。配器较合理，表现力较强。

C 档：完成原创作品规定的时长要求，不少于三种写作体裁。写作结构严谨，对比强烈、完整、流畅，创作音乐语汇丰富，音色写作变化多样性。音乐表现力强，调性运用较丰富，节奏鲜明，结构布局较好。配器较合理，表现力强。

D 档：完成原创作品规定的时长要求，不少于三种写作体裁。写作结构基本正确，对比基本完成、创作音乐语汇不足，音色写作变化单一。音乐表现力较弱，调性运用单一，节奏对比不足，结构布局一般。配器基本合理。

F 档：未完成原创作品规定的时长要求，未完成三种写作体裁要求。音色对比展现较差；音色写作变化性缺乏，节奏变化存在一定不足，作品的音乐表现力较差，配器方式混乱。

原创作品评分细则：独立完成作品三首（不同风格、15 分钟），满分为 100 分；合作完成作品及评分要求：（三首、不同风格）个人独立完成作品一首，占总分的百分之四十；合作完成作品二首，占总分的百分之七十（二人、三人组）；按百分制打分，现场含陈述、设计报告、音频、谱例四部分，供评分时参考，最后进行核算。

五 毕业设计模式改革的特色与创新

首先，本次毕业设计改革项目的目的就是调整以往单一以提交毕业论文的模式，改变为多重选择模式，根据学生的所学专业特长和能力，自行选择毕业考核形式。其次，在各项考核评价中，采取导师回避制，不论是指导论文的教师，还是音乐会的导师都不能参与自己学生考核的评分环节。除此之外，在参与考核的教师选择上，改革前只有副教授以上职称的教师才能指导毕业论文，改革后讲师以上职称的教师都参与到论文指导及答辩、音乐会指导、原创作品的指导中，大大提升了青年教师的工作积极性和考核的合理性。

评价团队采用三人到五人评分小组，对不同类型的考核模式有相关打分标准的制定和要求，从舞台表现的完整性、流畅性、音乐性到原创音乐的写作手法、音色变化等方面进行专业方向对口的评价要求。

六　结语

通过毕业设计模式改革，音乐专业的特点得以凸显，能够在毕业时段较完整地、充分地体现所学专业的表演特点，从而能够较好地完成音乐作品的"二度创作"，达到舞台展示成果中自我实践、完善和提高的目标。经过三届毕业生的实践，得到了广大师生的认可和赞誉。但在完善方面还有待于深入细致的研究，逐步发展成熟。

改革过程中必须保持平常心、耐心、细心和信心，不应只重改革结果，而应更重视过程中学生们的体会和收获，重要的是培养学生们的专业展现平台的坚持性，让学生们通过四年的演唱、演奏、原创写作学习，最终能够选择自己心仪的考核方式和作品，充分展现学习成果，真正达到改革目标。

虚实并举　科教融合　夯实创新创业教学基础

明　仲　朱安民　李坚强*

摘　要： 分析我国高等教育中计算机工程教育面临能力培养的突出问题，针对学生实际动手能力不强，灵活运用所学知识解决问题的能力不强，创新能力比较贫乏，难以满足社会对工程人才越来越高的需求，不能更好地适应国家倡导的"大众创业，万众创新"的要求的现状，深圳大学计算机与软件学院，以"视野开阔，注重实际，热衷创新，崇尚竞争"为人才培养特色，以能力培养为核心，理论教学与实验教学有机结合，科研成果向实验项目有效转化，实体实验与虚拟仿真实验虚实并举，校企联合促实验创新贴近实际，提出并构建了一个实验项目丰富、实验水平先进、实验室完全开放的基于"虚实并举、科教融合"理念的计算机实验教学体系，实现了创新型、实用型人才培养的核心目标，并取得了显著成效。

关键词： 虚实并举；科教融合；创新创业；教学体系

---

* 计算机国家实验教学示范中心（深圳大学）。

　　我国计算机工程教育面临能力培养的突出问题。教育的本质不仅在于知识的传授，更重要的是要培养学生的创新能力[1][2]。但目前普遍存在理论与实践联系不够紧密，本科教学与科研项目脱节，学校教育与社会需求不很匹配等问题，导致所培养的学生实际动手能力不强，灵活运用所学知识解决问题的能力不强，创新能力比较弱，难以满足社会对工程人才越来越高的需求，不能更好地适应国家倡导的"大众创业、万众创新"的要求[3][4]。深圳作为全国 IT 企业的集聚地，是中国计算机与软件业的排头兵，对计算机人才的需求一直很大。深圳大学作为特区高校，培养大量优秀的计算机人才具有不可推卸的重要责任。经过多年的探索与实践，深圳大学计算机实验教学中心，以"视野开阔，注重实际，热衷创新，崇尚竞争"为人才培养特色，以能力培养为核心，理论教学与实验教学有机结合，科研成果向实验项目有效转化，实体实验与虚拟仿真实验虚实并举，校企联合促实验创新贴近实际，提出并构建了一个实验项目丰富、实验水平先进、实验室完全开放的基于"虚实并举科教融合"理念的计算机实验教学体系，实现了创新型、实用型人才培养的核心目标，并取得了显著成效。

---

　　① 王歆玫：《中国大学生创新创业教育发展历程及阶段特征研究——基于 2008—2017 年〈中国教育报〉的文本分析》，《高教探索》2018 年第 8 期，第 107—113 页。

　　② Ilhan，"A. Growth of Undergraduate Education in Design in the United States, 1988 – 2012"，*Design Issues*，Vol. 33，No. 4，2017，pp. 17 – 29.

　　③ 张秀峰、陈士勇：《大学生创新创业教育现状调查与思考——基于北京市 31 所高校的实证调查》，《中国青年社会科学》2017 年第 3 期，第 94—100 页。

　　④ 刘晓蓉：《中外大学生创业教育现状对比分析及中国大学生创新创业教育改革的必要性》，《产业与科技论坛》2017 年第 16 卷第 20 期，第 121—123 页。

一 虚实并举、科教融合的实验教学体系

计算机国家实验教学示范中心（深圳大学），发展于深圳大学计算机实验教学实验室，由清华大学援建成立于 1983 年，2006 年扩展为实验中心，经过多年的探索，意识到实验教学体系的重要性，于 1992 年 3 月 1 日正式启动了实验教学体系的建设工作①②。以人为本，以促进学生知识、能力、素质协调发展为指导，以实体实验与虚拟仿真实验虚实并举、实验教学与科研成果转化有机结合为突破口，全面推进计算机实验教学的改革，在研究计算机学科教学及实验的特点和学习规律的基础上，提出并构建了一个实验项目丰富、实验水平先进、实验室完全开放的基于"虚实并举科教融合"理念的计算机实验教学体系（见图 1）以及形成多样化、个性化的实验教学培养模式。该体系主要内涵包括：

（1）建立起完善实验项目（374 项），创新了网络工程方面的虚拟实验教学模式。在传统的实验课程项目建设的基础上，积极探索在线虚拟仿真实验课程和实验项目的建设，结合"全国地方高校 UOOC 联盟"平台建设和推广，在在线虚拟仿真实验、自组织虚拟实验教学等方面进行大量的研究和探索。建成 11 门在线仿真实验课程，虚拟仿真实验项目 201 项，可供学生以及社会上的专业人才通过网络在线做实验，弥补了实物实验没法实现的

---

① 明仲、蔡茂国、朱安民：《虚实结合和科教融合的计算机实验教学体系》，《计算机教育》2016 年第 7 期，第 154—158 页。

② 明仲、蔡茂国、朱安民：《虚实结合建设高水平虚拟仿真实验教学中心》，《实验室研究与探索》2017 年第 36 卷第 11 期，第 158—163 页。

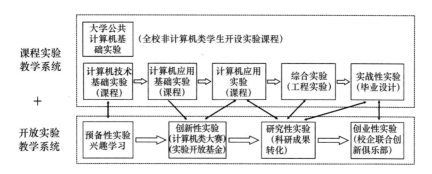

图1 教学体系示意图

实验（例如网络攻防安全、大规模芯片设计等 201 项），从而开创虚拟实验与实物实验相辅相成、配合的新模式，解决了理论与实践联系不紧密的问题。

（2）建立了良好的长效机制，实现教学科研有机结合。平台依托 1 个国家工程实验室、10 个省级科研重点实验室、5 个市级科研重点实验室以及 9 个科学研究所/中心。制定了规章制度，规定每个科研所都必须开设暑假创新短课，规定本科生必须进入研究所实习。这样一方面将科研项目与教学有机结合，另一方面可以扩展研究生生源。科研成果自然转化为学生的实验项目（现已转化 77 项）。解决了科研成果与教学相脱节的问题。

（3）形成多样化、个性化的实验教学培养模式。针对计算机实验教学中心承担的实验教学任务比较繁重和复杂的特点（涵盖全校 80 个专业的大学公共计算机基础课程、全校计算机相关专业的课程以及学院各个专业的课程），采用了统一指导独立完成、典范引导独立完成、自主设计协同完成、个别指导项目管理、聚徒教学贴近实战等五种实验教学方法。解决了"单向输出"、不注重实验动手能力培养的问题。

（4）加强了校企合作，实行了"协同创新"培养模式，创建了贴近企业实际的模拟、虚拟、仿真实验环境。紧密结合深圳大学周边高新技术企业的优势，已经建成 7 个校企联合实验室，50 多个校企联合实训/实践基地和 9 个校企联合技术创新俱乐部。学生可以根据自己的兴趣，结合企业项目，参与到课外创新性、实战性和创业性实验中。解决了教与学分离、学与练分离、练与用分离的问题。

（5）对准国际工程教育标准，制定了培养目标的达成度计算标准，创新地制定了学生和企业教学反馈机制。包括领导信箱、微信群、院领导午餐会、企业走访、问卷调查、毕业生回访、第三方评价（麦可思公司调查），教学督导等，逐项落实反馈意见。形成了教育教学的闭环。

（6）建立了相对独立，校、院两级管理的有效管理体制。制定了学校层面的 14 个计算机及其相关实验管理制度和 16 个设备管理办法，针对计算机实验教学的具体情况，中心还进一步制定了 6 项切合计算机实验教学实际的规章制度。从而在人力、财力、物力上确保系统的长效运作。

我们强调"虚实并举、科教融合"，就是在计算机实验教学过程中，一方面强调在建设真实的实验环境的同时，建设虚拟仿真实验环境以弥补真实实验环境没法实现或非常困难实施的不足，充分发挥虚拟仿真实验教学独特、不可替代的作用，从而提高实验教学水平；另一方面强调将科研成果与实验教学融为一体，充分发挥科研成果转化成实验教学案例的实际应用作用，弥补实验教学知识老化、脱离实际应用的弊端，从而切实提高实验教学能力，拓展实践领域，丰富教学内容。

二 实验教学体系的实施

在实施过程中，以深圳大学计算机实验教学中心为平台，以"开阔视野，注重实际，热衷创新，崇尚竞争"为人才培养特色，以能力培养为核心，理论教学与实验教学有机结合，科研成果向实验项目有效转化，实物实验与虚拟仿真实验并举，校企联合促实验创新贴近实际，根据基础型、设计型、综合型和创新型实验教学的递进规律，从而形成多样化、个性化的实验教学培养模式和教学方法（见图2），解决了工程教学实验中存在的诸多问题。

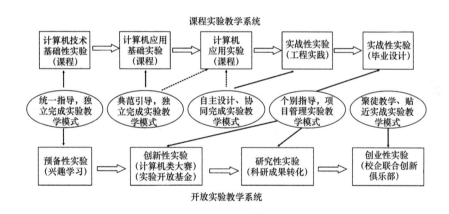

图2 教学方法与教学体系的关系示意图

计算机实验教学示范中心承担的实验教学任务比较繁重复杂，涵盖了全校80个专业的大学公共计算机基础课程和相关专业课程的实验教学，以及计算机与软件学院的实验教学。实验中心还要积极应对计算机技术不断发展的趋势，需要不断学习、不断更新实验技术和实验教学方法。为此，根据中心建立的"虚实并举科教融合"理念的计算机实验教学体系，遵循实验教学的规范性系统性，兼顾创新型人才、复合型人才的"因材施教、兴趣培育、重点培养"的原则，采用了以下五种实验教学方法。

（一）统一指导、独立完成

对于全校大学公共计算机基础实验，以及计算机技术基础实验课程，如大学计算机、计算机导论、C/C＋＋程序设计、数据结构实验与课程设计等，归类于独立完成的简单实验，一般由老师进行集中指导，学生独立完成。为了训练计算机类专业学生的编程能力，实验中心对计算机重点编程语言类课程单独设立实验课，专门为面向对象程序设计、数据结构两门课程各安排了每周4小时的实验，采用"全程紧张、机考评分"的实验教学方式，强化训练学生熟练掌握计算机编程的能力，并取得了很好的实验效果。

（二）典范引导，独立完成

对于计算机应用基础实验课程，如数据库、计算机系统、计算机网络实验课程，具有中等难度，由老师讲授与实验相结合的方式进行典型案例示范，然后再由学生根据实验指导书独立完成。

（三）自主设计、协同完成

综合设计性实验课程、大部分的计算机应用实验课程，如操作系统课程设计、软件工程、动画与游戏设计等实验课程，是属于实验目标和要求明确，但是内容和实现方案必须由学生精心设计和安排的。对于这类实验，一般每组由2—4个学生组成，共同设计方案，规划步骤。老师在实验过程中，给予必要的指导。有些设计性实验采用由学生讲解、提问的答辩方式来评判实验结果。

（四）个别指导，项目管理

对于高年级学生参加的实验室开放基金创新实验项目以及毕业设计项目，各研究所成果转化的研究型实验项目，学生参加各类比赛而设计的创新创业实验项目，皆采取老师个别指导，学生小组自主完成的教学方式。实验项目目标由学生和老师商定，实验方案、步骤由学生小组自行制定。在实验过程中，老师分阶段对学生进行指导，实验结果全部采用演示、答辩的方式进行。

（五）聚徒教学、贴近实战

对于校企合作实验室开设的创新创业实验项目，学生将按照学习兴趣组成小组，采用聚徒教学的方式，由一个老师指导少量学生，按照企业运作模式，设计实验项目，并进行实验方案设计、规划实验步骤。实验完成后由学校和企业共同组织项目结题，并发给相应能力认可证书，企业最大的好处就是可以挑选优秀的人才，从而校企双方达到双赢的局面。

三　实验教学体系建设的创新点与应用效果

在"实验统一规划、人员统一调配、资源统一使用"的管理体制下，以"实验教学体系和教学手段现代化，科研成果向实验教学内容转化常态化，创新创业实验企业化，中心实验规模化，实验教学资源全方位共享化"为鲜明特色，实现了计算机实验教学的示范作用，并获得可喜的成果。

（一）起到示范作用，得到国家的认可

2007 年 1 月，计算机实验教学中心被批准为广东省高等学校省级教学实验示范中心。2015 年 1 月，计算机实验教学中心被批准为国家级计算机实验教学示范中心。2016 年 1 月，网络工程虚拟仿真实验教学中心被批准为国家级虚拟仿真实验教学中心。

（二）自主研制仪器设备推广使用

自主研制的基于龙芯多路处理器的体系结构实验仪器设备，目前国内除深圳大学以外，包括厦门大学、南京邮电大学、北京邮电大学、北京交通大学、复旦大学、中国科技大学等高校在内的 20 多所高校都购入了实验平台并投入到教学使用当中。

（三）实验教学资源全方位共享，得到社会的认可

全天候对全校外学院的所有 80 个本科专业的学生开放，每年为这些专业开设了 84 个班的实验课程（9 门实验课程、51 种实验项目），实验学生 10812 人，年实验工作量超过 386669 人时（课程教学 313120 人时/年 + 开放实验 73549 人时/年）。还向周边学校的学生开放，并与全国多所高校共享自制实验设备；每年为全国所有 IBM 主机大学合作伙伴高校教师，举行 IBM 主机大学师资培训。

（四）教师的主观能动性获得提高，教学成果成绩显著

鼓励老师出成果，教材、自制仪器、教研论文、科研成果及

转化。近年来承担了 38 项省级以上的教研项目，出版教材 41 部，支持自制实验设备 19 种，中心教师已发表教研论文 87 篇。建设国家级精品网络课程 1 门，省级精品课程 6 门。体系的建设实施过程中，获得了广东省高等教育教学成果奖一等奖 4 项。多次获得高等学校国家级实验教学示范中心联席会颁发的计算机实验教学示范中心优秀实验教学案例奖和优秀论文奖。

（五）学生的学习兴趣、动手能力得到提高，成果显著

特别鼓励学生参与设计性、创新性高的各类全国、全省以及全市大学生比赛，并取得了良好的成绩。近年来学生获得国际、国家、省级大赛的 200 多项奖励，例如 2018 年获得美国数学建模竞赛特等奖、2017 中国计算机学会（CCF）大学生计算机系统与程序设计竞赛金奖、2016 年获得中国大学生计算机设计大赛二等奖、全国高校云计算应用创新大赛优胜奖。在中国计算机学会举办的 CSP 软件能力认证中，学生在 300 所高校按平均分数排名多次进入全国前十。本科生参与的科研项目成果显著，近年获得广东省科学技术奖多项。近 2 年毕业生首次就业率 95% 以上，平均工资居全国前列，毕业生深受用人单位欢迎。

（六）创新创业基因得到承传

特别鼓励老师、学生创新、创业，并取得丰硕成果。培养出马化腾、张志东等人才的实验室又涌现出了一批创新创业苗头，学院李坚强副教授带领的学生创业团队项目"云伴母婴健康管理系统"获得 2016 全国首届医学工程创客总决赛一等奖并获得 1000 万元的天使投资。目前，该研发团队有 20 余人，使用该平台的用

户已达26万，合作医院51家，签约医生450余人，形成了较为成熟的盈利模式。

（七）作为地方性大学计算机学科，近5年来学科声望日隆

计算机科学与技术专业通过了国际工程专业认证。被爱瑞深评为六星级（顶级）专业。学生高考录取分数屡创新高。计算机科学进入世界 Top 100 行列。USnews 2018 排名进入世界 Top 185 位。

四 结束语

本文在分析了我国高等教育中计算机工程教育面临能力培养的突出问题的前提下，在研究计算机学科教学及实验的特点和学习规律的基础上，提出并构建了一个实验项目丰富、实验水平先进、实验室完全开放的基于"虚实并举、科教融合"理念的计算机实验教学体系。该体系内涵充实，解决教学问题的方法可行，创新了本科教育实验教学模式，实施效果显著。实践证明，虚实并举、科教融合的计算机实验教学体系是行之有效的，可为其他院校的教学改革提供有益参考。

基于"双并举"育人理念的金融学
人才培养创新实践

鲁志国[*]

摘　要： 深圳金融产业的快速发展，既为金融学专业的发展提供了"产学研"广泛紧密合作的独特平台，同时也对金融学专业的创新人才、特色人才培养提出了国际化、高质量的要求。过去传统单一的金融学专业本科人才培养模式已不能适应现代市场对金融人才多元化的需求。深圳大学肩负为珠三角特别是深圳培养适合现代金融发展需要的本科优质人才的使命，必须创新现代金融人才培养模式。为此，我们对金融学人才培养开展多年的综合改革创新实践，构建、实施了基于"双并举"理念的金融学人才多元化培养目标体系和支撑体系，并取得了较丰硕的成果。

关键词： "双并举"；金融学；人才培养；创新实践

　　珠江三角洲地区是我国经济发展的核心区域，尤其是深圳，

---

　*　深圳大学经济学院。

作为全国性经济中心和现代化、国际化城市，金融业高度发达，产业创新速度快、国际化程度高，是我国最为重要的区域金融中心。深圳市政府早在 20 世纪 80 年代末就把金融业作为经济发展的支柱产业，为金融业的发展提供了许多优惠政策，使深圳金融业的发展空间不断增大，金融业所需人才每年都在数千人之多。经过 90 年代中期的产业结构调整，深圳市制定了基于四大支柱产业（金融产业、高新技术产业、物流产业、文化产业）快速发展的国家创新型城市和国际化大都市的战略目标。

伴随金融产业的集中与快速发展，深圳金融产业出现了向国际化、微观化、分工细化、技术化、业务综合化等方面发展变化的特征，急需大量具有开拓精神和创新潜质的中高级金融专业人才。过去传统单一的金融学专业本科人才培养模式已不能适应现代市场对金融人才多元化的需求。

深圳金融产业的不断变化，既给我们带来了金融学专业发展的新要求、新思路，同时也为金融学专业建设提供了独特的条件和优势。深圳大学金融学专业肩负为珠三角特别是深圳培养适合现代金融发展需要的本科特色人才的使命，必须对金融学专业进行综合改革、创新现代金融人才培养模式，这不仅是刻不容缓的现实要求，更是我们义不容辞的责任。

一　金融学人才培养创新探索

2006 年以来，深圳大学经济学院对金融学专业人才培养进行了多次研究与讨论，达成金融学专业人才培养模式改革方向的共识，即根据金融市场需求与金融企业业务发展变化，依托深圳区域金融中心和毗邻香港国际金融中心的"得天独厚"地域优势，构建并实施基于"双并举"理念的金融人才多元化培养目标体系。"双并举"即"精英教育"与"大众教育"并举,"特色教育"与"常规教育"并举。充分发挥经济学院招生规模大、生源素质高的优势,在大学录取之初经全院新生自愿报名和考试筛选,设立培育精英金融人才的创新项目"数理金融实验班"和培育特色金融人才的创新项目"投资科学国际接轨班"。同时,在"大众化"教育模式下进行"学工一体"教育模式的尝试,与深圳知名金融大企业合作,实施"学工交替、订单委托"的定向金融人才的培养实践,设立了"人保精英班",将学生专业方向与金融企业的发展变化相对接,使得学生学有所用,培养深圳金融业发展迫切需要的专业人才。为了满足现代金融行业对高水准职业化人才的需求,经济学院设立了"CFA(特许金融分析师)特色班",按国际标准培养具有国际职业水准的高素质投资行业专门人才。自此,初步完成了多元化的金融人才培养目标体系的构建。

(一) 实施金融学精英人才培养创新项目

早在2007年经济学院就创设了作为金融学"精英教育"人才培养项目的"数理金融实验班"(见表1)。该实验班实行封闭管理,单独制定培养方案,主要课程涵盖金融专业主干课程及与金融学关系密切的数学专业课程及计算机专业课程,项目实行培养方案动态化、知识结构复合化、计量课程应用化、实训课程针对化、实习基地固定化。同时,为保证学生培养质量,实行严格的淘汰制度。

表1 　　　　　　　　　　　　　　数理金融实验班

办学目标	培养"精英化＋复合型"金融人才
管理制度	在一年级新生中通过考试选拔有数学和外语优势的学生；封闭管理，严格实行淘汰制度
办学模式	单独制定培养方案，增加英语教材、教学比重，突出经济学、金融学及数学等学科知识复合，总学分180
学位制度	毕业可获授经济学学士学位和理学学士学位

（二）实施金融学特色人才培养创新项目

为了拓宽金融学人才培养模式，我们在面向国际化竞争的人才培养方面进行了新的尝试：从2010年起，直接引进国外先进的办学理念和办学模式，整体移植美国顶尖商学院宾夕法尼亚大学沃顿商学院的课程体系和原版教材，开办了"投资科学国际接轨班"（见表2）。该项目实行课程体系国际化、教材原版化、课堂教学双语化，培养具有国际理念、国际视野、国际交流能力的国际接轨人才，以应对适应国际化竞争对金融人才的培养要求。

表2 　　　　　　　　　　　　　投资科学国际接轨班

办学目标	培养"特色化＋国际化"金融人才
管理模式	在一年级新生中通过考试选拔有数学和外语优势的学生，封闭管理，实行淘汰制度
办学模式	整体移植美国顶尖商学院宾夕法尼亚大学沃顿商学院的课程体系和原版教材
任课教师	外教及海外招聘的教师为主体（来自于华盛顿州立大学、俄亥俄州立大学、佛罗里达大学、香港大学和香港科技大学）
课程教学	原版教材英语授课＋原版教材中英双语授课＋原版教材中文授课

（三）探索学工结合的校企协同育人模式，使人才培养与产业实践紧密结合

与深圳知名金融大企业合作，实施"学工交替、订单委托"的定向金融人才的培养实践，设立了"人保精英班"（见表3）。该项目充分体现"招生与定向人才培养相结合，实习与就业一体化"的应用型人才培养特色。四年大学毕业时，学生已经积累了一年的工作经验。人保公司将按照不低于意向就业学生50%的比例优先提前半年予以录用。该"学工一体"、与市场直接对接的人才培养项目受到同学们的欢迎。

表3　　　　　　　　　人保精英班

培养模式	面向经济学院新生，单独成班，封闭管理，与人保公司联合制定培养方案和实训标准，实行学工结合的"订单式"定向培养模式
课程设置	分为四个模块：基础知识、专业基础、专业理论和专业技能，前2个知识模块由学院负责完成，专业理论及专业技能课程由学院和人保公司共同完成，学生的实训（实习）在人保公司完成
学习过程	学生第一、二、三学年在学校接受基础课程学习，从第三学年的五一假期开始，到第四学年的3月1日，在人保公司带半薪顶岗实习并完成专业技能课程学分
激励措施	为充分激励学生，人保公司每年设立奖学金，奖学金按照学年综合成绩排名前40%分等级（10000元、5000元、3000元）发放
双向选择	依据综合成绩，并根据双向选择的原则，对于有意向在人保公司就业的学生，将提前优先录用；对于有意在人保系统其他公司就业的学生，人保公司将予以积极推荐
实践机会	通过院企合作，人保公司将为学院提供更多的实践岗位，建立一批就业实践基地，增强学生的就业竞争力，实现学院、企业、学生间的三赢

（四）国际职业水准的高素质金融执业人才培养

随着中国经济的不断发展及金融国际化步伐的加快，特许金融分析师（Chartered Financial Analyst，CFA）证书在中国的认可度和接受度迅速提高，越来越多的机构包括一些非金融机构在招聘员工时有意识地选择具有 CFA 背景的人员。CFA（特许金融分析师）被公认为全球最具权威性的金融专业人士资格认证，也是全球重量级财务金融机构的分析从业人员必备证书，其考试也被称为"全球金融第一考"。伴随深圳金融中心地位的进一步发展，对于国际化复合型实践金融人才的需求也会随之增长，为此，我们于 2017 年开设了"CFA（特许金融分析师）特色班"，承担起为深圳发展培养和输送高标准金融执业人才的重任（见表4）。

表4　　　　　　　　　　CFA（特许金融分析师）特色班

办学目标	培养"高水准 + 职业化"金融执业人才
管理模式	在一年级新生中通过考试选拔，封闭管理
办学模式	单独成班，制定独立的培养方案；与 CFA 官方办学资质培训机构合作，按国际标准培养具有国际职业水准的高素质金融人才
任课教师	外教及海外招聘的教师为主体，核心考试课程由 CFA 官方办学资质培训机构指派具有 CFA 会员资格的教师担任
课程教学	借鉴 CFA 全面、完善和国际化的课程体系，采用 CFA 英文原版教材，实施英语或双语教学，全面系统地培养学生的金融从业素养
项目特色	把 CFA Level I 的 10 门考试课程嵌入到金融学课程体系之中，学生完成培养方案设定学分后，可取得金融学专业本科毕业证书和经济学学士学位，通过全球统考的学生还可取得相应的 CFA 等级证书，为最终获得 CFA 会员资格打下基础

二　金融学人才培养支撑体系的构建

为培养适合现代金融发展需要的创新人才，经济学院十分注重人才培养支撑体系的构建。

（一）建设"高水平、高层次"的教师队伍，支撑教育模式的改革

师资队伍的建设是专业建设的核心。在师资队伍建设方面，金融学专业通过采取"引进高端、提升层次"的措施，实施专兼结合方式，在原有师资的基础上，通过培训、出国进修交流、引进高端人才等手段，实施金融学专业"名师再造"计划；吸收海外和有丰富企业管理经验的高级人才加入教师队伍，塑造具有国际化知识背景和业务水平的高端的专业师资队伍，以支撑教育模式转换的需要。同时，聘请国内外高校和知名金融专家到学校担任客座教授或校外导师，通过授课、开设系列讲座、论坛，指导学生实践、实习和毕业设计等方式，让学生接触和了解金融领域的最新发展。

（二）提升课程与教学资源建设力度，优化人才培养方案

学习和移植国内外著名大学金融学专业的培养方案和发展路径，优化教学资源配置，培育和建设优质课程和金融学优质教材。充分利用深圳金融中心优势，根据金融市场需求与金融企业业务发展变化，积极探索并及时调整金融学专业培养方案。除了实施"精英化"教育项目外，同时在"大众化"教育模式下制定体现"通识教育＋宽口径专业教育＋技能实践教育＋个性化发展"要求的应用型人才培养方案，优化宏、微观金融课程的比

例，开设"专业前沿研讨课"，强化"大众化教育"应用型人才培养特色。将学生专业方向与金融企业的发展变化相对接，使所培养的学生具有基础理论扎实，专业知识面广，实践能力强，综合素质高，创新思维好，创新能力强的优势。

（三）教学方式方法改革

从案例教学、聚徒讲学、过程性考核教学、主讲助讲制、双语或全英教学、科研教学互动等方式入手，充分利用学校的网络平台，提高课程教学效果和质量。运用启发式、交流式教学和案例讨论教学激发学生自主学习，提高学生分析问题和解决问题的能力。密切联系并分析当今社会的经济发展状况、理论动态、实践成果及未来趋势，结合实际，进行金融学理论与实践的创新。运用现代教学手段，激发学生学习兴趣，提高课堂教学效果。努力探索一套适应大众化教育背景下的金融学专业的教学方法。

（四）建设校企协同育人平台，构建校企协同育人机制

依托经济学院金融学国家高等学校特色专业和广东省金融学专业本科人才培养"双轨制"模式创新实验区，借助深圳区域金融中心和毗邻香港国际金融中心"得天独厚"的地域优势，加强校企合作，探索校企协同培养金融人才的新途径，实施学工结合"订单式"定向培养模式。加强协同育人改革与研究，培养紧跟市场变化的高质量应用型金融人才。

（五）构建学生综合素质培养支持体系

开设经济金融与互联网发展前沿问题、互联网金融企业文化

问题、职业道德和行为规范问题等社会科学问题的多个系列课外讲座，鼓励学生参加深圳市各类金融峰会论坛，开展各种互联网金融产品设计、创新、研发大赛，从而为金融专业学生培养良好的综合素质提供了有力的支撑。定期组织丰富多彩的课外学习活动，培养学生的创新能力、动手与实际操作能力。每学年都举办"经世之作"专业作品大赛、"挑战杯"大学生课外学术科技作品竞赛、英语演讲比赛、英语戏剧比赛、征文比赛、学术文化月及其系列讲座、辩论赛、朗诵比赛、体育比赛、文艺会演等，并带领学生走出校园，参加义务劳动、"献爱心"募捐等各类义工活动，激发学生参与社会工作的意识，提高金融学专业学生的综合素质。

（六）进行优质教材建设

由经济学院金融学专业多名教授、副教授主编参编的《金融学》教材是"十一五""十二五"国家规划教材，被全国几十所高校选作教材，已经出版第五版，累计发行近百万册，并出版了配套的学习资料《金融学案例与分析》。同时，由经济学院教师正式编著出版的金融学专业教材《集团公司理财学》《统计学》《公司理财学原理》《财务报表分析原理与技术》《期货与期权市场简明教程》《国际贸易理论与实务》《政治经济学》《商务决策：模型与信息技术》《国际市场营销》《公司中级理财学》《特区经济学导论》等，也被全国数十所高校选用。

（七）强化国际化模式培养人才力度

提高人才培养的国际化水平，应对未来金融人才的国际化竞争。实施本科生互访计划，加强学生的国际交流。金融学专业已与多所国外高校建立了学生交流项目，并取得了初步成效。计划将进一步充实国际化教学内容，设想通过相互承认学分和建立校际关系，试行"海外实习制度"等多种形式，创造金融学本科学生去海外研修的条件。

（八）重视实践教学环节，增建贴近市场的产学研合作基地

根据金融学专业的特点，以深圳大学经济管理教学实验中心这一广东省实验教学示范中心为依托，通过改革课程群的实验课程体系，强化实训课程教学，做到实践教学与理论教学密切联系，相互支持。在现有实习基地的基础上，继续增加实习基地，为学生提供高质量的实践场所；同时拓展及深化实践内容，为学生撰写毕业论文提供方向及增加就业竞争力。

（九）优化教学管理，提高教学运行的质量和效率

以金融学专业结构调整和专业建设为契机，在学院范围进行教学管理改革。根据新形势下高校教学工作的特点和规律，不断吸取新的科学理论和方法，运用先进的理念、知识和手段去管理教学，狠抓教学过程和质量的监控，进一步提高经济学院教学管理的水平，不断提高教学运行的质量和效率。（1）建设优秀的教学管理团队。树立精致管理、精致服务的管理理念，为一线教师和广大学生提供优质到位的服务。（2）完善教学管理制度。对现有的教学管理规章制度重新进行修订和补充，使教师能安心教书、潜心育人，促进教学质量的持续提升。（3）强化教学管理指导。进一步发挥学院学术委员会、学位委员会、教学指导委员

会、学生学术工作小组的作用，指导教学管理过程。

三 金融学人才培养创新成效

（一）金融学精英、特色教育项目受到广泛好评，效果显现

（1）"数理金融实验班"是深圳大学最早创设的本科人才培养创新项目，受此实验班带动，目前全校已有类似的实验班近40个。

（2）"数理金融实验班"和"投资科学国际接轨班"这两个项目深受学生欢迎，每年报考该项目的新生超过500人，录取率仅为15%。

（3）精英、特色人才培养实践已见成效，获得了较高的社会评价，是深圳各大中学填报高考志愿时重要的参考因素，毕业生中有20%考取清华大学、香港大学、香港科技大学、美国哥伦比亚大学等国内外名校研究生，学生综合素质高，无论是在读研还是毕业后在各大金融机构，工作都有出色表现。

（4）从2012年开始，美国东北大学与经济学院就金融学本科交换生项目达成共识并签订双方"互派学生、互免学费、互认学分"的合作协议（该校在国内仅与北京大学和上海交通大学有此合作关系）。至2018年9月，已分5批次共选拔22名学生赴东北大学交换学习（每批次学习时间为一学期），并同步接受了4批次共8名来自美国东北大学的学生（每批次学习时间为一学年），经济学院金融学学生的优秀表现得到了美国东北大学的认可。

（5）与爱尔兰都柏林大学的交换生项目已经实施了3年，双

方各有 10 余名学生进行了双向交换。

（6）2014 年与美国华盛顿州立大学签订金融学专业"2 + 2"双学位项目合作协议，已有 3 批次"投资科学国际接轨班"学生出国学习。

（7）精英、特色班和常规班同学在各类国家级学科竞赛中取得优异的成绩，有 20 人次分别获得国家级学科竞赛一、二、三等奖。

（二）应用型金融学人才综合素质不断提高，受到用人单位的普遍好评

近年来，金融学常规班毕业生初次就业率（含出国留学和国内读研，截至当年 8 月 31 日）为 98.2%，超过学校平均就业率约 6 个百分点，其中约 10% 到国外知名大学留学深造，约 10% 在国内读研，80% 毕业生就业于中国银行、汇丰银行、国泰君安证券公司、深圳供电局等各大金融机构及事业单位、政府部门。据不完整调查统计，毕业生的薪水是本校同届毕业生平均薪水的 130%，也是 211 大学金融学专业同届毕业生平均薪水的 130%。不少用人单位高层领导亲自来经济学院金融学专业直接挑选人才，对经济学院学生的高素质非常满意，一致认为经济学院金融学毕业生在工作中都表现出较高职业敬业素养，对他们的知识水平和技能也给予较高的评价（详见麦克思评价报告）。从深圳大学经济学院根据社会需求调研、毕业生跟踪调查活动来看，用人单位对经济学院金融学专业的毕业生理解与交流能力、科学思维能力、管理能力、应用分析能力、动手能力五大能力满意程度高。许多毕业生已经进入金融机构管理阶层，成为地方金融业的中坚力量。

国际化生命科学创新人才培养
新模式的创建与实践

莫蓓莘　　陈伟钊　　黎双飞　　唐玉林　　汪安泰[*]

摘　要： 为了适应国家和学科发展的需要，本课题组将"培养具有创新能力和国际竞争能力的高水平生命科学人才"作为目标，通过创建国际化创新人才培养新模式、培养国际化师资队伍、搭建国际化实践教学平台、按国际化要求规范教学质量管理等措施，对课程体系、实践教学体系、课件教材、教学方式、教学内容、第二课堂等重要环节开展综合改革，成功实践了高水平生命科学创新人才培养的改革方案，实现了将人才培养水平提升到新高度的目标。项目的实施取得了显著的效果：近8年，本科生获学科竞赛奖励24项，其中国际级奖励3项，国家级奖励8项，省级奖励13项；本科生用英文撰写并以第一作者名义发表SCI论文13篇；本科生创新团队获得"小平创新团队"称号，本科生的科研论文被评为"全国大学生十佳论文"之一；升入国

---

* 深圳大学生命与海洋科学学院。

外名校的学生逐年增多，2016 届毕业生留学/读研的比例达 40.3%，位于全校第一。获批省级教学团队、广东省特色专业、广东省实验教学示范中心、国家级双语教学示范课程、广东省精品课程、广东省精品资源共享课程、广东省视频公开课程等；出版了系列实验教材和双语教材共 7 本。

关键词：国际化；创新能力；人才培养模式；高等教育；教学特色；双语教学

一　引言

目前，经济的全球化给高等教育带来了新的挑战；生命科学作为 21 世纪前沿学科，世界科学前沿最活跃的学科，在新形势下，对人才培养提出了更高的要求①②。但是我们培养的人才在创新能力和国际竞争力上还不能完全跟上经济全球化背景下生命科学的蓬勃发展。

2016 年 4 月，中共中央办公厅、国务院办公厅出台《关于做好新时期教育对外开放工作的若干意见》（以下简称《意见》），《意见》明确提出：要完善体制机制，提升涉外办学水平；要加强高端引领，提升我国教育实力和创新能力。据《国家中长期教育改革和发展规划纲要（2010—2020 年）》以及《意见》的要求，本课题组经过广泛调研，充分发挥深圳大学生命科学学科在师资与教学资源方面的优势，坚持国际化办学思路，践

---

① 黄立宏、龚理专、李勇：《拔尖创新人才培养的探索》，《中国大学教学》2009 年第 6 期，第 24—26 页。

② 姚期智：《拔尖创新人才培养的新理念与新探索》，《中国高教研究》2011 年第 12 期，第 1—2 页。

行国际化教育理念，以培养既有创新能力又有国际视野的新型人才为目标，通过创建国际化创新人才培养新模式、培养国际化师资队伍、搭建国际化实践教学平台、按国际化要求规范教学质量管理等措施，对特色课程体系、实践教学体系、课件教材、教学方式、教学内容、第二课堂等重要环节综合改革，创建并成功实践了国际化生命科学创新人才培养模式，取得显著成效。（见图1）

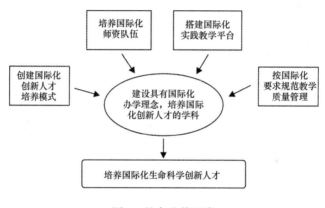

图1　综合改革思路

二　目前高等教育面临的挑战

当今世界各国国力的竞争，归根结底都是人才的竞争。一个国家的国际竞争力取决于这个国家人才的国际竞争力。而创新能力和全球化视野则是体现人才国际竞争力的重要指标[1][2]。生命科学的蓬勃发展，该领域的国际交流、合作与竞争越来越活跃。而

---

①　李善妮、何海伦、邓梅春：《马昌杯中南大学生命科学学科"国际化"综合改革探索和创新》，《西北医学教育》2016 年第 8 期，第 518—522 页。

②　Ilhan，"A. Growth of Undergraduate Education in Design in the United States，1988 – 2012"，*Design Issues*，Vol. 33，No. 4，2017，pp. 17 – 29.

实施"高质量、系统化、国际化的双语教学""加强国际与校际交流"是培养人才的全球化视野、国际交流与竞争能力的重要途径。深圳大学生命科学学科拥有一批具有多年留学背景，了解国际高等教育理念，熟悉国际化的教学方式，能流利用英文授课的教师，为开展既有创新能力又有国际视野新型人才培养提供了师资保障。

创新能力是高素质人才的核心和灵魂。如何将大学生培养成为具有创新能力的高素质人才，是高等教育一直以来面临的重要课题①②③。面对全球经济、科技及综合国力等的竞争，当今世界，各国无不日益关注创新人才的培养和教育的创新。现代化、创新型国家建设对高等教育提出了培养创新型人才的要求。

三 国际化生命科学创新人才培养新模式实践

项目综合地方大学的办学目标、办学条件以及生命科学的学科特点，以深圳大学生物科学、生物技术专业学生为对象，以人才培养目标的定位、特色课程群的建立、实验教学模式的改革、第二课堂活动的开展、教学质量的控制、教师队伍的建设为突破口，全面推进教学改革。项目成果可概括为创建国际化创新人才培养新模式、培养国际化师资队伍、搭建国际化实践教学平台、按国际化要求规范教学质量管理等。在成果的实施过程中着重解决传统教学模式中教学体系、教学方式、教学内容、教学效果等

---

① 王歆玫：《中国大学生创新创业教育发展历程及阶段特征研究——基于 2008—2017 年〈中国教育报〉的文本分析》，《高教探索》2018 年第 8 期，第 107—113 页。

② 张秀峰、陈士勇：《大学生创新创业教育现状调查与思考——基于北京市 31 所高校的实证调查》，《中国青年社会科学》2017 年第 3 期，第 94—100 页。

③ 刘晓蓉：《中外大学生创业教育现状对比分析及中国大学生创新创业教育改革的必要性》，《产业与科技论坛》2017 年第 20 卷第 16 期，第 121—123 页。

方面的问题，并建立了特色课程群、特色实验教学体系、第二课堂等国际化创新人才培养支撑体系。

（一）创建多途径、多要素协同作用的国际化生命科学创新人才培养模式

根据国家发展需要、综合学科特点和和办学条件，我们将"创新能力"和"国际化"确立为人才培养的两大特色，在全面均衡人才培养各项指标的基础上突出优势与特色，并且在教学实践全过程贯穿创新能力和国际化的理念。创立了一个多途径、多要素协同作用的国际化生命科学创新人才的培养模式（见图2），该模式含有各种国际、国内、校外、校内、课外、课内活动组成的不同形式的训练体系，各训练系统由特色创新课程群、特色双语课程群、特色实验教学体系、各种特色创新训练项目、各种国际和国内的学术交流或竞赛活动等多要素组成。新的培养模式有效提升学生的创新能力和国际交流与竞争能力，保证学生培养质量。

（二）特色双语课程群的建设提高学生的国际视野和国际交流能力

1. 国家级示范课程积极发挥示范和引领作用，开设系列化的双语课程

《植物生理学》课程2009年被评为国家级双语教学示范课程以来一直在学院和学校发挥示范和引领作用，常规性开设植物生理学全校公开示范课，编写《植物生理学》以及《植物生理学实验》双语教材，录制全套全英文授课的教学录像，编写双语题库，建设内容丰富的教学网站，常规性（每年2个月）聘请外籍

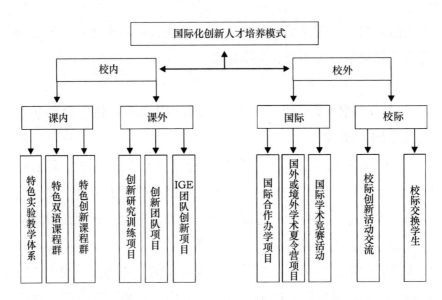

图2　多途径、多要素协同作用的国际化创新人才培养模式

教授、国际著名植物生理学家，加拿大皇家科学院院士 Bewley 教授到深圳大学给本科生授课。

在《植物生理学》课程的示范和引领下，越来越多的课程开始实施双语教学，该学科吸引了一批留学国外多年，能流利地用英语授课的教师加入双语教学的队伍。2010 年，该学科 10 门核心课程（植物学、植物生理学、动物学、动物生理学、生物化学、细胞生物学、遗传学、微生物学、分子生物学、基因工程）均增设了双语教学班，双语课授课对象主要为经过选拔的成绩优秀的"创新实验班"学生。学院为双语课程提供经费资助，为授课教师和选课学生购买国际先进的教材和教学资源。

2. 在教学中融入创新能力和国际视野的理念，确保双语教学的效果和质量

很多高校都开展了双语教学，但是对双语教学没有统一的要求，有些双语教学仅仅是以使用双语课件等拘于形式的方式开展，或只有零零星星一两门，较难达到理想的效果。本课题组不仅开设系列化的双语课程，让学生循序渐进系统性地接受双语教学的训练；并且对双语教学的教材选择、课件形式、授课语言、教学方法、教学模式、教学内容等进行严格规范，引入国际化的教学内容、教学模式和教学方法，启蒙学生的创新能力和国际交流与竞争能力。

课题组要求本学科开设的双语课程全部采用国外最新的原版教材。

部分课程自编了双语教材或讲义作为补充。如《植物生理学》双语课程，编写了理论课和实验课双语教材；《植物学》课程编写了理论课双语讲义。

课题组要求本学科的双语课程用全英文课件，部分专业术语在课件上标注中文。授课语言尽可能用英文讲授（不少于50%），部分难点内容用中文解释。

对双语课程的教学手段也进行了改革，鼓励双语课程的教师采用国际大学通用的 Black Board 教学平台开展教学，并进一步完善双语教学课程网站的建设。

同时增加了双语课程教学内容的深度和广度，并补充该领域的国际前沿知识。在有限的教学课时讲授每章节的重点和难点。将最新的研究进展，研究成果穿插在这些内容中。同时，讲授时更加注重训练学生的科研思路，思维能力，学习能力。双语教学课程主要采取全程紧张式的过程性考核为主的教学方法。鼓励自主学习、合作学习。双语课程要求学生们通过阅读外文文献了解该领域的最新研究进展，并以小组合作方式做专题报告。培养学生的国际视野、合作精神以及阅读、表达、交流、研究等能力。

为了保证双语教学的效果和质量，课题组成立了由多年开展双语教学老师组成的导师团，通过导师团老师与新教师互相听课、个别交谈、双语教学研讨会等方式对新开设的双语教学进行指导和监督，确保双语教学的质量。

通过加强对课程质量和效果进行指导和监督，本学科的双语教学不仅系列化地开展，而且开展得扎实，真正起到系统化、综合性地培养学生国际交流能力和创新能力的效果。青年教师们的教学水平也得到显著提高（见图3）。

（三）创新能力培养课程群的建设增强学生的科研和创新能力

创新能力培养课程群主要由创新实验课程、创新研究短课和大学生创新训练计划项目3类课程组成。

1. 创新研究第一课堂的学习使学生初步入门科学研究

学院开设的创新实验课程包括"基础生物学创新实验""细胞与遗传创新实验""分子生物学创新实验"3门课程，该课程旨在培养学生独立从事科研工作的能力，要求学生完成从选题、实验方案的设计、研究方案的执行、数据的整理与总结，到撰写研究论文等科研完整过程各个环节的训练。学院专门为科技创新短课的开设提供必要的经费资助和教学条件。

2. 创新研究短课为学生提供追踪本学科科研前沿的机会

创新研究短课由教务处统一管理，学院组织开设。目前，基于学院的大学生创新平台，纳入教学计划的生命科学类大学生创新研究短课有18门，参加学生约300人次。这种教学模式受到大学生的普遍欢迎。选修过创新研究短课的许多大学生普遍感到，他们在低年级时就能与学院的知名教授面对面地讨论一些问题，对他们的创新意识、科研思想和方法的形成都产生了很大的影响，受益匪浅。

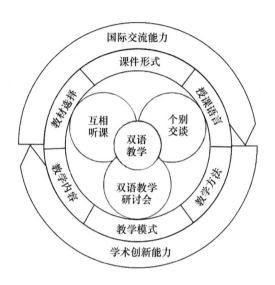

图3　融入创新能力和国际视野理念的双语教学

3. 大学生创新训练计划项目为创新能力培养提供第二课堂

学院每年均组织多个由数名学生参加的创新训练计划项目组，由经验丰富的专业老师指导。项目组在导师指导下向学校教务处申请，获批后，用2个学期的课外时间完成。项目完成后，项目承担人提交研究论文、成果实物和项目结题报告书，然后组织答辩对项目的完成情况进行评定。大学生创新训练计划项目充分发挥课外科技小组为主体的第二课堂作用，对提高大学生课外学术科技作品的水平起了重要的作用。大学生经过第一课堂所学习的知识，在第二课堂得到补充和实践，不仅使其基础知识得到运用，而且扩大知识面，并能在实际工作中灵活运用，独立解决问题。

4. 搭建创新人才培养大平台，为"多层次、多模式、开放式"的实践教学体系提供条件

课题组搭建以省级实验教学示范中心和科研平台以及企业研发平台等组成的创新人才培养大平台为国际化创新人才培养提供条件。创新人才培养大平台包括省级实验教学示范中心的教学实验室、校内生物技术实训基地、校内科研实验室、校外野外生物学实习基地、校外企业、校外科研院所基地等多种形式的实践实训平台（见图4）。

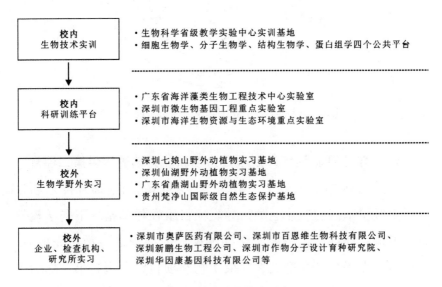

图4 创新人才培养大平台

教学实验室为创新实验课程提供场所，校内生物技术实训基地开设生化发酵、生化分离、膜分离、萃取等实训内容。校内科研实验室的细胞生物学、分子生物学、结构生物系和蛋白组学等公共平台为学生开展创新训练项目、挑战杯项目等提供实验场所

和研究指导。学院与深圳七娘山野外动植物实习基地、深圳植物园、广东鼎湖山野外动植物实习基地、贵州梵净山国家级自然生态保护基地等单位合作建立校外野外生物学实习基地，动植物学野外实习围绕生物资源的生态调查和开发利用等开展专项研究，强化科研训练。为了加强与深圳市生命科学领域企业的联系，课题组制订了产学研合作教育人才培养计划，建立了一批校外产学研合作教育基地。目前，与生命与海洋科学学院签约的企事业单位52家。产学研合作联盟的企业家给一年级的学生开设"生命科学专题讲座"，介绍该学科的应用领域的现状及有待解决的难题。拓展学生视野、激发学生创新热情。产学研合作联盟的企业给二年级的学生参观企业的机会，让学生对本学科的应用前景有一个大致的了解。学生们三年级暑假可以到产学研合作联盟企业实习，参与企业的创新项目研究。

创新人才培养大平台为"多层次、多模式、开放式"的实验教学体系的实施提供了平台保证。"多层次"：包含"基础性实验、综合设计性实验、创新实验和科学研究实验"四个层次的分阶段、循序渐进的实践教学体系。课堂实验教学体现"基础性实验与综合设计性实验"结合。课外教学实践体现"创新型实验项目，科学研究型实验项目，实习、实训基地"结合。"多模式"：是指校内生物技术实训基地，校内科研实验室，校外野外生物学实习基地，校外企业、科研院所基地等多模式的实践实训体系。"开放式"：实验内容，设备，场地向学生全面开放。学生可利用"本科生挑战杯竞赛""大学生开放基金项目""大学生科技创新基金"等资助进入实验室工作（见图5）。

配合实践教学体系的实施，教师们编写了适合本学院实验教学特色的系列实验教材，共6本。

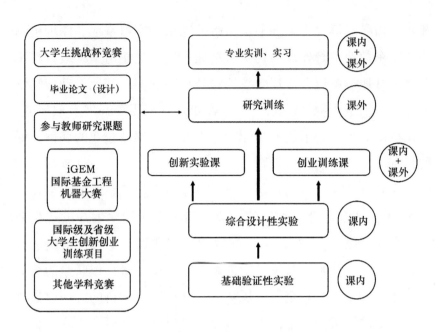

图5 多层次、多模式、开放式的创新能力培养体系

5. 校际交流活动

课题组以"创新实验班""iGEM 团队""小平创新团队"为组织形式，参加国际学术夏令营、国际国内各种学术竞赛、到国内或境外兄弟院校开展创新活动或交流，每年选派学生到美国、韩国、中国台湾等国家或地区交流学习加强学生表达、交流和沟通等能力的培养。学院与52家生命科学企业建立了"产学研合作联盟"，学生利用暑期参加联盟企业的课外创新活动。

6. 与世界顶尖科学家零距离交流

邀请国际顶尖科学家以及企业家给本科生授课，和学生面对面交流，对引导学生的创新能力和国际视野具有独特的效果。加拿大皇家科学院院士 Bewley 教授、美国科学院院士陈雪梅教授、中国科学院院士倪嘉缵教授，每年给本科生讲授课程，给学生介绍该学科最前沿的知识，分享自己科学研究的经历以及人生感悟，正所谓十年树木，百年树人。大师的魅力正在于，有时候他们不经意的一句话，就能影响一个学生的一生。与世界顶尖科学家零距离交流对激发学生对知识的兴趣和好奇，对理想的坚定与追求，对创新活动的热爱常常会有意想不到的效果。

四　人才培养新模式实施的成效

（一）学生们国际交流能力明显提高

在国际专业大赛中获得佳绩。双语教学给了学生自信、勇气、胆识和希望，学生们利用英语直接开展科学研究、用英语进行学术答辩的能力大大提高。学院双语班的学生 2014 年、2015 年和 2016 年连续三年参加在美国波士顿举办的国际基因工程机器大赛（iGEM），与哈佛、剑桥、耶鲁、北京大学、清华大学等国内外名校的学生同台竞技。在比赛过程中用英文编制他们的项目网站、用英文设计制作海报（Poster），在赛场上流利地用英语展示他们的研究成果，回答评委们的问题，得到评委们的一致好评，获得两金一铜的好成绩。获奖信息得到了诸多媒体的大篇幅报道，表明我们的教改成绩得到了肯定。

（二）学生们阅读英文文献以及撰写英文论文的能力显著提高，在国际期刊上发表多篇第一作者的论文

学院开展系列双语教学以来，学生的英文写作能力逐步提高，近 6 年，学生作为第一作者在国际期刊（SCI 收录）上发表 13 篇第一作者的论文。

（三）学生科研创新能力显著增强

2007 年以来，本科生获得国家级或省级挑战杯竞赛奖励 21 项。本科生的创新实验团队 2014 年被评为"小平创新团队"。

（四）本科生被名校录取人数明显增多

通过开设高质量、系统化的双语教学课程，组织学生参加多层次的各类科技创新活动，学生们的国际交流能力和学术创新能力得到了极大的提高。深圳大学作为地方院校，以往继续考研及出国深造的学生相对较少，被名校录取更是寥寥无几。近五年来，在实施了国际化课程体系改革之后，本科生被国内外名校录取的人数明显增多，其中更是出现了部分同学被国内外顶尖高校录取的情况，例如 2010 年，李佳同学被北京大学录取为博士研究生，2016 年，罗一婷同学被常青藤盟校哥伦比亚大学录取为博士研究生；2017 年，王皓同学获得美国著名的斯克利普斯研究所博士生全额奖学金资助等。这些都是教学改革已见成效最直接的展示。

（五）自编双语教材和系列实验教材

为了配合"国际化生命科学创新人才培养新模式"的实施，教师积极投入教学改革，近几年，学院教师出版教材 7 本，其中双语教材 2 本。

（六）教学特色受到各级教学管理机构的嘉奖和肯定

教学团队建设方面：2016 年，植物生理学教学团队被评为广

东省教学团队；2014 年，植物生理学课程被评为广东省精品资源
共享课；2012 年，生活中的植物科学课程被评为广东省精品视频
公开课；2010 年，植物生理学课程被评为广东省精品课。学科及
专业建设方面：2016 年，生物科学专业被评为广东省特色专业；
2014 年，生物技术专业被评为广东省应用型人才培养示范专业；
2010 年，生物技术专业被评为广东省特色专业；2007 年生物学
实验教学中心被评为广东省实验教学示范中心。教学成果方面：
2016 年获深圳大学第六届优秀教学成果奖一等奖 1 项，二等奖 2
项；2013 年获深圳大学第六届优秀教学成果奖一等奖 1 项，二等
奖 1 项。

（七）生命与海洋科学学院的特色教学在校内外取得了较好的示范和辐射效果

双语教学起到了示范和辐射作用。开设全校双语教学公开课
27 节，也曾给由华南理工大学、广东医学院、广东药学院、华
南师范大学、广东技术师范学院、深圳大学等高校电教中心的领
导和专家组成的专家组讲公开课。录制教学视频 36 学时，全部
上网供国内外相关师生共享。

学院的特色教学得到国内同行的认可。近几年，有武汉大学
生物学实验教学中心、北京师范大学资源学院、香港中文大学、
香港科技大学、中山大学、华南理工大学、哈尔滨工业大学、广
州大学、兰州大学、浙江大学、四川大学、红河大学、北京联合
大学、中南林业科技大学、西安农林科技大学、温州大学、深大
附中生物教研组、深圳大学师范学院附属中学、普尔药物科研开
发（深圳）有限公司、深圳中学、深圳市翠园中学、深港产学研
基地、香港宣道会郑荣之中学、深圳市南山区月亮湾小学、中山

市初中生物骨干教师等近 30 所兄弟院校的相关教师到学院参观并进行教学交流。2012 年 10 月，莫蓓莘老师代表本课题组在"第七届高校生命科学教学论坛"会议上向与会代表介绍"特区大学分层次、国际化、创新型生命科学人才培养模式的探索与实践"项目的实践情况，并与代表们交流了教学改革经验与体会。2015 年 5 月莫蓓莘老师应邀到韩山师范大学进行教学交流，2016 年 10 月莫蓓莘老师应邀到北京林业大学生物与技术学院和园林学院进行教学交流，并分别做了《国际化创新型人才培养模式的探索与实践》和《〈植物生理学〉双语示范课程的建设》的报告，2016 年 11 月，莫蓓莘老师应邀到南京农业大学生命科学学院进行学术和教学交流。陈伟钊老师近年来也陆续应邀到华南理工大学、深圳技师学院、深圳中学等进行课外科技创新活动的交流和指导。这表明我们的整体教学水平和教学改革经验得到了国内同行的广泛认可。

"创业酶"人才素能培养体系构建

李　丽　马卫红　崔世娟　黄凯珊　李　彤[*]

摘　要：珠三角以高新技术知识密集型创业为特征，深圳大学管理学科创业型人才的培养聚焦这一地域特征，着重培养能在创业中起到催化作用、提高创业效率的人才。本文提出"创业酶"人才概念，解读了其内涵。并以管理学院为例，以创业人才素能培养体系建设为核心，着重讨论该创业型人才培养方案设计的理论与系统构建，力求以一种新的视角思考高校管理学科创业人才培养定位与实践。

关键词：创业酶；素能；创业人才；体系构建

一　前言

在大众创业、万众创新政策的推动下，社会对创新创业的期望值不断提升。培养创业者成为双创时代的需求，也成为高校的新使命。高校创新创业教育能否培养出具有创新精神和创业潜质

---

* 深圳大学管理学院。

的人才，直接决定着创新驱动的国家战略能否有效落实，因此，创新创业人才的培养是高等教育的关键任务。当前，大多数高校在开展创新创业教育时，无论从教育还是实践来看，都强调打造创新创业生态系统，在生态系统的要素以及要素组合方面着力，关注的重点是大学、企业、政府、科研机构等主体的共生关系，重视创业环境、文化和政策制度的支持功能，尤其侧重于基础设施和硬件环境的打造。这种创新创业教育的发展趋势在展现它欣欣向荣面貌的同时，也展露了它的软肋：生态系统缺乏运行活力和可持续性。

生态系统运行的活力和可持续发展是基于"人"的因素，而不是它完善的硬件设施。创新创业教育的对象是大学生，这类"人"并不是真正的创业者，而是接受创业教育和训练的人。当前高校的创新创业教育生态系统虽是为了培养人而打造，但却忽视了对"人"的关注，更多的关注点放在了生态圈的建设，并不在生态系统中"人"的身上。如果大学生没有经受良好的系统性训练，生态系统就难以持续运行。因此，高校创新创业教育的投入和发力必须放在"人"的身上。本文在思考当前创新创业教育问题的基础上，基于管理学科人才培养的特性，提出了"创业酶"人才培养的全套体系。

二 "创业酶"理念的提出

深圳大学是较早开展创业教育的大学。尤其是管理学院，更是把创业教育落实到人才培养的全过程。在长期关注和研究创新创业教育的过程中，我们逐渐发现高校创新创业教育存在如下一些问题：

首先，创业生态系统的关注点错位。创业生态系统运行的活力和可持续发展是基于"人"的因素，而不单是它不断完善的硬件设施。当前高校的创新创业教育生态系统虽是为了培养人而打造，但却容易陷入形式，忽视了对"人"的关注，更多的关注点放在了生态圈的宏伟建设上。

其次，高校创业教育的核心点混淆。创业教育的对象是大学生，这类"人"绝大多数并不是真正的创业者，而是未来具有创业潜质的学习者，他们将来会成为创业推手和事业推手。创业环境的复杂性和综合性，要求高校培养人才的核心点放在素（素质）能（能力）上，包括：人文精神、专业素养、创业思维等，而不是单纯的技能技巧训练。

再次，创业企业的时代特征未凸显。现代国家推动创业企业主流是高科技创业，尤其是以深圳为代表的珠三角地区。分析区域的创业企业特征可以看到，这一轮创业主体集中呈现着知识密集型的时代特征，他们需求新时代的创业人才。

最后，管理类创业人才培养的定位与作用不明晰。高校存在着两大类创业教育：一类是专业技术类的创业教育，另一类是管理类的创业教育。管理类创业人才不同于专业技术类人才，他们不拥有电子学或新材料那样的有形技术，他们掌握的是有关组织与激发的知识，是一套使想法变为行动的无形"技术"，这类创业人才在创业过程中主要起到催化作用。因此，管理类创业人才的培养要突出管理学的特性。

针对以上问题，管理学院历时多年，去粗取精，去伪存真，建立了我们自己的管理类"创业酶"人才素能培养系统（以下简称系统），并对该系统的效果跟踪监控。所谓"创业酶"，是指在创业生态系统中起到催化作用，能提高创业效率，促进创业成功的人才素养。"创业酶"人才善于捕捉和利用机会，敢于承受必要的风险，能创造新的价值，具有勇往直前的文化与心理。具有"酶"特性的人才，可以推动技术创新、新产品开发、新服务创造、新市场开拓，可以自身造就企业、成为企业家，也可以成就合作伙伴的企业、使别人成为企业家。简言之，"创业酶"人才在创业实践中能发挥两种功能：使未创业者具有创业的动力；使已经创业者提高创业的效率。总之，"创业酶"人才具备三个方面的能力：（1）具有催化力：能够激发他人，使想法变为行动的能力。（2）具有整合力：能够利用和调动内外资源，促进目标实现的能力。（3）具有识别力：学会系统地寻找创新机遇，学会判断成功的机遇或失败的风险。我们认为创新创业教育是一种素质能力的培养。主攻几项技能是不可持久的，要深刻领会人才培养的本质，以发展成长为目标，构建人才培养体系。

三 "创业酶"人才素能培养系统构建

人才培养是复杂的系统工程，不仅需要课程体系载体，还需要各种资源协同支撑，在明确的培养目标与人才培养定位下，构建适当的培养系统。

在高等教育中真正最后能够成为创业者的是极少部分的学生。因此可以肯定这是一群有着特殊气质的学生。但这并不能影响我们对学生创新创业素能的培养。狭隘地理解创业是创办企业，广义地理解创业就是用创新创业精神创造自己的美好事业。无论是哪一种解读，我们都希望创业教育能帮助学生找到自己的特长，成长为更好的自己。因此，教育需要深入了解需求，了解社会发展动态，引领新思维。教育方案制定者需要观察以往的活动、组织中各维度下的人才驱动机理，洞察关键要素，找准人才培养定位。

"创业酶"人才是在创业生态系统中起到催化作用，能提高创业效率，促进创业成功的人才素养。他们善于捕捉和利用机会，勇于行动，敢于承受必要的风险，在实践中学习迭代，能创造新的价值，进而实现自己创业或促进创业团队成长的目标。因此，在人才素能培养方案中，我们注重以下几个方面：人才培养体制内设计（课程体系）、实践体系、平台构建、外部资源整合、保障体系五部分。回答了为什么、为了谁、什么周期、什么系统、怎么做等问题。如图1所示。

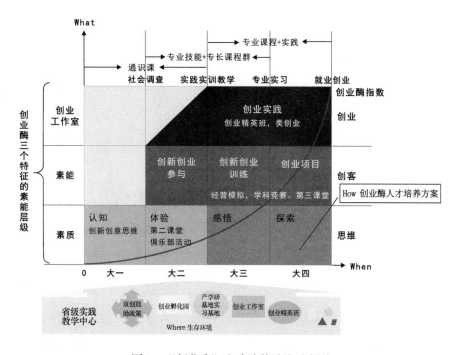

图1　"创业酶"人才培养系统示意图

（一）Who："创业酶"人才培养的主体

深圳大学毕业生90%留在珠三角地区，而进入创业或参与创业的学生的创业型企业主要是知识型创业，因此，创业的成功不再取决于单纯的资源要素，而是取决于烘托产品的各类价值要素的组合包括核心技术。这种时代特征，更需要具有管理素养的人才。管理类人才掌握的知识不同于电子学、遗传学或是新材料这类"技术"，他们掌握的是另一种"新技术"，是将知识全新地应用到工作中去，使态度、价值观、最终使行为发生改变的一种专有的知识，是关于组织的知识。它是管理学的特性，是一种系统化的创新。

在当前的共享时代，管理类创业人才在创业生态和创业有机体中能够起到类似于生物体中"酶"的作用，他们能够触发创业、提升创业效率，促成具有成长性的组织或机构。因此，管理创业教育也应致力于这类创业人才的培养，即"创业酶"人才培养。

（二）What："创业酶"人才素能培养的核心

创业人才不都是天生的，而是可以通过后天培养的。酶特征的创业者有别于以技术创新为核心的创业者，他们是商业机会识别者、是催化剂、是整合者。通过他们，好点子、好创意和新技术的商业化可以达成。因此，"创业酶"人才素质能力培养主要包括：第一，知识核心，正如管理大师彼得·德鲁克所说"创新需要知识，常常需要大量的独创性"，这需要既专业又广泛的知识。第二，行为导向，主要通过他们的观察判断、决策、合作沟通、学习、实践、专注等方面来体现。第三，市场导向，他们能够利用和调动内外资源，促进目标实现，学会系统地寻找创新机遇，学会判断成功的机遇或失败的风险。

（三）How：落实"创业酶"人才的培养

怎样将愿景化为现实？这是个管理控制问题。首先，建立师资队伍，在培养方案的各个节点配备资源。其次，以主题性工作为载体，建立学习成长过程中的项目团队，以里程碑计划为评测考核点。最后，遵循知识、认知、技能、素养、能力形成规律，结合体制内学历教育的特点，最大限度地整合协同内外部资源，实现培养方案目标。具体如下：

首先，教学指导及管理团队。建立开放的教学实践指导委员会，由主管院长及资深教师、教务秘书、创业学生、校友、80后、90后创业者、成功企业家为核心组成动态委员会。以实验中心为依托建立自组织创业创新竞赛管理团队：双创部落，ERP俱乐部，制定最具实效的课程体系，并逐年调整创业培养方案。除学校的创业教育工作外，对管理类学生体现管理类专业"创业酶"素能的培养。

其次，建设、培育师资队伍。以创业课程任课教师为主体，通过交流学习，专项培训，传帮带等，开发创业教师团队，吸纳年轻教师参与到创业实训辅导，创业实践指导，创业项目开发等活动中。

再次，制定创业教育培养方案。在学校的培养方案基础上，管理学院在"创业酶"人才培养中加强了如领导力、沟通力、行业分析、经营模拟实训等课程内容深度，重点在素能上体现酶人才特征，倡导与理工科专业的融合，凸显他们高科技创业中的作用。课程设置基本原则遵循教育本心，融合教育体制，浓缩理论知识，注重实战技能，强调素质培养，发挥管理专长，会聚创业精英，促进创业可持续发展。

最后，"创业酶"人才培养评价。根据前面对"创业酶"概念的描述可知，对酶特征的创业人才的评价要有别于技术创新的创业者，着重评测他们识别商业机会的能力、促进合作的能力、整合资源的能力，以及好点子、好创意和新技术商业化的程度。以此建立的"创业酶"评测测试体系具有重要的理论与实践意义，有利于指导我们培养具有"创业酶"特征的人才，促进大众创新，万众创业的发展，实现伟大的中国梦。

（四）When："创业酶"人才培育生命周期

时间与时机的把握是需要研究的另一问题。高校学历教育中的创业人才培养，是长效人才工程，是修炼内功，它有别于培训机构的短快技巧训练，因此教学要与现有体制融合，创业不荒废学业。首先，时间的融合，即适当的时间做该做的事，强调的什么时间做。其次，认知规律的融合，认知是有逻辑的，素质能力的提升需要通过知识的学习，相应实践循序渐进。嵌入体制就是在高校的1—4年的时间表中发挥资源、平台、指导、规避风险的优势，给学生时间整合校园资源，提高各种"创业酶修养与专业技能"，使创业人才学业创业和谐统一（见表1）。

表1　　　　　　　　"创业酶"人才培养方案时间与逻辑表

规律	"创业酶"人才特征	素能培养方案		大一	大二	大三	大四
认知	1. 催化能力：发起创业，组织团队，推进创业进程，激发团队使愿景变为行动	通识课程群	解读知识点，小案例				
			课内微创新活动，增强互动				
			创新基地参访				
体验	2. 整合能力：发挥专业之长，沟通交流，获取利用资源有效运行及管理，促进目标实现	专业技能课程群、创业专长课程群	创业课程学习，提出创新思维假设				
			半命题创新，完成策划文案				
			鼓励立项				
感悟		技能训练活动、创业模拟竞赛活动群	整合创业知识体系				
			选择创业活动及方向				
			参与创业项目				
实践与成果	3. 具有识别力：较系统的分析趋势，把握机会，识别风险，判断或选择解决方案	创业企业运营工作室、俱乐部、创客空间	创业精英班（6届）				
			八大学科竞赛（10年）				
			进入创业工作室；创业产业孵化园；创业部落（百余人）				

（五）Where："创业酶"人才培养的条件、平台和保障

创新创业综合体验式平台是推进大学生素质教育和就业的新思路，也是从实战和实训角度培养创新创业人才的新模式。通过由政府、高校和企业联动提供体验场景，高校以及业界具有丰富实践经验和扎实理论的双型教师进行指导，通过团队建设、情景模拟、角色扮演、实践体验、总结提高等活动，让大学生真实体验和感受创业的全过程。创新创业综合体验式平台建设主要围绕

5 个子平台开展活动：创新创业管理平台，创新创业部落平台，创新创业竞赛平台，创新创业群英会平台，创新创业实战平台。它们共同构成了立体的创新创业综合体验式平台。

四 "创业酶"人才素能的创新及影响

对创新创业人才培养的探索与尝试的过程本身也是一种创业，在系统构建与实施中，师生不断总结、提炼、反思、迭代、再行动，并取得了一些成效，有了一些可参考的体会，取得了一些创新，产生了一些影响。

创新方面主要表现为：（1）首次提出管理类"创业酶"人才培养的新理念。深入思考了管理类创业人才培养的定位，从管理学的特性出发提出"创业酶"人才培养的新理念，是对当前高校创新创业教育的深刻反思和重要理论贡献。（2）聚焦"创业酶"人才素能而非物理环境搭建。创业教育聚焦"创业酶"人才素能，一切措施从素能出发，以学生为根本、以素能为目的持续完善和优化，重视软环境、氛围和精神的引领与塑造，如 EPR 俱乐部、MIE‐talk 论坛等。（3）建构了创新创业综合体验式平台。把碎片化、虚拟式的创业实践转变为系统化、实战性的创业体验，建构了创新创业综合体验式平台，让创业教育的受训者在校园内有真实的创业活动，实现创业教育的知行合一。（4）建立了"创业酶"人才评价指数。"创业酶"人才理念不只存在于概念层面，该项教学成果还开发建立了"创业酶"人才评价指数。经过数据检测，评价指数的灵敏度和指导性显著，为"创业酶"人才培养的推广和普及奠定了基础。

所产生的影响主要表现在：

（一）培养创新创业思维，有效达成学生创新创业素能提升

深大管理学院在"创业酶"人才素能培养系统建设过程中，立足"创业酶"特性，侧重创新创业思维的培养。依据教学规律以及创业阶段，系统设计并提供素能培育系列课程、创新创意思维、创业思维系列课程、创新创业训练项目、创业精英班等项目。在"创业酶"人才素能培养系统注重理论、实践的系统结合，进入培养系统的学生在创业方面素质能力表现突出，拟成立多家公司并在创业大赛中获得多项奖项。

（二）创新创业教育，引起兄弟院校广泛关注

深圳大学管理类专业学生的创业教育独具特色，教育系统人才培养覆盖全校 70% 专业，选课学生参与创业项目人数占 50%。深圳大学管理学院在"创业酶"人才素能培养系统建设过程中也得到了学校各级部门的大力支持，其设计思路、方案在全国高校创业交流中引起广泛关注。5 年来共有 150 多所兄弟院校在创业教育改革方面与深圳管理学院进行交流。

（三）"创业酶"人才初步得到社会肯定，社会资源积极踊跃参与双创教育

深圳大学管理学院为地方经济建设提供优秀学生，"创业酶"人才在创新创业思维中的出色表现在媒体，广播电台被报道关注。据不完全统计，近 5 年管理学院与企业共建长期实习基地 27 余个，接受企业邀约项目 10 余项。教师实践中开发研究案例 20 余项，部分实习基地被评为省级教学实习基地。企业

积极通过校企共建实习基地、设立奖学金等方式参与"创业酶"人才素能培养计划。如"腾讯创业基金""好日子创业基金""南玻奖学金"等持续资助和鼓励学生侧重创业实践训练，并取得了良好效果。

探索高校学生个体创新技能的培养

袁柯明[*]

摘　要：新时期各高校都非常重视高校学生个体创新技能的培养，对社会及学生个人产生重要的影响。本文通过高校对学生个体创新技能培养的手段和方法，分析学生个体创新技能培养的现状及成因，探索高校学生个体创新技能专业培养的手段和方法。高校学生个体创新技能的培养，通过改革大学课程、加强专业建设力度、建构科学的教育教学理念、优化课堂理论教学、加强实训教学及开设系列创业课程六个方面实现。

关键词：高校；学生个体；创新技能

高等学校承担着为社会培养人才、科技研发、社会服务等多项职能，同时担负着高校学生个体创新技能培养的重要责任，针对当前高等学校的基本办学模式和教育教学资源，探索当前高等学校个体创新技能培养的方法和对策。

---

* 深圳大学教务部。

一 培养高校学生个体创新技能的意义

（一）高校学生个体创新技能与社会经济发展有着紧密的联系和必然要求

高校的教育教学工作必须立足社会，服务社会。学生个体创新技能的培养体系必须与社会需求相适应，针对社会的经济发展需要，培养相应的具有创新技能的人才，把大学生个体创新技能的培养定为高校人才培养的根本任务，也是高校教育教学工作服务于社会的必然要求。

（二）提高学生个体创新技能是高校发展的内在动力

高等教育教学工作基本进入普及化阶段，学生个体创新技能能力的培养成为高校教学质量的一个重要指标，学生个体创新技能的水平也是衡量高等学校教育教学水平高低的重要依据。当前，全校各高校非常重视学生个体创新技能的培养，要提高学校的教学质量，树立起本校的教学品牌，立足高校之林，就必须在教育教学工作中，有创新思维和创新意识，培养有用的创新人才。①

（三）提高大学生个体创新技能水平，利于提高学生就业能力

通过调查：近九成的企业都力求创新，在企业的工作年报或

---

① 陈晔：《地方高校大学生创新实践能力的培养与探索》，《中国理科教育》2011 年第 3 期，第 104—107 页。

工作纲领中，把员工的创新技能作为一种企业核心力量。据不完全统计，在世界五百强企业中，它们所需的创新技能力量方面是传统经营企业的 5 倍。由此表明，企业要发展，创新人才技能的需求量相当大。学生个体创新技能作为学生综合能力的体现，创新技能水平成为学生就业竞争的重要因素。高等学校在教育教学工作中，要以社会需求及就业竞争为导向，加强学生个体创新技能的培养。

二　当前高校学生个体创新技能培养的现状及困境

在社会创造生活中高校学生个体创新技能，是各种专业技能的综合体现。综合能力所表现出的个体观察力、个人记忆力、学生个体创造性思维能力、个人判断能力及创新技能思维转化为创新成果的技能。在第三届中外大学校长论坛，也有专家指出，中国当前比较那些创新型国家，我们所培养的人才，须加强创新思维的培养及实践能力的提高。[①] 中国的学生由于受传统的教育模式影响，具有较强的应试能力。但缺乏个体创新技能能力。中国高校学生个体表现出的特征是，较活跃的想象力和敏捷的思维，缺乏应变能力和个体创新思维；缺乏社会生活鉴赏评判能力；或者有学生个体有创新意识，但缺乏创新技能的支撑。这些现象都是由于学生个体知识结构过于单一，未形成多层次，多方面的综合知识体系，造成视野不够开阔。这些学生个体知识体系不足的问题，在于高校的教育教学工作传统的教学模式和教育资源的

---

① 《创新与高水平大学建设——周济部长在第三届中外大学校长论坛上的演讲》，2006年 7 月 17 日。

限制。

当前高校学生个体创新技能培养的困境有高校内部因素和外部因素。高校外部的因素主要归纳为：高校间的竞争，优秀生源集中于名院校，一般院校的生源质量有下降趋势，教学资源分布不均，造成有些院校教学资源匮乏，特别是西部地区的院校尤其突出，教育主管部门重视度和支持力度也不够等。高校内部的因素主要归纳为：高等院校的专业建设力度不够，创新技能培养意识不足。教育教学理念缺乏创新；教师的创新技能意识也不高，有关创新技能水平有限；有些高校的教学模式也缺乏创新，传统的教学方法严重遏制了高校学生个体创新技能的培养和创新思维的发展；高校有关学生个体创新技能培养模式未形成系统性、全面性和科学性，比如：有关学生个体创新技能培养的课程设置缺乏实用性，与社会的实践环节脱节，未能发挥应有的作用。

三 高校学生个体创新技能培养的方法和途径

高校学生个体创新技能的培养存在多方面的制约和制度的障碍，高校的教育管理者要有前瞻性的创新性思维，可通过加强高校间的合作、寻求支持、稳定生源、校企合作筹措资金等措施逐渐改变。同时，高校应成立学生个体创新技能培养研究室，重点对高校内部制约因素进行分析研究，并探讨利于学生个体创新技能培养的策略和教育教学方法，针对自身的优势和不足，寻找出与高校自身相符的学生个体创新技能培养的手段和途径。

（一）构建具有与时俱进与科学的创新教育教学理念

教育的创新首先是教育理念的创新，是学生个体创新技能培养的基础，也是学生个体创新技能培养的理论依据，这样才能促使创新技能教育健康发展、循序互动，实现教育教学的预设目标，培养理想的，适应社会需求的具有创新技能的人才。加强高校学生个体创新技能人才的培养首先要正确树立教育教学理念，构建与时俱进、科学创新的教育教学理念：（1）确立学生为主体的教育教学理念。以学生为主体的教育教学理念，就是在教学活动过程中，改变传统的教学方法和模式。教师在完成自己预设的教学设计过程中，尊重学生个体的基础上，学生参与其中，发挥学生个体的智慧和潜能，把学生的特征作为教学过程的切入点和归宿点，具体是指：在教学活动中，以学生为切入点，尊重学生的个性、需求、兴趣爱好、专长，尊重学生个体创新技能的发挥，确立教育教学过程中学生主体的作用，让学生的创新技能素养水平在学习过程中，得以全面、健康地发展。（2）加强学生个体创新技能的实训教育。课堂理论教学只能让学生掌握一定的理论背景和理论指导。同时更需要注重与技能相关的实训教育，深入实训活动，进一步推动创新技能的实训教育，这是高校学生个体创新技能培养的最有效方法。学校在教学情境中，要营造利于学生创新技能成长的实训环境，利于增强学生个体的创新技能能力，激发学生个体创新思维的养成。（3）构建灵活多样的教育教学实训课程体系。在教育教学活动中，针对专业的不同，开设不同类型的实训短课，尊重学生个体的适应性，上课形式和教学进度不拘一格，完全以学生个体的个性与发展为主轴。

（二）深化学生个体创新技能课程改革

高校学生个体创新技能能力培养主要通过专业课程体系与相关技能系统的学习来实现。提高高校学生个体创新技能能力水平，须通过优化专业课程体系与专业知识结构，使每一位学生在学习过程中，获得较合理的综合知识结构支撑技能训练和创新。当前，各高校的必修课所占的学分偏高，严重影响高校学生专业课的学习。降低有关必修课所占的比重，适当提高专业选修课比例，缩短课堂理论教学课时，适当延长创新技能课时，激发学生自学自创的思维。在教学资源允许的情况下，调动专任教师开设全校公共选修课的积极性，让学生掌握跨学科、跨专业的知识体系。聘请国内外相关专业有影响的专家，多开设反映当前创新技能水平并有一定学分的讲座。以深圳大学为例：深圳大学为学生开设了创新短课和专题研究课程，通过开设这些课程，利于学生了解创新技能能力的知识特点，提高学生个体创新技能能力水平，把任课老师最新的科研成果融入教学过程中，引导学生个体探索新的知识点。

（三）改进教育教学方法，加强实践教学环节

1. 改进教育教学方法

提高高校学生个体创新技能能力，主要是培养学生个体对事物的思考能力、对事物的评判能力、对事物的逻辑分析能力。学生个体创新技能能力的培养要求学校改变传统的教育教学方法，在教育教学过程中，充分发挥学生个体的创新思维，力求在教育教学中完成对教师及学生主体功能的转变，即在课堂教师中，以教师为中心的传统教学转变为以教师为指导，学生为主要角色的授课形式。从传统的以传授文化知识为主要作用的，转变为培养学生个体创新技能能力并适应社会需求的现代大学教育观念。在课堂教学方面，努力探索学生参与到教师的教研活动中，做到教师与学生的互动。先进学生带后进学生，做到学生与学生的互

动。使教学过程成为教师与学生互动中教与学的一个过程，利于调动学生学习的积极性，个性思维的发挥。

2. 加强实践教学环节

实践教学环节是课堂理论教学环节的延伸，加深学生对课堂理论教学的理解，对专业知识有更深层次的掌握，发挥学生个体创新技能，培养学生探究问题的能力。

（1）加强实验教学管理，促进实验教学发展

进一步规范实验教学内容。在实验教学环节方面，针对专业内容建设，课堂理论教学内容与实验教学内容有机地结合起来，两者内容融会贯通于教学环节之间，以培养学生个体的创新技能为主轴，建立层次化、模块化、结构化、系统化、科学化的实验教学内容体系。在管理方面，要借鉴和运用国内外高校先进的科研技术，进一步深化实验教学内容和相关专业实验技术，促进实验教学科学化、完备化及一定的独立性。

全方位开放相关专业教学实验资源。传统的实验教学模式及封闭的实验室管理，完全不适应当今的高校教学发展和学生个体创新技能能力培养的需要。开放相关专业教学实验资源，利于进一步提高教学水平，并促进高校教育教学改革工作，也是培养适应社会创新型人才的重要途径。优化实验教学环境，构建一个合理的实验设备管理体系，为学生营造一个开放的专业创作空间，充分发挥学生个体创新技能的独立性、先进性、新颖性。

（2）促进学生个体参与专业教研创新工作

当前各高校都加强各级的重点实验室建设，利于专业实验教学工作顺利开展。以深圳大学为例：学校支持有条件的教学单位实行本科实验导师制度，在此教学过程中，让学生参与到相关的教研活动中，一起参与创新实验活动，发挥学生个体的创新积极

性。同时，在专业实验教学环节，还为学生设立了实验室开放基金项目，这种以学生为主体，教师为主导的教育教学方法，旨在鼓励学生个体对教研创新活动自主发挥想象，培养学生个体选题的能力和设计研究方案的能力，通过专业教学的实践，进一步培养学生个体解决问题的能力。

（3）组织学生个体参与课外创新技能活动

创新技能活动，例如学生的机械模型竞赛、科学技术竞赛等，为大学生个体创新技能能力的培养提供了一个便利的平台。通过这个平台，学生个体可以大胆地发挥和探索，在探索中寻找创新活动中遇到困难答案和解决的方法，增强学生个体在创新技能活动的勇气和自信心，让学生个体的每一创新设想都能通过这个平台得到实现，大大激发了学生个体的创新热情，锻炼了学生的创新技能思维。[①]

高校作为学生个体创新技能培训的基地，要清醒认识学生个体创新技能力培养是一个艰巨的漫长的教育过程。高校要结合本身的实际情况，优化教学资源和师资结构，并进一步深化高校创新人才大学课程的改革，在学生个体的创新技能培养模式方面不断探索，为创新型人才培养做出应有的努力。

[①] 马雪：《试论高等院校创新型人才的培养》，《教育探索》2007 年第 2 期，第 17—18 页。

创新实践篇

基于创新创业人才培养的商业模拟实训探索

黄凯珊[*]

摘　要：21 世纪是"创新、创业教育的时代"，深化高校创新创业教育改革，是国家实施创新驱动发展战略。在国家大力推动"大众创业，万众创新"的政策指引下，全国高校对创新创业教育重视程度日益加大，逐步在校内建立起了创新创业教育的机制，提出了多元有效的创新创业教育手段。商业模拟实训作为一种新型的基于实践的教学模式，采用体验式、互动式的教学方式融角色扮演、案例分析和专家诊断于一体，让学员身临其境，真正感受到市场竞争、体验承担经营风险与责任、感悟个性特点与角色胜任的关联性、培养共赢的理念和坚持诚信原则信念。这一模式一方面能够弥补当前管理类学科实践教育的不足，另一方面也能提高人才培养的质量。本文在此基础上，梳理了相关的国家政策指引，分析了商业模拟实训的内容及其模式的意义，最后探索了该模式实施的具体措施及成效，旨在为创新创业人才培养模式提供参考及借鉴。

---

* 深圳大学管理学院。

关键词：创新创业；人才培养；商业模拟；实践教学

一 引言

在"大众创业，万众创新"的时代背景下，创业创新日益成为综合国力竞争的制高点，而大学生作为最具创业活力和潜力的群体，是创新创业的主力军，如何培养其创新创业能力，是摆在当前高校教育改革面前重要紧迫的课题。高校作为大学生创新创业人才培养的摇篮，深化高等学校创新创业教育改革，是国家实施创新驱动发展战略，促进经济发展提质增效升级的迫切需要，是推进高等教育综合改革，促进高校毕业生更高质量创业就业的重要举措。[①] 因此，全国各高校逐步建立起了创新创业的实践教学教育机制。商业模拟实训模式，作为创新创业教育的一种新型方式以及管理类专业实践教学改革的重要方向，聚知识性、挑战性、趣味性、实用性、创新性于一体，具有传统教学方式无法比拟的优越性，弥补了当前创新创业教育的不足，提高了人才培养的质量，促进了创新创业教育的发展。本文将以《基于创新创业人才培养的商业模拟实训探索》为题，梳理近年来与创新创业相关政策，对商业模拟实训的模式及实施意义进行阐述，进一步根据笔者十余年的商业模拟实训经验归纳总结了七条建议，积极探索培养创新创业人才模式的有效途径。

---

① 中华人民共和国国务院：《关于深化高等学校创新创业教育改革的实施意见》（国办发〔2015〕36 号），2015 年。

二 基于创新创业人才培养的国家政策指引

近几年来，国家及教育部大力出台相关政策及文件，在高等学校中开展创新创业教育，重视实践教学，提升学生创新能力，鼓励学生自主创业。高等教育改革应当将培养学生的创新精神和实践能力作为全面发展教育改革的重点。2010 年 5 月，教育部出台了《教育部关于大力推进高等学校创新创业教育和大学生自主创业工作的意见》，推动高等院校开展创新创业教育，培养学生创新精神和实践能力，积极鼓励高校学生自主创业，以创业带动就业[①]。同年，《国家中长期教育改革和发展规划纲要（2010—2020 年)》也提到，支持学生参与科学研究，强化实践教学环节。加强就业创业教育和就业指导服务。创立高校与科研院所、行业、企业联合培养人才的新机制。

2012 年 3 月，教育部继续出台《教育部关于全面提高高等教育质量的若干意见》，把创新创业教育贯穿于人才培养全过程。制定高校创新创业教育教学基本要求，开发创新创业类课程，纳入学分管理。[②] 2012 年 10 月，党的十八大报告提出，加大创新创业人才培养支持力度，重视实用人才培养，引导人才向科研生产一线流动……鼓励多渠道多形式就业，促进创业带动就业，做好以高校毕业生为重点的青年就业工作……加强职业技能培训，提升劳动者就业创业能力，增强就业稳定性。[③] 2013 年 5 月，全

[①] 中华人民共和国教育部：《教育部关于大力推进高等学校创新创业教育和大学生自主创业工作的意见》，2010 年。

[②] 同上。

[③] 《党的十八大文件汇编》，党建读物出版社 2012 年版。

国普通高校毕业生就业工作会议指出，"在高校开展创新创业教育和推进大学生自主创业工作，既是高等教育培养创新人才、提升人才培养质量的重要基础性工作，也是教育服务经济发展方式转变、落实创业带动就业的重要举措"。这为高等院校开展创新创业教育提供了理论来源和指导方向。

2014 年 9 月，李克强总理在夏季达沃斯论坛开幕式中讲话，要借改革创新的"东风"，推动中国经济科学发展，在 960 万平方公里土地上掀起"大众创业""草根创业"的新浪潮，形成"万众创新""人人创新"的新态势。2015 年 6 月，国务院出台《国务院关于大力推进大众创业万众创新若干政策措施的意见》，推进大众创业、万众创新，是发展的动力之源，也是富民之道、公平之计、强国之策，对于推动经济结构调整、打造发展新引擎、增强发展新动力、走创新驱动发展道路具有重要意义，是稳增长、扩就业、激发亿万群众智慧和创造力，促进社会纵向流动、公平正义的重大举措。同时指出，2015 年起全面深化高校创新创业教育改革。2017 年取得重要进展，形成科学先进、广泛认同、具有中国特色的创新创业教育理念，形成一批可复制可推广的制度成果，普及创新创业教育，实现新一轮大学生创业引领计划预期目标。到 2020 年建立健全课堂教学、自主学习、结合实践、指导帮扶、文化引领融为一体的高校创新创业教育体系，人才培养质量显著提升，学生的创新精神、创业意识和创新创业能力明显增强，投身创业实践的学生显著增加。[①] 之后，教育部印发的《关于做好 2016 届全国普通高等学校毕业生就业创业工作

---

① 中华人民共和国国务院：《国务院关于大力推进大众创业万众创新若干政策措施的意见》，2015 年。

的通知》也指出，对有创业意愿的学生，开设创业指导及实训类课程；对已开展创业实践的学生，进行企业经营管理类培训；要广泛举办各类创新创业大赛，支持高校学生成立创新创业协会、创业俱乐部等社团，举办创新创业讲座论坛等。[①]

从上述国家及教育部大力出台的各类相关政策及文件可以看出国家将创新创业教育作为实施创新驱动发展战略的这一决心。因此，全国各高校深化高等学校创新创业教育改革势在必行，任重道远。

三　商业模拟实训简介

商业模拟实训模式，在高校教学过程中，作为理论授课、案例教学之后新兴的一种教育模式，尤其是对经管类学科的学生，具有传统教学方式无法比拟的优越性，弥补了当前传统教育的不足，促进了创新创业教育的发展。

商业模拟最早出现于西方发达国家，经过长期的发展，国外关于商业模拟的研究相当广泛，成立了多家商业模拟学术组织，进行商业模拟研究的交流。同时，模拟实训作为一项重要的教学方式，在国际知名院校已被广泛应用于教学。以沃顿商学院为首的多所高校已完成 20 多门商业模拟实训课程，并在多方位教学领域中广泛应用。

我国初期的商业模拟应用大部分直接引自国外现成系统，但由于模拟系统不适用于国内经济背景，故很多高校开始自主研发

---

① 中华人民共和国教育部：《关于做好 2016 届全国普通高等学校毕业生就业创业工作的通知》，2016 年。

模拟实训系统。直至近年来，在国内高校中，商业模拟教学开始推广应用，部分高校甚至开始设立模拟教学实验室等高信息化教学实验室，以提高模拟教学效果。在高校实践教学中，国外的 CESIM、GMC 以及国内用友、金蝶、派金等企业的决策模拟软件应用较为普及。

　　商业模拟实训，是指学员在讲师的指导和帮助下，在虚拟商业环境中，进行企业创建和企业经营管理等商业活动的学习与演练的过程。其核心构架在"企业资源规划、分析与经营决策"上，引领学员进入一个模拟的竞争性行业，涉及整体战略、产品研发、生产排程、市场与销售、财务、团队沟通与建设等多个方面。这种实训模式采用体验式、互动式的教学方式融角色扮演、案例分析和专家诊断于一体，让学员身临其境，真正感受到市场竞争的精彩与残酷、体验承担经营风险与责任、感悟做人的道理以及个性特点与角色胜任的关联性、培养共赢的理念和坚持诚信原则信念。通过对"公司"当年业绩的盘点与总结，反思决策成败，解析战略得失，梳理管理思路，暴露自身误区，并通过多次调整与改进的练习，切实提高学生综合管理素质。这种教学方式对积累实践经验，增强创新创业能力，降低创业风险，提高创业成功率和企业存活率具有重要意义。参加商业模拟实训，不仅可以帮助学习者树立稳固的市场意识、竞争意识、创新意识，还可以培养学员的自我意识和社会意识。

　　通过基于商业模拟实训的创新创业教育模式探索，提供给学生模拟企业经营及竞争的平台，激发学生自主探索学习的兴趣，促进学生理论结合实践能力，培养学生创新创业的思维意识，丰富学生企业经营与管理的创业知识，增长学生创新创业能力，提升学生人际交往能力与分析问题能力，为今后创新创业的成功打下坚实的基础。

四 商业模拟实训模式实施探索

商业模拟实训模式，是一种基于实践的教育理念和教育活动。其模式实施，需要强化实践，以能力培养为核心，以创新创业为导向。在教学实施过程中，要加大实践教学比重，丰富实践教学内容，改进实践教学方法，激励学生创业实践，增强创新创业教育教学的开放性、互动性和实效性。模式实施方面，通过创新创业项目、商科模拟竞赛、商业演讲、学生社团等方式，注重引导学生对企业经营管理能力的训练，提升学生自主学习、商业意识、运作能力、抗压强度、团队精神等能力。最终，将创新意识、创业精神、创新创业能力等培养融入人才培养体系，贯穿在模拟实训过程中，分类施教，注重素质教育，扩大辐射效果，走可持续发展之路。

根据笔者多年指导学生参与商业模拟实践教学的经验，以及结合深圳大学管理教学实验中心在实践教学环节中的摸索及成果，现将商业模拟实训模式实施的一些措施及成效整理归纳为以下几条：

（一）获得学校重视，组织参加各类赛事或研讨会

商业模拟实训模式，在国外已经有50多年的历史，但是在国内还是一种较为新型的教学模式，所以其发展仍需要主要负责的相关教师去推动，因此，获得学校及领导们的认可及重视，显得尤为重要。我中心负责的老师一方面向领导汇报，申请资源，将学生带出去；另一方面积极组织承办各类全国性商业模拟赛事

及研讨会，将资源引进来。这两种方式都可以得到资源的扶持，但相对而言，后者会体现出这种模式的价值，因为举办一次全国性的赛事或研讨会，在校内要动用各个部门及资源配合，很多时候都需要得到校领导班子的审批及认可方可启动，这样就有助于这类型项目在学校的推动及提升辐射作用。

如：2009年7月，深圳大学管理教学实验中心成功承办了"2009年全国大学生创业大赛"及"全国高校创业创新高级人才培养"研讨会，来自全国各高校的120余位教师，500余位学生参加了此次大赛及研讨会，当时校长章必功教授致辞，同时邀请的专家评委有金蝶集团徐少春主席、海王英特龙董事长柴向东、环球天下教育科技集团总裁张永琪、奇虎360董事长周鸿祎等企业人士。

2013年7月22日，深圳大学管理教学实验中心又一次承办了由教育部高等学校国家级实验教学示范中心联席会经济与管理学科组主办的"2013全国大学生管理决策模拟大赛总决赛暨全国经济管理实验教学研讨会"。国家级实验教学示范中心联席会秘书长王兴邦教授，深圳市委教育工委副书记李永华教授，深圳市教育局高教处处长许建领博士，国家级实验教学示范中心联席会经管学科组组长朱孟楠教授、秘书长任晓阳教授，以及多所国家级经管类实验教学示范中心负责人和全国99所高等院校的教师代表以及270多名参赛学生参加了开幕式。

（二）获得各方经费支持，组织创建实训平台

深圳大学管理教学实验中心从2006年开始，组织带领学生参加各类商业模拟实训比赛，从一个沙盘比赛开始，发展到如今每年组织参加5—6个全国性比赛，这期间经费问题始终是一个

关键问题。每一项全国性的商业模拟赛事，基本都需要从校内选拔赛、省赛、大区复赛、全国决赛甚至全球赛中，一层一层地不断晋级，没有经费的支持，就没有办法组织带领学生参与赛事，也没有办法让老师们走出去学习最新的教学模式。因此，经费在整个模式的推进中提供了相当重要的作用。

这几年，深圳大学管理教学实验中心获得经费的方法，也是坚持不懈，与时俱进，从学院到学校，从打报告到竞赛项目立项，一直不断地在进步。最初参加比赛时，由带队老师每带一个比赛向学院打一次报告，晋级后再继续打报告，争取经费支持，而如今学校已经形成学科竞赛经费支持机制。每学年初设立学科竞赛项目经费，以项目立项结题方式，提供每个赛事申请经费。经统计，2014 年，管理学院立项大学生学科竞赛项目 30 个，金额共 110 万元，深圳大学管理教学实验中心申请立项 3 个（含 1 个全球赛），金额达 15 万元。2015 年，管理学院立项大学生学科竞赛项目 32 个，金额 120 万元，深圳大学管理教学实验中心申请立项 4 个（含 1 个全球赛），金额 18 万元。

（三）获得教师资源，建立教师激励机制

作为商业模拟实训的指导教师，可谓是推动学校实训模式的中坚力量。这些教师掌握着这个领域尖端的知识体系，带领学生参与各类赛事，指导学生完成各类实验项目，自己还需完成教学改革的项目，可以说，无论是参加商业模拟竞赛指导，还是进行实践教学，都离不开实践教师的组织和指导。因此，学校必须重视实训教师队伍建设，建立相应激励机制。

实训教师队伍的建设，应该是建设一支数量可观，结构合理，了解社会需求，把握行业发展前沿，业务熟，能力强，师德

素质高，相对稳定，专兼结合的实践教学教师队伍。学校采取切实可行措施，为其创造良好的环境与氛围。如：设立专项资金，用于实践系列人员参观、学习、培训、交流；支持高端人才"请进来，走出去"活动，加强交流，扩大视野；按教师系列待遇支持实验技术系列年轻人的学历提升教育；出资鼓励他们通过国家资格考试获取各种资格证书；每年对发表高水平实验教学论文或取得相关成果者予以奖励等。

如今，管理学院在商业模拟实训方面，为进一步使我校本科学生竞赛管理工作更加科学化、规范化，培养学生创新实践能力和团队协作精神，鼓励学院积极开展竞赛活动、优秀教师积极参与竞赛指导，形成竞赛长效机制，有效提升学生竞赛成绩，也给予了教师一些政策倾斜，如指导学生参加学科竞赛或完成相关实验项目工作，可换算教师工作量；对指导学生获奖的教师有如实践教学贡献奖或优秀创新团队奖等奖励；带领学生获得一定级别全国奖项的工作量还可以替换论文等。这些措施都有利于稳定实训教师队伍，提升实训人员教学能力，促进实训教学发展和改革。

（四）获得竞赛成绩，提升校内辐射示范作用

商业模拟实训竞赛成绩，可以验证项目团队的投入程度，也可以为学校学院带来荣誉，因此，要及时宣传，实时更新，善于汇总，获得更多支持和认可，从而提升校内辐射示范作用。

自 2011 年以来，深圳大学管理教学实验中心组织带领学生参加国内外各类商业模拟竞赛，指导学生参赛团队上千个，培训指导学生数上万人次，获得各类奖项 193 项，全国性 155 项，省级 38 项。其中包括：全球奖 5 项、特等奖 17 项，一等奖 43 项，

二等奖83项，三等奖17项，优秀教师24项，最佳团队1项，最佳风采奖1项，最佳组织奖1项，最佳创意奖1项等。

（五）建立校企合作关系，扩大校外辐射示范作用

学校要大力发展与企业的广泛合作，将学校与企业有机结合，资源共享，共建良好实践环境，延伸实践教学功能，扩大校外辐射示范作用。校企可以通过创新创业项目、情境模拟、案例研讨、顶岗实习等多种方式开展合作关系，以实际开展的项目为中心，通过场景模拟或实际参与，不断积累经验，促进学生理论学习的深度扩展，养成问题意识，提升实践技能。

校企合作关系的建立，有助于充分利用社会资源，有效提升和加强学生的实务技能和职业素养；向学生提供更为广阔和高层次的实践机会；丰富教学素材、教学资源和教学手段，提升教学质量，促进教学模式改革；互通有无，互惠互利，深化校企合作，促进资源共享；依托合作关系，向合作单位输送智力资源，服务社会，回馈社会。

深圳大学管理教学实验中心先后与用友新道科技有限公司、金蝶软件有限公司、上海派金有限公司、深圳市电子商务协会等20余个单位建立学生实践教学基地及校企合作关系，每年接纳学生到实习基地进行学习和实践，大大提高学生实践应用能力。同时发展包括课程建设、师资培训、专题讲座、企业参访、社会实践、教程出版等多方面的专业合作，缩短学校与社会实际需求的差距，让学生适应社会需求。依托校企合作，实现了专业学习、行业证书、人才孵化三位一体的有效结合，引进实践实验课题。通过校企合作，走"学、研、证"相结合的道路，打造理论实践融合的教学模式。

（六）搭建学生社团，创造创新氛围

学生社团是大学生展现自己能力的舞台，也是增长知识才干的课堂，具有广泛的参与性。因此，利用学生社团组织开展商业模拟竞赛是扩大竞赛参与面、储备优秀参赛选手、管理和运行实训设备的有效途径。

目前深圳大学管理教学实验中心已成立的 ERP 学生俱乐部，由中心负责管理，给予政策支持，定期组织各类模拟竞赛，以扩大该类竞赛在学生中的认知度和影响力，吸引更多学生了解和走进实验室。另外，通过以"ERP 学生俱乐部"为代表的学生"小老师"队伍和实验室学生助理方式，形成了学生自主管理的实践教学环境，协助完成实训课程及各类大赛的组织指导，以及实验室繁重的开放值班、管理、课程辅导等工作。

（七）结合创新项目，推广实训成果

为了贯彻"大众创业，万众创新"科技精神，鼓励和引导大学生参与科学研究、技术开发、社会实践等创新活动，培养学生崇尚科学、锐意进取的创新、合作精神，学校应鼓励和提供实验实践平台，支持教师指导学生完成创业研究、创新创业项目、实验基金项目及教学成果奖等。这些项目的申请及完成，有助于促进学生对知识的交融和应用，提高学生对商科知识的理解，提升学生的实验能力，数据分析能力，团队配合精神，增强学生的就业创业能力，进一步推广实训成果。

近年来，深圳大学管理教学实验中心实验教学团队教师，结合商业模拟实训成果，完成以及指导学生团队共同完成实验实践、教研项目 151 项，其中省级优秀教学成果 2 项，校级教学成果 3 项，广东省实验室研究会基金项目 1 项，深圳大学教改项目 10 项，深圳大学实验室与设备管理研究基金项目 23 项，深圳大学实验室开放基金项目 82 项，大学生创新创业项目国家级 5 项，省级 10 项，校级 15 项等。

基于以上商业模拟实训的措施，深圳大学管理学院在教学实施过程中，加大了实践教学比重，改进了实践教学方法，激励了学生创业实践，增强了创新创业教育教学的开放性、互动性和实效性。模式实施方面，通过创新创业项目、商科模拟竞赛、商业演讲、学生社团等方式，注重引导学生对企业经营管理能力的训练，提升学生自主学习、商业意识、运作能力、团队精神等能力。最终，将创新意识、创业精神、创新创业能力等培养融入人才培养体系，贯穿在模拟实训过程中，分类施教，注重素质教育，扩大辐射效果，走可持续发展的道路。

五　结束语

为了全面贯彻党的十八大和《国家中长期教育改革和发展规划纲要（2010—2020 年）》精神，深入落实教育部相关政策精神，切实加强大学生创新创业教育工作，深化创新创业教育改革。近年来，管理学院明确提出以创新创业为人才培养的核心目标，从人才培养方案制定、专业建设、课程和教材建设、教师队伍建设、教学平台建设、教学经费投入等多方面对加强大学生创新创业教育提出了明确要求。

商业模拟实训模式，作为一种新兴的创新创业教育模式，是培养高级应用型人才的一种重要方式，是教学改革中的一种创新体现，是推进高等教育综合改革、促进高校毕业生更高质量创业就业的重要举措。管理学院在实施的过程中，获得初步的成效，成功应用于实践教学模式中，较好地提升了学生特别是商科类学生的管理思维，自主学习能力，团队合作能力以及创新创业的能力。因此，想要更好地推动创新创业教育的可持续发展，必须开放视野，多方支持，资源整合，加大投入，坚持不懈地完善商业模拟实训模式。

国际性学科竞赛培养国际化人才探索

——以 iGEM 竞赛为例

陈伟钊　莫蓓莘[*]

摘　要：伴随着全球化的浪潮，在"一带一路"倡议的实施下，本科教育国际化的时代已经来临，培养国际化人才已经成为当今高校的重要任务。学科竞赛是学生进行创新活动的最佳载体，高强度的集训和竞赛，能够激发学生的潜能、拓展学生的沟通能力、分析问题能力及解决实际问题能力。而国际性的学科竞赛更是具有开拓本科生国际视野、促进国际交流与合作、提升创新能力等优点，是促进具备国际视野人才成长的有效手段，在培养创新性国际化人才上具有巨大的优势。本文以深圳大学近年来参加国际基因工程机器大赛的实践为例，对国际性学科竞赛在国际化人才培养的成效上进行了积极的探索。

关键词：国际性学科竞赛；国际化人才；创新能力

＊　深圳大学生命与海洋科学学院。

在世界经济全球化、贸易自由化的推动下，国际化人才的需求与日俱增。在全球化的宏大背景下，高等教育方式及方法的变革势在必行。① 中国目前的本科教育模式以传授知识与经验为主。让本科生按照现有的知识和已有成功经验按部就班地去操作，在已有经验的指导下学习实践，得出已知的结论，是中国目前本科生教育中最常见的教学形式。而国际上一流大学注重本科生全面素质的培养，注重培养综合能力，善于引导学生突破学科壁垒，重新构建自身的知识体系。② 其教学理念致力于培养"创造新世界"的人，通过多种多样的教学形式让创造力的培养找到生长点。同时国际一流大学也非常注重本科教学的国际化，例如美国杜克大学 2009 年提出"Quality Enhancement Plan"，以培养世界公民（world citizenship）为目标，全球化的合作和交流对国际化人才的培养具有重要意义。③

培养国际化人才，既要培养学生的创新能力，也要让学生具有广阔的国际视野、拥有出色的国际交流与合作能力。而国际性的学科竞赛由于参与竞赛的国家众多，竞争激烈，具有开拓学生视野、提升学生创新能力以及促进国际交流的天然属性。通过参加国际性学科竞赛，在熟练掌握本专业知识的基础上，形成国际视野和国际意识。④ 通过参赛，可以获得厚实的知识，宽广的视野，良好的外语水平，加强对不同文化的理解和交流。因此，开

---

① 周谷平、阚阅：《"一带一路"战略的人才支撑与教育路径》，《教育研究》2015 年第 10 期，第 4—9 页。

② 彭敏：《本科旅游专业国际化应用型人才的培养研究》，《北京城市学院学报》2010 年第 6 期，第 45—48 页。

③ 孙志强：《杜克大学本科生科研训练措施对我国本科生创新能力培养的启示》，《创新与创业教育》2013 年第 4 期，第 104—106 页。

④ 赵亮、彭宇行、张春元等：《对 ACM 国际竞赛的有关思考》，《计算机教育》2014 年第 16 期，第 14—17 页。

展国际性学科竞赛有助于推进教育国际化进程，实现"以本为本"的办学理念。

以国际基因工程机器大赛（International Genetically Engineered Machine competition，iGEM）为例，该竞赛是合成生物学领域的国际顶级大学生科技赛事。该赛事起源于 2003 年，当时美国麻省理工学院的本科生在一起发起了一项基于合成生物学的校园竞赛，由于该竞赛非常有趣，2004 年吸引了美国境内的 5 所高校参加（The 2004 Synthetic Biology Competition，SBC2004），2005 年多伦多大学、剑桥大学等学校加入参赛，该竞赛正式发展为国际竞赛，正式定名为 iGEM。iGEM 大赛赛况和研究成果受到《科学》《自然》等顶级学术杂志及众多媒体的关注及报道，具有广泛的国际影响力。[①] 本文以深圳大学 2014—2018 年开展的 iGEM 竞赛为载体，对国际性学科竞赛在培养国际化人才方面进行了初步的探索。

一　拓展本科生的国际视野

伴随着全球化在深度和广度上突飞猛进，高等教育的国际化已成为一个不可逆转的趋势，学校的国际化程度已被视为衡量大学水平的重要标志。国际化人才应该是能掌握一门以上的外语，能够利用某种工具或者途径进行跨国交流或者服务，并能在某一专业、层次、领域内具有一定专门知识或能力，基本通晓国际行

---

① 李燕、连俊、陈铭：《iGEM 在浙江大学培养拔尖人才教育中的模式与启示》，《高等工程教育研究》2014 年第 1 期，第 119—123 页。

业规则的人才。[①] 目前传统教学中课程的设置方式决定了我们培养学生的过程中，很难有机会让学生出国进行学术性交流。而国际学科竞赛就是让学生走出国门，与各国精英交流的最佳平台。

以 iGEM 竞赛为例，该竞赛是目前本科生所能接触到的为数不多可以去到国外与国际顶尖名校现场竞技的比赛。该比赛最后的决赛阶段，要求所有的队伍去美国波士顿现场答辩，2018 年来自 42 个国家的 340 支队伍，共 5790 名参赛者齐聚波士顿海恩斯国际会议中心进行最后奖项的角逐。可以说，这是一个属于本科生的生命科学领域的学术大聚会，全球排名前列的高校几乎无一缺席，在现场与哈佛大学、MIT、牛津大学、剑桥大学等名校交流，可以了解最前沿的学术动向，极大地开拓了学生的视野，提升了学生的跨文化交流能力。同时 iGEM 竞赛现场有非常多高科技企业开设展台展示最新的技术进展，本科生可以在现场了解到国际上高新企业的技术发展趋势，有利于同学们理解国际上"产学研"相结合的先进模式。该竞赛参赛过程全部使用英语作为工作语言，使得学生外语水平也必须随之提高，具备成为国际化人才的素质的潜力。

学生从美国参加完竞赛回来后，我们也定期举办竞赛汇报会，要求参加境外交流的学生返校后就交流期间的学习、生活等方面的体会和经验等进行汇报交流，在学院内进一步营造国际化氛围。可以说，通过 iGEM 这样的国际性学科竞赛平台，可以极大地拓展学生的国际视野，构建良好的国际化氛围。

---

① 江新兴、王欣欣：《国际化人才培养模式探索》，《北京教育：高教》2010 年第 9 期，第 61—63 页。

二 实现"以培养人才为中心","以本为本"的办学理念

大学的核心基础主体是本科学生。大学教师应该进一步提高参与本科教育的积极性和主动性，把更多的时间、精力和学生交流沟通，提高教学效果，提升人才培养质量，引导学生关注理论前沿、技术难关和发展需求，强化学生批判性思维训练和研究性、创新性学习研究训练。[①]

在本科教育理念方面，应树立全面型、国际化的人才观。国际化的人才必须具备良好的心理承受能力，善于处理各种多变的关系，在竞争中与人合作，具有团队协作精神和能力。一个好的本科教育，应该以培养人才为中心，培养学生健康的心理品质和强大的心理素质。

以深圳大学开展 iGEM 竞赛为例，在竞赛的开展中，我们以学生为中心，以学生为竞赛的主导，老师起引导作用，全面改革人才培养方式：

（1）改变学生学习模式，在集中型课堂式教学基础上，以针对具体竞赛目标为基准，进行目标导向性学习。

（2）改变学生由同一专业组队学习的传统模式，将不同学院不同专业同学组合起来，形成跨学科、多学科交叉的学习体系。

（3）改变学生只进行知识学习或者实验操作的单一学习模式，以展现项目为基础，全面发展学生的创新能力特别是外语能力。

---

① 汤俊雅：《我国一流大学本科教学改革与建设实践动向》，《中国高教研究》2016 年第 7 期，第 1—6 页。

通过一年的竞赛训练，学生的综合能力得到了极大的提升。iGEM 竞赛总体上要求高，参赛过程复杂，一整年的参赛过程中要不断地提交各类数据及材料，对提交日期的限定非常严格，几乎每一个月都有"Deadline"，此外还经常要面临实验失败的风险，对学生的心理素质也是一种锻炼。2018 年深圳大学 iGEM 竞赛团队荣获全球第三名，亚洲第一名，也大大地增强了学生的民族自豪感。

正是由于该竞赛独特的要求，超高的难度和超大的工作量，使得该竞赛成为培养人才的摇篮。

三　提升本科生创新能力

实验室是高等学校人才培养、科学研究、知识创新的载体，实验教学是学生获取知识、培养能力、提高素质、成才的关键环节和重要途径，在培养学生动手能力、实践能力、创新能力方面承担着不可替代的重要角色。[①]

目前传统的实验教学开设存在如下不足：

（1）学生学习模式一般为集中型课堂式教学，教学内容严格按照教学大纲安排，所有学生进度一样。

（2）即使部分课程开设有少量的创新性实验，也是按照老师指定的内容进行实验，自主创新性不足。

（3）实验中心开设的各门实验课之间联系不紧密，无法形成跨学科、多学科交叉的学习体系。

---

① 冯英忠、卢泽楷：《高校实验室与创新人才的培养》，《实验科学与技术》2010 年第 8 卷第 1 期，第 171—173 页。

这样一来，很多学有余力的学生无法得到拔高，这与培养高质量复合型人才的目标存在很大的差距，因此急需在日常的课程教学之外发展其他的教学教育手段，达到培养复合型优秀人才的目的。学科竞赛是创新人才培养的重要载体，对培养学生创新能力，优化人才培养过程，提高教学质量，促进高校教育教学改革具有独特的和不可替代的作用。大学生学科竞赛是在课堂教学的基础上，以培养创新型人才为目标，以提高学生实践能力与综合应用能力为主要任务的系列化活动。通过参加学科竞赛，可以提高大学生理论知识的实践应用能力，极大地提升学生的创新思维、动手能力及团队合作精神。

普通的课堂教学，上课内容已由大纲规定好，学生容易产生倦怠感，而学科竞赛融挑战性、趣味性、创造性于一体，对学生有巨大的吸引力。学科竞赛的评分不仅包括理论方案、结构体系、实验操作，现场往往还有陈述和答辩，不仅考验学生的技术实力，还挑战学生的心理素质和稳定性，通过学科竞赛，不仅充分发挥学生的聪明才智，证明学生的能力，同时还能燃起他们的学习热情、激发学习兴趣。

以 iGEM 竞赛为例，每年大赛主办方提供给各参赛队伍一份DNA 标准样本库，各队自行选题并通过设计和模型分析，将所需样本导入现有的生物体系，合成全新的生物工程系统（即"基因工程机器"）。iGEM 竞赛需要参赛队伍发挥聪明才智，构思一个富有创意的 idea，并利用暑假时间将其实现。所有 iGEM 竞赛队伍使用到的基因序列必须按组委会要求进行"标准化"，制作成符合标准的"Biobrick"并在比赛前递交，由组委会进行检验。同时，组委会也要求参赛队伍进行一系列的社会实践活动，内容包括但不限制于合成生物学宣传、安全宣传、社会调查、听取专业人士参考意见、考察应用价值、与其他参赛队伍交流合作等。队伍必须在规定的时间内填写、提交完所有组委会的要求，完成实验并递交"Biobrick"，做一个介绍本项目的网站（wiki），制作宣传海报（poster）及队旗（banner）。最后，所有参赛的队伍参加决赛，并在比赛现场通过 PPT 和海报展示项目。评委们会根据网站演示、海报讲解、PPT 演讲等评比出金银铜牌和世界前三及各类单项奖。

由此可见，像 iGEM 竞赛这样的国际学科竞赛，能给学生提供全方位的锻炼。参赛过程中，实验中心各个不同的实验平台，学生都有可能使用到，不同的专业实验室，甚至不同的学科知识都有可能整合应用，使得学生们不仅是在实验室完成一个科研实验，整体能力也得到极大的提升。

四　推动教学和科研的国际交流与合作

高水平大学的国际化，除了拥有国际化的师资力量之外，还应该有大批充分体验国际文化、具有国际视野的学生。通过学生参加 iGEM 竞赛，赛场上需要与来自世界各国的大学进行学术交流，可以大大地培养学生的国际意识和国际交往能力，另外还可以促进学生所在学科和专业的教师、专家之间的交流与合作，尤其在教学和科研方面的合作和沟通。

以 iGEM 竞赛为例，该竞赛能够把不同学院的学生组合在一起，与世界名校一起面对面参加竞赛。在组织参赛的过程中，我们发现这项竞赛不是简单地针对一个学术问题进行研究，而是要集结团队之力，真正地去完成一项可以在现实世界应用的项目，并且要做非常多的社会实践，并全程用英语作为工作语言来实现这个过程。iGEM 竞赛非常鼓励参赛团队进行交流。深圳大学参赛本科生拥有很多对外交流机会，例如 2014 年到香港城市大学参加竞赛研讨会、2015 年到香港科技大学参加学术研讨会、2016 年赴台湾成功大学参加为期六天的 The 4th iGEM Asia-Pacific Conference，与亚太地区高校进行交流、2018 年参加了首届欧亚大陆 iGEM 交流大会等。通过国际交流，我们与中国台湾新竹交大、苏黎世联邦理工学院、荷兰代尔夫特理工大学等学校达成了合作，其中代尔夫特理工大学师生还专程到深圳大学生命与海洋科学学院进行参观交流。

可见，通过国际性学科竞赛，可以让本科生拥有很多与国外名校师生面对面沟通的机会，大大地推动了教学和科研的国际交流与合作。

五　小结

通过 2014—2018 年五年的探索，我们发现，参赛的队员经过整整一年的锻炼，呈现出巨大的变化。在学术水平、待人接物、英语水平等方面都取得了较大的进步。学生们走上国际赛场，大大增强了他们的自信心，同时也起到培养国际化人才的作用。深大 iGEM 竞赛团队自成立以来，团队中有三位同学被常青藤名校录取（哥伦比亚大学 2 位，康奈尔大学 1 位），生科院建院以来进入常青藤名校的学生全部来自 iGEM 竞赛团队。此外还有多名学生进入其他名校如香港大学、香港科大、浙江大学等继续深造，还有一名本科生毕业后直接被美国企业招录，到美国去工作。这表明我们基于国际性学科竞赛进行的国际化创新型人才培养已经取得了初步的成果，也表明通过国际性学科竞赛培养优秀人才是切实可行，卓有成效的。

经典研读与学生学术创新能力的提升

——以相关创新短课和聚徒教学实践为中心

牛鹏涛*

摘　要： 以经典研读为契机，提升学生的学术兴趣，对于改善当下人文学科学生学术前沿意识不足、学术创新能力较弱的现状大有裨益。选择传世经典与出土文献中可以相互对照的若干专题，带领学有余力的学生进行探究式的深入学习，既是对20世纪20年代以来王国维先生提出的"二重证据法"的具体实践，也是对当下学术界正在进行的"古史重建"或"古典学重建"工作的落实。通过前沿内容的研读，使学生对中国学术史有基本的了解，初步具备古文献、古文字、古代史等学术基础。通过创新短课和聚徒教学的相互配合，以师徒定期研读为主要模式，以前沿学术报告和学生研讨群等为研讨平台，建立教师间、教师学生间、学生间的交流、指导、互动机制，拓展学生自主性和个性化学习空间，引导学生及早进入前沿课题，提升学生的学术热

---

* 深圳大学人文学院。

情，培养学生的科研创新能力。

关键词：经典研读；创新短课；聚徒教学；学术能力

大学的本质是什么？这个问题在中西方教育界都曾引起长期的关注和讨论。可以说，创办一流大学能否取得成功，直接要素在于资源的投入，而根本要素则在于对于大学理念的理解和实践。令人欣慰的是，今天人们已经普遍地认识到国力的竞争归根结底是教育的竞争，是国民素质的综合竞争。这个素质，主要是指后天的、人文的方面，是可因教育而或高或低、或优或劣的素质，中国古人谓之曰"习染""熏陶"。而在一个人一生的自觉磨炼和养习的过程中，大学阶段所受的启发和引导，常常是起着关键乃至转折性作用的。

19 世纪中叶，纽曼在《大学的理念》一书中就雄辩地阐述了大学教育（本科生教育）的核心在于博雅教育（即素质教育），其根本目的在于"智教"，即培育学生的心智。① 心智训练不是简单地获取知识和信息，而是要求我们养成一种哲学的心智习惯，包括良好的判断力，清醒的思维，理性、公正、善于用联系和整体的观点看问题等。这种哲学的心智习惯一旦养成，可以广泛地应用于各个领域。这个观点影响深远，深得有识之士的推崇。近代以来，中国在大学教育的探索道路上也引入了相同的理念。1941年，清华大学在昆明纪念 30 周年校庆时，梅贻琦校长就特意发表了《大学一解》，文中强调了大学教育应以通识为本、专识为末，并指出："新文化之因素胥于是生，进步之机缘胥于是启，

---

① ［英］纽曼：《大学的理念》，北京大学出版社 2016 年版。

而新民之大业亦胥于是奠其基矣。"① 把这种教育理念看作是建设新文化、塑造新国民的基点，可说是代表了 20 世纪前叶教育工作者们的共识。在中国高等教育百余年的发展史上，虽然不同阶段都有过关于通专关系的争论，但最终，注重素质、注重通识、注重创新的教育理念从未被泯没。

当下我国的教育现状可谓喜忧参半，仅就其弊端而言的话，不难发现我们大学本科阶段的教育恰处于纽曼所批判的那种状况，即把通识教育变成了小而窄的专业教育，这种忽视宽口径、厚基础的教育倾向，并不利于学生长远的发展。从人才的成长规律看，更高层面的创新活动必然是需要广泛的基础知识作为背景。可喜的是，近年来部分高校已开始在大学理念问题上进行深入研究，并逐渐付诸改革实践，如以"价值塑造、能力培养、知识传授"为主要内容的"三位一体"教育理念的提出，让人感受到中国教育未来的希望。② 在通识为本、宽口径、厚基础的理论支撑下，如何在实践中强化和提升学生的学术创新能力，尤其值得关注。

我们注意到，这种理想的大学理念，可借助于宽口径、跨学科的经典研读教学实践的开展而得以实现。重视对重要的人文经典进行研读，是中国书院制等传统教育体系的核心内容，也是当今包括哈佛大学、普林斯顿大学在内的世界一流大学的共识，从他们注重对本科生的经典研读训练，可以领会到世界一流大学的理念所在。需要注意的是，经典研读类课程是纽曼提倡的博雅教育（也即通识教育、素质教育）的有机组成部分，通过深入阅读

---

① 梅贻琦：《大学一解》，《清华学报》1941 年第 13 卷第 1 期。
② 钱颖一：《大学的改革》，中信出版社 2016 年版。

分析经典，以培养写作表达能力、逻辑思维能力、批判创新能力、学术研究能力为目标，与泛而无归的读书过程并不等同。正是由于经典研读类课程与大学的本质与理念之间的表里关系，才愈加凸显了我国高等教育目前加强此类课程的必要性和紧迫性。

以人文学科学生的学习为例，经典研读类课程的开展是与百余年来中国学术史的发展脉络息息相关的。20 世纪初，伴随着新文化运动的兴起，"疑古思潮"和几乎同时即已开展的"古史重建"工作，无疑是中国近代学术史上的大事，距今恰有百年的历史。几乎与五四运动同时，在西方学术思想的影响下，我国学术界兴起了怀疑上古历史和文献的思潮，有不少人对包括先秦典籍在内的传统文化持简单的否定态度，这种思潮到 20 世纪二三十年代发展到了顶峰，在将传统的上古史大大缩短的同时，也大大扩展了古书的怀疑范围。很多先秦古书的年代被推迟，很多属于先秦的古书被认为是秦汉以后的伪作。这种风气影响非常久远，直到新中国成立后，在社会上仍相当普遍地存在着简单否定传统文化的思想。在学术界，疑古派怀疑古书的很多看法也仍为不少人所信从。①

一方面，疑古思潮对破除传统的古史观起到了思想解放的作用，为以科学方法重新探索古代文明扫清了思想障碍；另一方面，以文献为主的历史学和以田野为主的考古学相互结合，不断取得新知，对早期的疑古工作多有匡正。正是在这百年来艰苦曲折的摸索过程中，学者们先后提出了多种建设性的学科概念，影响卓著的如王国维的"古史新证"、李济的"古史重建"、张光

---

① 裘锡圭：《出土文献与古典学》，载李学勤《出土文献》（第 4 辑），中西书局 2013 年版，第 1—18 页。

直的"新先秦史"、李学勤的"中国古代文明研究"。在新的时代，大家对传统文化有了比较全面、比较正常的态度，学术界对传统文化的研究明显加强。很多有识之士指出，当代大学生普遍缺乏人文素养，甚至对作为本民族文明源头的先秦典籍中最重要的那些书（有些学者称之为"原典"）茫然无知，或知之过少，这是关系到国家、民族命运的严重问题。发展古典学已经成为时代的要求，但我们既不能照搬早已过时的传统旧学，也不能接受那种疑古过头的所谓新学。

在这种背景下，要从深层次提升学生的学习品质，引入先进的技术手段作为辅助固然有益，但更重要的，恐怕还是如何增多与学生的日常接触和具体引导，如何引入前沿的学术进展和最新成果，如何引燃学生固有的理想之火。有鉴于此，我们以学校的"创新研究短课"和"聚徒教学"为实践平台，突出趣味性、研究性、学术性、创新性，将热爱研究又学有余力的部分学生聚集在一起，通过灵活的研读形式将课堂教学中无法传授的学术知识和学术方法教授给学生。"聚徒教学"属课外指导性质，没有学分，学生依据真正的兴趣组成学术小组，在课堂上因形式所限无法实践的想法，都可以拿来这里尝试。与之相配合，"创新研究短课"每学期只有1个学分，但上课形式灵活，由师生小组共同以前沿课题研讨的形式完成教学，是对上述课外"聚徒"的有效强化和补充。

在具体的实施过程中，我们注重引导学生站在学术史的高度，夯实古文献、古文字、古代史等人文学术基础，通过创新短课和聚徒教学的相互配合，以师徒定期研读为主要模式，以前沿学术报告和学生研讨群等为研讨平台，建立教师与学生间的交流、指导、互动机制，拓展学生自主性和个性化学习空间，引导学生及早进入前沿课题，提升学生的学术热情，培养学生科研创新能力。

一 学术基础的夯实与举一反三的应用

对于有志于了解中国传统文化、正确掌握中国古典学的学生而言，夯实学术基础是避免误入歧途的关键一步。开展经典研读，首先要突破的就是古汉语的阅读关。中国历史上积累了汗牛充栋的古籍文献，如果再加上甲骨文、金文、简帛等古文字资料，要面对的历史文化奥秘实在复杂。要寻找一把打开奥秘之门的钥匙，首先要能够掌握记录汉语文字的形音义。要掌握好像很简单，其实汉字是很难掌握的一种文字，过去有一种论调说汉字落后，汉字没有形成拼音文字是因为封建社会长期停滞。这些说法现在看是不合适的，汉语这样的语言体系与汉字这样的文字体系是相适应的。我们应当承认，由于汉语的特点决定了汉字的形式，汉字确实比较难掌握。

在创新研究短课和聚徒教学的开展过程中，我们首先注意了如何带领学生通过汉字学、古文字学的难关。由于学生基本都已经学习过《汉字与传统文化》《说文解字导读》等必修和选修课程，在此基础上我们带领学生从古文字的字形临摹开始做起。在研读环节，通过将出土古文字材料直接放大投影，可以很直观地观察分析每一个古文字的书写细节，在辨明字形、分析结构的过程中，学生前期所学到的文字学理论知识大大得以强化，更重要的是落实到出土实物文字材料中。许慎在《说文解字序》中第一次明确提出了一套完整的汉字学理论体系，即"六书"理论："一曰指事，指事者，视而可识，察而见意，上下是也；二曰象形，象形者，画成其物，随体诘诎，日月是也；三曰形声，形声者，以事为名，取譬相成，江河是也；四曰会意，会意者，比类合谊，以见指扬，武信是也；五曰转注，转注者，建类一首，同意相受，考老是也；六曰假借，假借者，本无其字，依声托事，令长是也。"在研读课堂上，每位学生都能准确运用"六书"理论对每一个出土古文字字形进行分析和解释，这种学习效果显然是大课堂教学无法达到的。

具备了文字学、古文字学的扎实功底（古人称之为"小学"功底，读书必自"小学"始）后，就可以在文、史、哲等各种典籍文献的阅读中进行应用，有希望在文、史、哲各领域成为"博专兼备"的新时代学术人才。

二 学术兴趣的调动与前沿问题的捕捉

夯实学术基础对于创新能力的提升而言，还仅仅是完成了第一步。更重要的是要在经典研读的过程中，引导学生发现历史文化的魅力，发现学术研究的价值，发现探索未知的乐趣。教育学理论中常讲的从"授之以鱼"到"授之以渔"的质变，就发生在这一过程中。

以我们已开展的经典研读教学实践为例，在对《史记·秦本纪》与清华简《系年》的对比校读中，有学生就注意到了秦人起源问题在学术史上的重要价值。在中国历史的长河中，秦的统一拥有重要的地位，对后世的影响是深远和持久的。深入认识秦文化的特点，就需要厘清秦人的起源问题。秦人起源东来说、西来说，是近代以来学界争论的难题。最终解决这一难题的，是最近公布的清华大学藏战国竹简《系年》篇，这是一篇战国中期撰写而成的史书，可模拟于《竹书纪年》。其中一章详细记载了秦人的早期史事，属前所未知：武王伐纣后，秦人先祖飞廉东逃于商奄。商奄是今山东曲阜一带的嬴姓大国。成王时商奄反周，周公征伐商奄，杀飞廉，并把反叛的商奄之民西迁至今甘肃甘谷一带，戍防西戎，这就是秦的先人。由此我们可知，秦先人从东方迁徙而来，其文化始源与殷商文化有密切关系。近来山东学者也相机推出《嬴姓溯源》等成果，使得秦文化与殷商文化、东夷文化的关系逐渐为人们所瞩目。

参加经典研读教学活动的许美兰同学围绕这一重要的前沿问题，完成了《秦人始源问题研究述略》[①] 一文，梳理了近代以来秦人起源问题研究的学术史，为对这一领域感兴趣的读者提供了详细清晰的数据，同时锻炼了自身把握问题、提炼观点的能力，有助于在中国上古史的领域继续深入探索。

三　灵活的研读机制与积极的创新能力

为了全面提升学生的学术创新能力，就必须对大课堂教学模式进行有效的补充和提升。我们除了将"创新研究短课"与"聚徒教学"密切衔接外，还注重利用学术讲座、电子媒体等形式进行教学辅助。此外，必要的历史文物和考古遗址的实地考察，也对学生学术能力的提升有极大的促进作用。围绕所研读的经典内容，我们带领学生先后进行了"陕西周秦汉唐历史文物""南阳汉画像石""齐鲁孔孟文化""北京考古文物与博物馆"等

---

① 许美兰：《秦人始源问题研究述略》，载牛鹏涛《国学论丛》（创刊号），深圳大学人文学院内部发行，2015 年版，第 1—153 页。

多次学术考察，在历史遗址和考古文物的亲身体验中，学生不仅拉近了与历史的距离，更能积极发现、大胆提出、主动解决一些学术问题。

如"飞廉"为秦人先祖，但同时也有其他不同记载，颇易致误。文献中所见的飞廉可分为三类：其一为历史人物，即秦人先祖飞廉，为商纣王之臣，关于其事迹仍然存在种种疑点，《墨子》亦记载其为夏后氏之臣；其二为神话人物，即风神飞廉；其三为神禽飞廉，即传说的神鸟，主要体现在画像石资料中。在"汉画像石"的考察环节中，参加经典研读的姜春萌同学注意到了文献典籍与石刻资料之间的复杂关系，主动梳理了文献中所见"飞廉"的各种异说，对相关史事问题进行了考论。

前辈学者王国维先生早在1925年为清华国学研究院上课的讲义《古史新证》中，即已指出："上古之事，传说与史实混而不分。史实之中，固不免有所缘饰，与传说无异；而传说中亦往往有史实为之素地。二者不易区别，此世界各国之所同也。"[①] 在上古文献中，存在有某一人物前后时间特别长久的情况，也有某一人名同时用作地名的情况，甚至存在某一历史人物同时也是神话人物的情况。这些都是史实与传说混杂之后的结果，有必要根据不同情况进行区分，并灵活理解，贯通把握。那种过分疑古的做法、一概否定的态度显然是不可取了。王国维先生的"二重证据法"正是在疑古思潮兴起的同时提出的，其实即为有所针对而发。其意义在于为古史重建指出一条科学的明路，绝非后来人所谓"三重""四重"所可比拟。正如司马迁在《五帝本纪》赞语中所说："书缺有间矣，其轶乃时时见于他说。非好学深思，心

---

① 王国维：《古史新证》，清华大学出版社1994年版。

知其意，固难为浅见寡闻道也。"① 姜春萌同学的文章，敏锐地把握了文献中飞廉问题兼存的史实性与传说性，进行了深入的梳理，颇有助于锻炼古史研究的思维。这种研究状态的获取、学术能力的提升，无疑是与我们灵活的教学实践形式有关的。

回顾我们所开展的以相关创新短课和聚徒教学为载体的经典研读教学实践，可以发现这种创新教学模式已取得了一定的成效，加入兴趣小组的学生学术能力普遍得到了显著提升。这启示我们，进一步深入认识教育规律、激活教育潜力，有助于新时代高等教育教学改革的探索实践。

---

① 姜春萌：《飞廉考论》，载牛鹏涛《国学论丛》（创刊号），深圳大学人文学院内部发行，2015 年版，第 1—164 页。

科教融合视角下的科研项目短课任课教师数据探析

冯纪强　　李振华　　孙忠梅[*]

摘　要： 深圳大学"创新创业实践与学生发展"课程体系是加强学生学术创新意识培养探索创新人才培养途径的一个抓手，同时也是实现科研与教学有效结合、促进教师职业良性发展的另一抓手，即师生相互促进，实现真正的科教融合。本文从科教融合的视角，主要聚焦到科研项目创新短课这一类课程，初步分析了该类课程任课教师的性别、教龄、学历、职称等指标的整体特征和动态特征以及校内各单位的开课情况。

关键词： 科教融合；高校教师；创新创业实践；科研项目课程化

科教融合不仅仅为研究创新型人才培养、课程设置、创新创业等方向提供了切入点，而且也成为研究学术资源转化、仪器设

---

[*]　深圳大学数学与统计学院。

备管理、高校科研管理等问题的新视角。近十年，在中国期刊网以科教融合为篇名搜索到191篇研究论文，发表年度趋势如图1所示，容易看出科教融合的关注度是在逐年提升。①

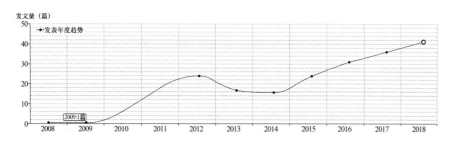

图1 科教融合发表年度趋势

深圳大学"创新创业实践与学生发展"课程体系是加强学生学术创新意识培养探索创新人才培养途径的一个抓手，同时也是实现科研与教学有效结合、促进教师职业良性发展的另一抓手，即师生相互促进，实现真正的科教融合。该课程体系的开设与实施过程本身就是一个创新的过程，教学性与科学性相统一，而且与现在为大众所接受的慕课、现代信息技术深度融合。②③ 本文主要聚焦于深圳大学"创新创业实践与学生发展"课程体系中的科研项目短课。

对于高校教师，有的专注于科研而在教学理念、教学方法、

---

① 周光礼、周详、秦惠民、刘振天：《科教融合 学术育人——以高水平科研支撑高质量本科教学的行动框架》，《中国高教研究》2018年第8期，第11—16页。

② 孙忠梅：《地方高校慕课共建共享学分互认的探索与实践》，《中国大学教学》2018年第2期，第21—22、46页。

③ 冯纪强、孙忠梅：《教师科研项目课程化探析》，《中国高校科技》2014年第9期，第39—41页。

教学内容上缺乏深耕，有的醉心于教学而科研成果差强人意，很难做到适宜合理的均衡。高校教师在科研和教学上的侧重点不同，必然导致相应的经验、能力也不同，科教融合的实施虽对教师的综合能力提出了更高的要求，但也可以通过构建"科研能力强或教学经验丰富"的复合型教师团队来开展，而不是一味寻求"科研能力强且教学经验丰富"的复合型教师。[①]

深圳大学数字与统计学院的科研项目短课要求有国家级科研项目支撑，自2013年开设以来，学校很快出台了相关制度以保障创新研究短课的顺利开展。截至本学期，科研创新研究短课有241门，粗具规模，而且申报的热度不断提高，2018年科研项目短课88门，比2017年提高44%。本文主要对科研项目创新短课任课教师的性别、教龄、学历、职称等指标的整体特征和动态特征进行了比较分析。

一　数据搜集

本文基于科教融合视角研究科研项目短课，设计了科研项目短课任课教师信息表，如表1所示。

首先对采集到的241条信息进行梳理，剔除干扰信息，对留下的191条信息主要做了四个方面的工作：科教融合资料收集整理分析；科研项目短课教师整体特征分析；科研项目短课教师动态特征分析；科研项目短课开课单位分析。

---

① 韩玺、刘元盛、马楠：《科教融合下的应用型实践课程建设研究》，《计算机教育》2018年第10期，第22—25、29页。

表1　　　　　　　　　**科研项目短课任课教师信息表**

序号	项目编号（学期＋类别＋序号）如2016020101	短课信息			依托课题信息（多个课题多条记录）			承担者信息（多个承担人，记录第一承担人）							主观判定（参选）
		课程名称	是否新课（是1，否0）	学分类别（文1，理0）	名称	级别（国家3、省部2、其他1）	项目启动年份	姓名（参选）	性别（男1，女0）	出生年份或年龄	职称（正高4．副高3．中级2．初级1）	博士学位（是1，否0）	入职年份或工作时间	所在单位编号	基金与短课匹配度（1—5等级，5最匹配）
1															
2															
3															
4															
5															
6															
7															

二　科研项目创新短课教师整体特征分析

本项目对主持科研项目短课的教师的整体特征进行了分析，具体包括性别、学历、职称、教龄等，如图2、图3、图4所示。

通过分析发现，科研项目短课的教师中男教师占69％，女教师31％，大部分教师都具有博士学位。任课教师的职称分布比较均匀，教授、副教授和讲师差不多各占三分之一。从教龄上来看，任课教师以青年教师为主，教龄10年以下的人约占67.8％。

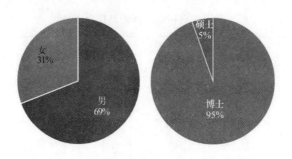

图 2　任课教师的性别和学历

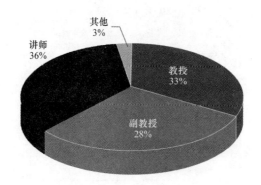

图 3　任课教师的职称分布

三　科研项目创新短课教师动态特征分析

科研创新研究短课已开设了 11 学期，本项目还分析了这 11 学期不同年龄段、不同职称的任课教师情况变化如图 5 所示。由图 5 比较直观看出，每学期的开课数量稳定在约 30 门，2014—2015 学年第二学期开课最少，2017—2018 学年第二学期开课最多。建议加强宣传，让更多主持科研项目的教师开设更多的科研项目短课。

本项目还分析了教师职称在不同学期的开课情况如图 6 所

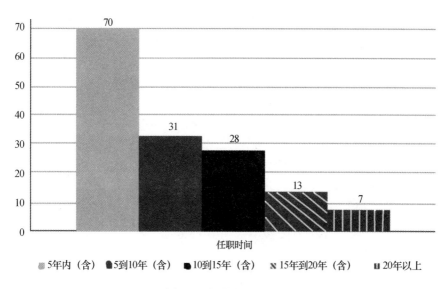

图4 任课教师的教龄

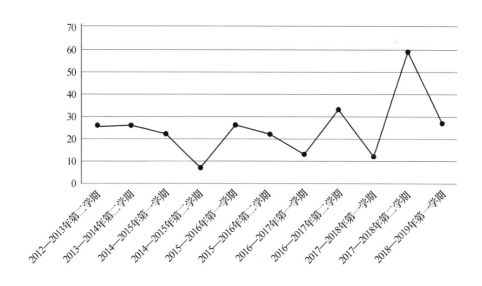

图5 科研项目创新研究短课开课数量变化

示，通过图6容易看出讲师的开课人数基本呈现递增的趋势，教授和副教授开课情况相对比较稳定。

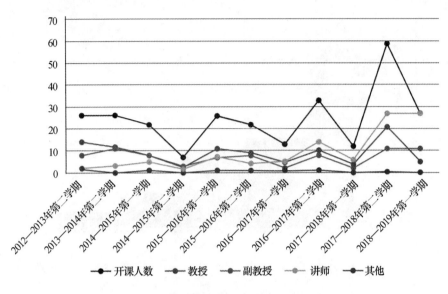

图6 科研项目创新研究短课开课数量变化

本项目分析了不同年龄段的人在不同学期的开课情况如图7所示，将年龄段分为 35 岁以下、35—40 岁、40—45 岁、45—50 岁

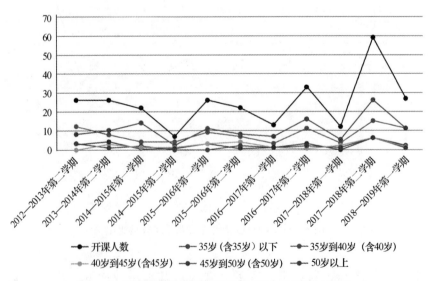

图7 各个年龄段开设科研项目创新研究短课数量变化

和50岁以上五个年龄段。通过图7发现35岁以下和35—40岁这两个年龄段的人基本上在每个学期都是最多的，50岁以上的任课教师偏少但相对比较稳定。

四 科研项目创新短课开课单位分析

本项目还统计分析了科研项目创新短课的开课单位的情况，如图8所示。为了便于分析，主要展示了教学单位，非教学单位的开课数量基本上都只有一门课程，统一规整到其他中。开课比较多的学院有管理学院、计算机与软件学院、机电与控制工程学院和土木工程学院。

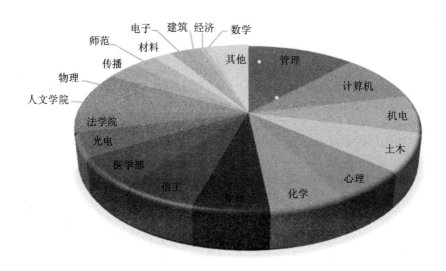

图8 各教学单位开设科研项目创新研究短课数量情况

五　总结

在创新研究短课开设过程中，教师和学生相得益彰相互促进，一方面加强学生学术创新意识培养探索创新人才培养途径，另一方面也促进教师科研思路和想法的突破与创新。本文通过数据研究分析了科研项目短课教师的整体情况，以及随各学期变化的动态特征，相关结论可供相关部门参考，调整政策，更有针对性地宣传和强化。同时，数据处理的技术可推广到其他类似课程的研究分析中。

法学本科教育中实施"聚徒教学"的意义

蔡元庆[*]

摘　要： 在大学本科大众化教育的背景下，如何让学有余力的学生可以更好地实现学习目的是当前大学本科教育中的重要问题之一。法学学科内部分类繁杂、理论庞大，现在的教学模式很难让学生的学习达到学以致用的效果。应该鼓励教师积极利用小班教学、聚徒教学等教学模式，完成对那些有更高学习目标的学生的教育和培养，这是大众化教育背景下完成精英化教育的途径之一。

关键词： 法学；大众化教育；精英教育；聚徒教学

一　当前法学本科教育中存在的主要问题

我国真正的本科法学教育始于改革开放，回顾40年来，中国的法学教育从恢复重建，开始正视和探索科学的法学教育规律，到持续改革和发展，初步形成了具有中国特色的社会主义法

---

* 深圳大学法学院。

学教育模式。① 法学院系由 1978 年恢复重建后的"一院五系"，发展到目前的超过 600 家，在 40 年的时间内增长了 100 多倍。

我们在对此成绩予以充分肯定的同时，也应当注意到在这种繁荣发展形势下的弊病。自近十几年本科扩招政策实施以来，中国高等教育呈现规模化的发展态势，法学作为各专业中的显学，更成为全国最热门的专业之一；但是与招生规模形成鲜明对比的是，法学院的毕业生就业率在各个专业之中却是年年倒数，长期"红灯"。这凸显了在大学教育早已成为大众教育的当下，本该建立在"精英教育"基础上的法学教育面临着严重的困境：一方面是招生规模不断扩大，另一方面是本科学生的质量出现缺失。这种缺失不仅表现在教学的质量上，而且还表现在学生人格的塑造上。有学界人士指出在这种"貌似繁荣的规模效应下，隐藏的是法学教育的低水平现实"②。

法学教育的现状不仅在教学实践中被一线教师所深深感触，中央层面也意识到问题的严重性。在 2011 年 12 月 23 日教育部与政法委联名发布的《关于实施卓越法律人才教育培养计划的若干意见》中明确指出："我国高等法学教育还不能完全适应社会主义法治国家建设的需要，社会主义法治理念教育还不够深入，培养模式相对单一，学生实践能力不强，应用型、复合型法律职业人才培养不足。提高法律人才培养质量成为我国高等法学教育改革发展最核心最紧迫的任务。"简而言之，本科法学教育的现状，比较突出的问题有以下两点：

---

① 冀祥德：《对中国法学教育全面反思与展望》，《中国政法大学学报》2010 年第 4 期。

② 彭锡华、陈巍：《法学教育的目标体系——兼论诊所式法律教育在我国的前途》，载甄贞《方兴未艾的中国诊所法律教育》，法律出版社 2005 年版，第 48 页。

（一）师生比例失衡

由于本科扩招严重，法学院的学生人数也随之不断上涨，其直接结果就是师生比例的不断下降。应该承认，招生人数的增加给更多的适龄学子提供了在大学学习的机会，对提升全民的教育素质和文化水平是有积极意义的。但过于急速的扩招，也让大学的教学以及管理，包括师资力量出现脱机。比如，许多课程由于需要照顾到数量庞大的学生，只能两百多人一起上课。在这种情况下，教师根本没有办法照顾到各个学生的学习情况，一个学期下来，可能连大多数同学的名字都叫不上来。师生之间的关系越发疏远，不仅知识传播有限，更重要的是缺失了塑造学生人格的机会，这本身就难以称之为教育。

（二）教学模式单一

在师生比例失调的情况下，由于没有办法获得学生们的教学反馈，教师只能根据预制的教学计划在大课堂上进行单方面的知识灌输。此外，从教学内容上看，由于要兼顾不同能力的学生的学习需要，教师往往会主要围绕基础知识和要点的讲述展开，对于法学这样需要通过大量案例分析和研究的学科而言，教师很难找到充足的上课时间让学生参与案例的分析和讨论。再有，由于班级的学生人数较多，在有限的教学时间里，教师即使安排一些课堂讨论，也无法让大多数学生参与，学生没有太多的渠道可以发挥其主观能动性。对于学生而言，所谓的上课，与专门培训机构中的课程录音无异。缺少了与讲师、教授对话的可能性，也就难以进行深入的交流以及激发真正的思考。这对属于人文科学的法科学生而言，几乎是致命的缺失。这也是法学院学生毕业后总体法律素质不高的原因之一。

（三）课程设置存在缺陷

法学是一门实践性很强的学科，如果教学中脱离了具体的案例和现实问题，法学理论就会令人感到枯燥；如果讲授中忽视了法条在判决中的适用情形，即使让学生死记硬背这些法律规定也无法学以致用。因此，每一门相对独立的法学学科在学习过程中，就应该给学生一定的时间，让他们去理解并学会适用这些课程内容。目前的法学课程设置，从大一的下学期开始到大三的上学期，四个学期的学习时间里，学生要修完几乎全部的必修课程，这个过程中公法与私法交织，实体法与程序法共存，不同的理念和不同的部门法理，对学生理解能力的要求非常高。以至于大多数学生都很难理会相关部门法的内容，最终结果是什么都学过了但什么都没学会。而一旦度过了这艰难的四个学期，学生们就基本达到了学分的要求，并不会主动去巩固和加强对所学知识的理解。而所谓的专业实习，实际上更多的是在了解相关法律工作的工作流程，参与一些法律辅助工作，无法让学生学会如何去适用所学的法律知识。

二 高校法学教育的应对方式

有学者认为，法学教育具有二重性，即法学教育的职业技能性和学术研究性。这不仅表现为职业教育和理论教育的二重性，也可以表现为实践性人才的训练和学者型人才的培养的二重性。[①]
前述的教学现象也同样体现了法学教育二重性的缺失，一方面教师与学生缺少交流的渠道，学生对于理论的理解以及把握更多地只能依靠自己，教师对此也鞭长莫及；另一方面教师与学生缺少共同研究和实践的机会，许多科研技巧以及实务技能也没有办法传授，学生只能盲人摸象似的自行摸索。

对于如何解决因为扩招而导致的法学教育弊病，许多高校都有过不同的应对方式。例如：（1）积极开展各项社团活动，包括学术上与非学术的；（2）积极进行教学改革，推行教师的聘任制；（3）举办各种不同层次的模拟法庭比赛等。应当说，这些改革与推进都对法学教育的问题有一定程度上的缓解，也确实是法学教育中的重要组成部分，但是其各自的不足之处也非常明显：首先，社团的学习更多是依靠学生的自发行为，并没有老师过多的参与。这虽然是非常值得鼓励和提倡的学生活动，但是由于其活动模式决定了该学习的深度以及广度都难以突破，只能作为学生们课余的自我提升。其次，教师聘任制的改革也非常有意义，只是该改革主要针对的是教师队伍的建设，虽然在很大程度上督促了教师们的教学态度，避免了"教学懈怠"，但是在师生比例严重失衡的大环境下，这样的改革对于学生而言并没有本质的变化。最后，对于模拟法庭的教学形式，由于在教学中缺乏有针对性的训练以及对法律问题的分析方法，导致学生们无法真正演绎好法庭中各方当事人的本意。有学者的评价一针见血："学生的法律的思维和操作被'构思好的思维模式'和'已经实现的经

---

① 王晟光：《法学教育的宗旨——兼论案例教学模式和实践性法律教学模式在法学教育的地位、作用和关系》，载甄贞《方兴未艾的中国诊所法律教育》，法律出版社 2005 年版，第 18 页。

验'所简化，面对一个几乎不可能重复发生的案例，学生所获得的只是机械、零碎和无法复制的前辈的思想以及缺乏真实性的现场体验。学生所需要做的只是简单地重复和话剧表演般的能力。"①

上述的应对方式虽然有其弊端，但是也指出了教育改革的方向：由于我国法学教育事实上的客观限制，"大课堂"的教育模式难以在短期之内得到解决。因此教学的改革应当从另一个角度出发，即在现有的教育框架下提供更加多元化的教学模式，让学生们可以根据自身的情况自主选择不同的提升自己的方式。比如，自 2010 年开始，深圳大学陆续推出的"聚徒教学"、短课等教育改革的尝试，就试图在大众化教育背景下探求一些完善本科教育的路径。

三　"聚徒教学"教学模式的特点

所谓的"聚徒教学"，其实并非是哪个大学独创的教学模式，而是以通过小班化教学方式来提升教学质量，实现因材施教目的的教学方式的统称。当然，各个大学在实施时在名称使用以及具体的实施细节方面存在差异。比如，深圳大学的"聚徒教学"，被设置为一种辅助性的教学项目，需要由教师发起并向学校申报，招揽学生针对某一特定主题进行的专项研究，是在"有教无类，因材施教，厚积薄发，经世致用"这一教育理念下，受先秦诸子聚徒讲学的启发，针对当前高校扩招、师生关系疏离、人才

---

① 佟连发、王志权：《现代学徒制与中国法学教育改革》，《社会科学家》2014 年第 1 期。

培养质量堪忧所提出的一种新型教学方法，力求培养出"基础好、素质好、上手快、转型快"[①] 的事业骨干和创新创业型人才。深圳大学的"聚徒教学"项目自 2010 年以来，经过多年的教学实践，呈现出以下几个特点：

（一）多元化的教学形式

从"聚徒"二字可以看出，这种教学模式是"徒弟"聚在"师傅"身边，不受时间、场地的限制，不必像正式课程一样必须在固定的时间段和场所进行。[②] 对于法学院的教学而言，老师根据参与的人数与主题的实际情况，在教室、办公室、校园，校外的律所、法院、政府部门，甚至自己的居所等场所都可以开展教学活动。教学时间与场所的自由，形式上体现了"聚徒教学"与常规课程的差别，至少改变了以往教师站在讲坛上的单一教授的模式，使得学生有更多不一样的学习体验。

此外，教学的方式也不受限制，师生之间可以采取更多样的形式交流学习而不仅仅是"一言堂"。例如老师可以择一主题把学生分成双方进行辩论，还可以选择一个典型案例让学生们以模拟法庭的方式展开；主讲人专门讲解某一专题，并回应其余同学与老师的有关提问；同学们共同分组参加学术竞赛，在老师的指导下以竞赛的方式相互学习与分享成果等，各种形式都有老师与学生不同程度的参与与互动，只需要内容围绕着预设的主题进行即可。

---

① 编辑部：《绍圣继统　中西兼用——深圳大学的"聚徒教学"》，《深圳大学学报》（人文社会科学版）2011 年第 1 期。

② 俞静、刘志刚：《论"聚徒教学"之溯源及其现实意义》，《高等理科教育》2013 年第 5 期。

（二）合理的双向选择机制

由于"聚徒教学"的模式决定了老师与学生的参与度都非常高，因此教学受众，即学生的准入标准就非常重要。学校要求参与的学生原则上不超过 10 个，并且必须都是"学有余力"的。因为"聚徒教学"的本意并不是为了取代正规开设的课程，而是希望为有自我提升需求的学生提供一个平台。这样的平台主要由主导教师来搭建，学校只是提供这样的空间，因此很自然地，学生准入的标准也由教师自行来决定，原则上教师设立怎么样的标准都没有问题。例如，要求学生连续一年参与自己开设的课程，以增加师生彼此的了解；原则上需要在课程中获得"A"的成绩以证明自己学有余力；在平时的课堂上要求积极发言，乐于分享思想的成果以体现有较大的学习热情；在必要时可以采取面试的方式以考察性格、品行等其他方面。

在"聚徒教学"中，对于学生无论是怎么样的准入条件与程序，教师都有比较大的自由度。实际上，在"聚徒"准入的过程中，教师与学生都共同进行了双向选择。这样双向选择后的人员组成使得在"聚徒"开展活动的时候，师生双方都对彼此有所了解，心态上也会更加珍惜彼此交流的机会。

（三）自由的教学考核方式

"聚徒教学"的设置有一个很重要的特点，即学生对该项目的参与以及相关成果不作为学分考量。这意味着，学生应当完全出于自愿来参与"聚徒"，没有任何学生会因为参与或不参与"聚徒"而有形式上的区别。这就在很大程度上避免了学生纯粹为了结果而功利性地争取该项目，同时也把大部分为了取得学分，完成学业的学生摒除在外。参与"聚徒教学"的学生都是真正热爱指导老师以及有关学术主题的人，只有剥离了师生们的功利心态，"聚徒教学"才有适用的空间，否则也只会背离"教育平等"的理念。

由于没有学分的设置，因此对于"聚徒教学"项目的考核也不采取考试等其他常规方式，只需要教师在项目结束后提交教学报告即可。学校根据教学报告来评断是否继续支持该教师的"聚徒教学"项目。根据深圳大学近5年来的教学评估结果，有接近一半的"聚徒教学"项目都得到了延续。教师与学生持续的参与热情，也在一定程度上说明了这种教学模式所取得的成效。

"聚徒教学"没有改变现行的本科教育模式，却额外提供了一种学习的平台。跟学术社团、学术竞赛相类似，"聚徒教学"与常规的学分课程相辅相成，共同形成校园内的多元化教育模式。在保证本科素质教育的同时，也为一部分学有余力的同学提供了更加自由和高强度的学习途径。

（四）紧密的师生共同体

在考察"聚徒教学"的教育模式的实质时，不难发现，它实际上就是一种学术讨论会，也即是外国教育中通常采取的Seminar形式。这是一种有主题、有主持、有报告、有评论的学术讨论会，甚至就是一种学术沙龙。在这种学术活动中，在报告人报告的过程中，听众可以针对报告内容进行提问和谈出感想，双方可以展开讨论。这种学术讨论和思想碰撞的过程使得报告人的思路更加明晰，听众则更能开阔视野，从而达到学术训练的目的。

对于学生而言，这样的学习强度实际上不亚于选修了一门核心课程，但是经历之后确实能大大提升自身的学术能力。

由于聚徒成员都是经过老师的挑选，因此老师对学生会更加熟悉，了解学生的优点与劣势，也就能更为有效地指导学生从事研究，激发他们学习的热情以及对学术的主动追求和积极探索。虽然"聚徒教学"的研究范围是由主导老师确定，但是在此范围内的不同主题却是由学生自主选择的，教师的工作只是给予指导、协助，以减少阻力与挫折。这种分工合作、密切配合、各自尽力、彼此互动的团队研习过程，会让学生感觉到学习的乐趣，促使他们全心地投入，专注于发现问题、思考问题和寻找答案。

在这种模式下，学生往往更具备发现问题的能力，能够发现许多有意义的问题以及具有研究价值的命题。把这些基于讨论而形成的素材收集起来，形成基本的材料，通常就能组织成为一个有价值的独立的学术项目。学生可以选择把这些问题作为自己的毕业论文，提早开始规范的学位论文的撰写。由于是自己感兴趣的问题，并且从该问题作为聚徒教学的内容之一被大家所充分讨论过，再加上曾在较长的时间里通过聚徒活动，接受教师的指导，该论文无论是研究内容、写作方式、逻辑框架抑或学术规范上都呈现出较高的质量。另外，学生可以有把聚徒教学的研究内容整理成册，进行"挑战杯"课外学术竞赛课题的申报，项目成员往往也就是聚徒的成员。项目最终的成果也往往获得不错的成绩。

其实，不仅是师生之间，聚徒成员之间也通过各种形式，以及不同程度的合作与竞争，彼此之间共同成长，得到了锻炼。通过这种长期的团队共同研究的训练之后，师生之间的联系愈加密切，非常自然地会形成一种"师生学术共同体"①。这一般是在法学研究生教育阶段基于师生之间的紧密联系，并进行了相当程度的训练后才会形成的特点，在"聚徒教学"的模式下也很有可能出现。近几年来的教学实践也证明，近半数参与"聚徒教学"的学生选择了保研、考研、出国留学等不同形式的进修，继续学术上的研究。在"共同体"中，进行交流与碰撞的已经不仅仅是学术本身，还有老师的行为品格、从事学术的态度以及为人处世的理念。这些"软素质"，对于人文学科的法科学生而言，在未来的成长与发展中都占据着更为重要的地位。

四 "聚徒教学"与法学教育

如上所述，现代法学教育受高校扩招以及课程设置等方面的影响，无法充分实现法学人才培养的目标，因此有必要通过各种教学理念和教学方式的改革，对现有的问题给予应对和补救。"聚徒教学"的教学模式是一个可以在所有大学课程中展开的活动，但从法学教育的特点来看，还有着一些特殊的意义。

（一）更好地实现案例教学的效果

案例教学在英美法系国家的法学教育中占有绝对主导地位，而且越来越多地被一些大陆法系国家的法学教育所接受。当前，我国一些学者在探讨法学教育改革过程中，也极力推崇这种模式。但是，在一个几乎所有课程选课人数都在一百人左右的课堂

①　尹超：《师生学术共同体与法学研究生的培养》，《中国法学教育研究》2011 年第2 期。

上开展案例教学是个几乎不可能做到的事情。一方面，案例教学需要学生积极参与案例的研究和讨论，从而培养学生分析问题和解决实际问题的能力，但课堂上能够有机会发表自己观点和见解的学生只能是少数，达不到案例教学的效果；另一方面，受教学大纲和教学计划的限制，教师不能忽略对基本知识和要点的讲解，这样就不可能利用更多的时间让学生们参与。

面对这样的困惑，聚徒教学的小班教学模式可以成为一个很好的实施案例教学的场所。法学案例教学的主要目的不在于学到什么知识点，更重要的是让学生们学会理解和应用法律知识的能力，培养独立地分析问题和解决问题的思路，同时通过与其他人的讨论提升自己的专业能力。因此，这样的教学是一种法律综合素质的教育和培养，不一定要局限在某一学科，任何一个法律领域都可以实施，从而让案例教学能够在法学教育中得以推广。

（二）有利于培养法学专业学生的综合素质

法学教育具有很强的专业性，但同时任何法律规定和法律制度都离不开政治、经济、社会、文化等背景。因此，理解法律规定的制定原因和宗旨需要具备各方面的综合知识，同时法律的适用环境决定了法律工作者需要同时具备经济、管理、财会等学科的基础知识，只有这样才能充分理解当事人的法律需求，从而更好地为当事人服务。但是，现代法学教育中往往并未充分考虑这一问题，教学中注重对法律条款的讲解，对法律特征和概念的分析、对不同学术观点的比较就成为教学内容的核心，而一旦学生们步入社会，却常常无法将所学的知识在实际工作中加以运用。2008 年国际金融危机爆发时，面对很多原本属于法律领域应该思考的问题，学生们却都觉得不知所措，甚至一些长期从事法学教学和研究的教师都无法准确地把握问题的所在，这都说明了法学教育与实践的脱节。聚徒教学活动，由于其教学模式多样化，形式相对自由，教师就可以较好地引导学生关注相关学科，培养学生的综合素质，以适应现代社会的发展和科技的进步。

（三）妥善处理好一般法学教育与精英人才培养的关系

笔者认为，现代高校的法律教育，并不仅为了实现高素质法律专业人才的培养，在某种意义上还具有普及教育的特征。这样，法学精英人才的培养更多的是依靠研究生阶段的教育来完成。但由于目前法学专业研究生招生人数有限，无法让绝大多数法学本科毕业的学生继续接受研究生阶段的教育，使得这些法学本科毕业生在走向社会后没有任何的专业优势，这也是目前法学专业毕业生就业难的原因之一。实际上，即使在本科学习阶段，也依然有很多或许将来没有机会读研究生，但同时又希望可以得到更多学习和锻炼机会的学生。面对这个群体，通过聚徒教学活动可以很好地满足其继续深入学习的要求，同时也较好地处理了精英教育与普及教育的关系。

五 "聚徒教学"的局限与未来

诚然，"聚徒教学"的优势与局限一样明显，即"人数的限制"。"聚徒"的模式决定了其不可能让大量的同学参与同一个项目，学校也明确了解这一点，虽然学生的准入可以由教师自行决定，但是依然给予了学生参与人数"原则上不超过十人"的限制，极少地参与"聚徒"的机会，很可能会产生非常不公的"教育歧视"现象。

但是，教育的源头在于教师。不同的学科内容虽然孕育不同气质的学生，但是不同风格的教师也很大程度上培养出不同品性的学生。"聚徒教学"作为深圳大学在教育"精英化"改革方面的一种尝试，该模式的立足之本就是教师本身。随着"聚徒教学"模式经过实践慢慢得到完善的同时，不同类型的"聚徒教学"也将越发丰富，学生们的可供参与的机会也就越多，甚至可以由学生反促使教师申报"聚徒教学"的项目。另外，由于"聚徒教学"的学习不计学分，同时学习强度非常大，基于"理性人"的逻辑分析，它对于没有自我提升要求的大部分学生而言并不具有吸引力。

另外，"聚徒教学"的考核方式也因没有规范化而受到诟病。由于教师只需要提交教学报告即可，对学生以及教师都没有任何其他考核，因此在教学上可能存在懒惰、低效等弊端。对此，学校给出了相当程度上的宽容。由于"聚徒教学"并不为教师与学生带来经济以及形式上的利益，相反，师生双方对此都需要付出大量的时间精力。对于教师而言，如果不是真心有志于教学，实则完全没有必要申报"聚徒教学"项目，该项目也只以一年为期，如非确实对师生都有所裨益，教师不会主动申请延续该项目。况且，参与"聚徒教学"的学生通常能在学习期间内提升自身的学术素养，并且完成质量不错的论文或者项目成果。对于这些成果的考核远比考试的方式更能客观地评价该项目的教学成效。

无独有偶，面对同样的法学教育困境，远在祖国东北部的教育者也同样在思考破解之道。并且在思索法学教育改革未来方向的问题时，提出了"现代学徒制"的教育模式。[①] 该模式虽然有

---

① 佟连发、王志权：《现代学徒制与中国法学教育改革》，《社会科学家》2014 年第 1 期。

独立的一套分析逻辑与教育理念，但是在具体的设计以及运行中却与"聚徒教学"并无二致。深圳大学所在的深圳位处中国制度改革的最前线，勇于尝试和探索各种创新制度。在其他地区还认为是新鲜事物的时候，深圳大学已经落实了相关制度，并早在2010年即予以通过首批18个立项。经过近10年的教学评估，"聚徒教学"在校内外都获得了良好的评价，我们有理由相信，"聚徒教学"的教育模式是当代法学教育的改革路径之一。

以创新提升经济学的应用性教学效果

——基于聚徒教学和创新研究短课的实践总结

何　玲[*]

摘　要：在经济学教学尤其是面向本科生的初级经济学教学实践中，由于缺乏基础理论支撑及实际经济生活的直观体验，学生对于内容广泛的微宏观经济学理论的理解和掌握方面显得力不从心。传统的讲授式教学中，经济学的应用性教学效果不佳：一方面学生难以将经济学理论与现实经济生活建立起关联，另一方面面对生活中诸多的经济现象和事件又很难通过运用所学经济学理论进行分析和解释。聚徒教学项目、创新研究短课及经济学通识课程等多种教学教研项目的设立和开展，打破传统讲授式课堂教学模式，拉近了师生间的距离，以小班化、专题化、通识性等为特征，以学生的兴趣为支撑，采用专题研讨、主题辩论、政策评析、专著阅读、读书交流、论文写作、参与学术竞赛等多种形式展开教学活动，有效地提升了经济学的应用性教学效果。

---

[*]　深圳大学经济学院。

关键词：经济学；聚徒教学；创新研究短课；应用性教学；教学效果

经济学理论是由经济学概念、范畴及范畴体系组成的经济学逻辑体系，是对现实经济运行中的关键变量之间关系进行简化、概括、抽象的结果。经济学理论来自于经济实践活动，又可以用于对经济现实的分析、解释和预测。基于以上说明，经济学理论的学习需要根植于经济实践的土壤中，既可以通过对经济实践中的典型现象、典型事件及政府政策调控等的解析归纳总结出其中规律性的理论，又可以运用成熟的经济理论对经济实践活动进行指导。总之，经济学是一门实践性极强的学科。但在经济学教学尤其是面向本科生的初级经济学教学实践中，却往往很难将这一特性发挥到最佳，这是由于传统经济学课堂教学中固有的不足造成的。

一　传统经济学课堂教学中的不足

（一）大班授课模式导致难以实现差别化、个性化教学

自 20 世纪末开始高考扩招后，大学课堂里学生人数显著增加。经济学作为所有经济管理类专业的必修课程，修读的学生众多，一般的经济学课堂都采用大班授课模式，少则六七十名学生，多则会有 100 多名。这导致教师在教学中只能以照顾大多数学生的学习需求来设置教学内容，无法兼顾到所有学生的需求，尤其是那些对经济学有浓厚兴趣、学习能力较强、愿意拓展知识面和强化应用性的学生，其强烈的学习欲求往往无法在课堂上获得充分的满足。久而久之，这部分学生的学习积极性将很难保持。

（二）教学内容固化导致学科最新发展不被纳入

经济学课程，包括微观经济学、宏观经济学乃至管理经济学等，属于经济管理类专业的必修课，教学内容完全由教学大纲设定并相对固化，很多内容甚至十几二十年都未做调整，经济理论发展前沿内容和部分经济实践中的重大发展都不会被纳入教学内容当中。即便在初级经济学的学习阶段，这种状态也极大地限制了学生对经济学全貌的研习和探索，使其后续学习的基础显得薄弱。

（三）师生间的互动交流少导致个别问题难以及时解决

受大班授课人数多及教学时数相对有限的制约，在教学中主要采用教师讲授的方式，学生鲜有机会能够在课堂上发言并就相关理论知识进行深入讨论。这使得学生在日常学习中遇到的疑难问题无法及时得到解答，积压下来必然导致学生对相关知识点和原理的理解很难做到准确到位，影响教学效果。

（四）不关注经济时事难以将理论运用于实践

传统经济学课堂将注意力更多专注于基础经济学理论的教学，注重对理论内容的介绍和解析，却较少联系实际，对于当下最新鲜的经济时事较少甚至完全不予关注。另外，相当一部分学生却对经济热点事件、政府政策决策及影响有极大的关注热情。这种矛盾因教学模式的限制而无法有效地解决，导致学生学习经济学的兴趣感缺失，学习的主动性和积极性都无法有效地得到激发。

（五）对学生的学术研究引导和激励不足

传统的本科经济学课堂教学大多采用以教师讲授为主要形式的"填鸭式"教学模式，学生被动地接受教师所传授和设置的教学内容，缺乏学习的主动性，对所学内容不会进行深入发掘和拓展。通常在课堂教学中教师也极少引导和激励学生尝试进行经济学前沿理论的跟踪和经济学学术研究活动，对于部分未来有进一步深造规划的学生来说，丧失在本科阶段就奠定一定学术基础、培养一定的学术素养的大好机会，不利于学生的连续成长和提升。

二 经济学应用性教学实践及效果

基于以上对传统经济学教学不足的认识，近 10 年来笔者一直在做关于强化经济学应用性教学的方法和模式方面的探索，适逢学校大力推动以提升本科课堂教学效果为目的的一系列教学教研项目的开展，无论是品牌通识课程的建设、开展聚徒教学项目还是开设创新研究短课，笔者都有参与，在实践中自身积累了经验、改善了教学方法和课程设置，极大地提升了教学效果，同时也有一些值得探讨的方面可以进一步总结改进。

（一）经济学类通识课

鉴于在经济学课程的日常教学中，学生的疑难问题难以及时化解、对经济时事的关注未能得到很好引导的状况相当普遍，笔者 2008 年秋季学期面向全校学生自主开设了公共选修课《时政经济与经济学应用》，在此课程的基础上之后于 2016 年春季学期开设了另一门全校公共选修课《社会问题经济学》。这两门课程成为学校教务部品牌通识课程库的第一批和第二批入库课程，作为拓展通识课程现在每个学期都在滚动开设，深受广大学生的欢迎和好评。

1. 经济学类通识课程的设置

《时政经济与经济学应用》是面向对经济学及其应用感兴趣的本科学生开设的通识课程。课程内容设置包含几个固定的模块：通过典型案例阐述经济学基本原理；运用经济数据分析和评估经济运行态势并对未来经济走向做出预测；关注和解读政府经济调控政策；对各国经济进行国别经济比较分析；经济应用文的写作训练；当前热点经济事件讨论。

《时政经济与经济学应用》的以上教学内容设置可以引导学生关注经济时事，并对最新的经济动态进行跟踪，将所学经济学基本理论运用于对经济实践活动的分析中来，既可以强化对理论知识的学习和吸收，又增强了学生对理论和分析工具的运用能力。由于所涉及的素材足够新鲜并贴近生活，可以有效地激发学生的学习兴趣，教学过程中学生的参与度极高。学生尤其对其中最新经济运行数据及政府调控政策分析的内容更为感兴趣，因为这些内容最贴近生活也最能体现经济学理论对现实经济实践的解读和分析作用。

《社会问题经济学》则是在时政经济与经济学应用这门课程的基础上，抽离出其中具有共性的、能够集中体现各个国家在不同经济发展阶段可能遭遇到的社会经济问题，设置成独立成章的专题，运用最基本的经济学理论和模型进行分析和讨论。譬如贫困问题、污染问题、教育问题、通货膨胀问题、失业问题、政府宏观调控政策、社会保障问题等一系列典型社会经济问题，在对现实状况进行实证性分析的基础上，归纳出其中具有规律性的特征及影响因素，并运用经济学原理分析其中的基本规则和运行规律，并尝试引导学生做出自己的独立思考。

"社会问题经济学"课程的这种设置，将中国经济发展过程中不同时期遭遇到的主要社会经济问题都罗列在其中，可以帮助学生在学习经济学基本理论的基础上充分结合现实经济运行状况，做到学以致用，并在更大程度上确保对现实经济运行状况的合理解读。

2. 经济学类通识课程的效果

伴随着经济的高速发展，经济成为人们生活日常的重要组成部分，大到宏观经济运行及政府政策，小到家庭理财及柴米油盐和物价水平，中间还有产业发展和就业，等等。在校的大学生们无论是什么专业都或多或少地对经济事务感兴趣。而经济学类的通识课程能够很好地迎合各类专业尤其是非经济管理类专业学生对经济知识的需求。

在课程设置方面，经济学类通识课程应确保以下方面：

首先是对经济学基础理论的普及。由于大多数学生尤其是新生普遍缺乏基本的经济学素养和经济逻辑思维能力，通识课程可以成为普及经济学基础理论及训练经济学逻辑思维能力的平台，既做到通识又具有足够的专业性。

其次是与经济实践的充分结合。经济学来源于实际生活并被广泛地应用于对实际经济活动的分析、预测和指导。在教学中，可以着重引导学生关注经济时事，包括现实经济运行状况、政府调控政策、国际经济关系、经济制度变革、产业结构调整、民生问题、社会保障体系构建等方面都可以纳入经济学日常教学，既丰富了教学内容，又可以培养学生学以致用的习惯和能力。

最后是以丰富的教学手段激发学生学习经济学的兴趣和热情。在通识课上除了基本经济学理论知识的讲授外，应该可以采用多样化的教学手段，比如案例分析、学生课堂展示、专题讨论、社会调研、实地参观、学术论文写作等形式，这样能够使学生对教学活动有强烈的参与感，既有效提升了教学效果，也使学生的实操能力得到很好的训练和增进。

笔者参与了学校教务部对于品牌通识课程在建课程的听课和评审工作，通过对各门在建通识课程的观察可以从中得到一些启示，有些问题应该避免。比如，通识课程的内容设置过于专业化，使得非本专业的学生难以融入课堂教学；或者教学内容过于偏冷，无法吸引广大学生的学习兴趣；教学形式过于单一、对于现代化教学手段采用较少，导致教学效果不佳；教学中缺乏理论联系实际的设计，应用性不强；等等。在开设通识课程中如何做到专业性与通识性的有效结合是很值得广大教师深入探索的课题。

（二）聚徒教学项目

自 2010 年开始，深圳大学教务部开展并推广以改革并培养创新性人才为目的的教学项目——聚徒教学。

1. 聚徒教学项目的设置

聚徒教学项目是一种精英教育模式，是以研究性教学为基础，以提升学生学术素养和综合能力为目标，以加强师生之间的学术交流、思想交流和情感交流为特点，小范围近距离的教学模式。

聚徒教学项目的教学目的在于：拓展学生的学术视野、培养学生的创新能力；有效激发学生自主学习意识，提高学生实践技能；增进师生感情以促进学术传承。聚徒教学项目在教学内容设置方面，充分体现对常规课堂教学内容的延伸和拓展，是在对经济学理论充分学习的基础上进行再运用的过程，通常设置的是探索性、研究性和实践性的教学内容。

聚徒教学项目的成果集中反映在学生基于日常交流和研讨所写就的学术性论文，部分高品质的论文可以在专业经济学类期刊上发表。每一期聚徒教学项目结项时都会收集所有聚徒项目学员的各类作品汇集成册，其中包括主题研讨论文、案例分析报告、读书笔记和心得、聚徒活动记录随笔等。在完成此类工作过程中，学员们的论文写作能力也会得到有效的提升。

2. 聚徒教学项目的实践和效果

笔者自 2015 年开始开展了以"社会问题经济学探讨"为核心主题和方向的聚徒教学项目，在教学实践中形成了一套完整的教学体系，也取得了显著的教学效果，深受广大学生的喜爱。

总结起来，聚徒教学项目的实践中有以下的特色值得借鉴和推广。

（1）聚徒教学项目学员招募实行师生双向选择制。聚徒教学的学员主要来自本人每年开设的《微观经济学》《宏观经济学》《时政经济与及经济学应用》及《社会问题经济学》等课程的学生，也包括各个非经济管理类专业中对经济学及其应用感兴趣的学生。通过发布招募公告的形式向学生传递有关聚徒教学项目的内容设置、教学形式、组织安排和基本要求等信息，由学生向聚徒项目导师提出申请，导师在此基础上选定最终参加聚徒项目的学员。这种师生双向选择方式确保了学员参与聚徒教学活动的自主性和积极性，同时对于教师的个人能力和魅力也是极大的考验。

（2）聚徒教学项目的学员构成是跨年级、跨学科的。聚徒项目学员来自不同学院、不同专业、不同年级。从过去四年的教学实践看，尽管本聚徒项目以经济学及其应用为核心内容，所容纳的学生除了经济学专业外还包括了金融学、国际经济与贸易、会计学、物流管理、统计学、工商管理、行政管理、高尔夫管理、社会工作、新闻学、网络与新媒体、法学、心理学、英语、汉语语言文学、机电交通运输、地理空间信息工程、光电工程等诸多专业的学生。其中以大学二年级、三年级的学生居多，同时也有一年级新生以及部分在读研究生参与其中。这样的人员构成使得聚徒教学过程中，交流学习时经常碰撞出更多的思想火花，有助于不同学科的相互融合、相互补充。

（3）聚徒教学项目属于课外教学活动。聚徒教学活动是由教师和学生自发组织、双向选择展开的，学校教务部给予一定的经费支持并充分鼓励师生们开展此类教学活动。学生没有相应的学分获取，教师也无法计算为此教学项目付出的工作量，所谓的"学生凭兴趣、教师靠情怀"，在实践中却极大地激发了师生们的参与热情。这一方面源自于广大学生对于经济学及其应用有着浓厚的兴趣偏好，另一方面也与教师本身在推广经济学理论及其应用方面的大力投入所积累的人气和声望有着直接的关联。

（4）聚徒教学项目形式多样，打破时间和空间的限制。笔者所开展的聚徒教学项目以"聚徒＋悦读"为核心形式。教学场所不局限在教室，可以在包括教室、会议室、阅览室、茶室、操场、工作间甚至野外等场所展开实际教学活动，学习环境自由而多元。时间安排上也比较灵活，大多利用晚上或周末的课余时间进行。以"师傅带徒弟"的形式，教学方式也丰富多样，包括前沿经济学理论讲授、专题研讨会、主题辩论会、案例分析报告会和读书心得交流会等诸多形式。每一期聚徒中，笔者还会带领学生们至少举办一次家庭式聚会，大家一起动手做喜欢的菜肴并一起分享，力推"会学习、能科研、更要懂生活"的理念。

（5）聚徒教学项目以学生为教学中心。聚徒教学项目改变以往常规教学中以教师讲授为主乃至完全"填鸭式"的模式，实现以"教"为中心向以"学"为中心的转变；聚徒教学提供了教师与学生直接交流的平台，可以有效满足部分学生希望获得比正式课堂教学中更广泛、更深入及更能结合实践的经济学理论知识和分析技巧的需求。

（6）聚徒教学项目更注重传承性。在开展聚徒项目教学过程中，教师的指导不会仅仅局限于经济学的学术知识和分析技能的培养，还体现在通过言谈举止和人格魅力直接影响学生，既传承理论知识，也传承思想意识、科研和生活经验以及品德修养。通过师生之间近距离的相处，可以有效引导学生做更好的人生规划，为其未来的发展奠定更为坚实的基础。

（7）聚徒教学项目有助于推动"教学反哺科研"。教师在聚徒教学中挖掘人才，充实自己的科研队伍，实现教学和科研的双丰收。师生之间互动中的新启示、新思维等都能更好地激发教师的科研思路，实现教学反哺科研；同时通过激发学生的学习和科研热情，带动学生积极参与学术论文写作及参加各类创新创业实践活动及课外论文竞赛活动。而聚徒项目采用的师生双向选择制对教师的教学水平提出了更高的要求，有效促进教师的教学水平与科研能力进步，达到教学相长的效果。

（三）创新研究短课

笔者从 2015 学年度开始开设创新研究短课，每一学年上下两个学期循环开设的都属于其中的专题研讨型短课：经济学应用案例研讨和社会问题经济学专题研讨。

1. 专题研讨型创新研究短课的设置

专题研讨型创新研究短课是由教师拟定的与经济学的学科和专业相关的学术主题作为研讨内容设置，通过布置学生在课下查阅相关主题的资料和文献，进行理论学习和研讨准备；在短课课堂上由教师组织学生围绕主题进行研讨，并对运用经济学理论和经济学逻辑思维分析问题和解决问题的方法进行训练。

创新研究短课的学员由教师公开招募。由于这两个专题研讨型短课都需要一定的经济学理论基础才能保证教学活动的正常开展，所以主要是面向二年级以上经济学及经济管理相关专业的学生进行招募。学员选拔中注重其对学术研究的趋向性和相关学术研究的背景，当然更看重学员对经济学的浓厚兴趣。

经济学应用案例研讨短课的专题包括：现代企业经营目标与约束；成本核算及其在决策中的应用；市场结构理论的应用分析；宏观经济目标的选择；宏观经济政策的组合选择；国民收入决定理论综述。这些专题涉及微观经济学和宏观经济学的核心理论，在经济实践中有广泛的应用，现实的案例也非常多，可以通过大量的实证案例帮助学生学习相关经济学理论并进行深入的研讨。

社会问题经济学专题研讨短课的专题包括：混合经济体制中的政府价格管制；收入分配差距与贫困问题；污染问题的经济分析；教育经济学：危机与改革；社会保障：老年安全网。这些专题都会涉及当前中国社会经济发展中所遭遇的突出的社会经济问题，对其关注并借助经济学基本理论进行解析，探讨相关社会问题的成因、影响及应对对策，借此培养学生运用经济学理论知识分析现实问题并充分理解现实经济运行机制，做到学以致用。

2. 专题研讨型创新研究短课的实践与效果

在开展创新研究短课过程中，教师需要做好课前的准备工作，提前向学生发布讨论专题及相关的研究背景材料，学生也应充分做好课前的资料收集和思考准备工作，并在教学研讨过程中积极参与讨论，形成主动学习、认真思考、广泛吸纳各方观点并通过研讨激发思想火花以提升学术研究能力和素养。

在创新研究短课的实际操作中，除了教师对基本经济学理论知识的讲授和相关专题的理论和现实背景的介绍外，主要发挥学生的作用，通过研讨来带动学生参与教学的热情和主动性。研讨中更注重讨论质量，重点训练学生的文献综述能力、学术研究能力、口头表达能力和创新思维能力等。

专题研讨型创新研究短课对学生的考核由两个部分构成：一个是短课进行中每一位学生参与研讨的表现，另一个以学生提交课程论文或案例分析报告的形式进行考核。这样既能通过过程性考核来考察学生参与研讨的程度，也可以有效地评定学生的学术研究能力和水平。学生依据其考核中的实际表现综合评定成绩为A、B、C、D、F，取得 D 及以上成绩的学生将会取得 1 个学分。

在学校领导及教务部的大力倡导和大力扶持下，越来越多的教师参与到了教学教研的创新工作中，在改善本科课堂教学、丰富教学手段、提升教学品质等方面都发挥了极其重要的作用。

上述所有的创新教学项目和教学实践，都极大地改善了传统经济学课堂上师生互动交流缺乏、学生个性化学习需求难以被满足、经济学教学的应用性较差以及对学生学术研究能力培养欠缺等不足，聚徒教学项目、创新研究短课及经济学通识课程等多种教学教研项目的设立和开展，打破传统讲授式课堂教学模式，拉近了师生间的距离，以小班化、专题化、通识性等为特征，以学生的兴趣为支撑，采用专题研讨、主题辩论、政策评析、专著阅读、读书交流、论文写作、参与学术竞赛等多种形式展开教学活动，有效地提升了经济学的应用性教学效果。

基于商业模拟竞赛的聚徒教学实践模式探究

黄凯珊　　刘永璋　　汤迎丰*

摘　要： 大学生是高素质专业人才培养的最大群体，高等院校是大学生教育的重要载体，担负着培养应用型人才的重大责任。全面提高教育质量，支持学生参加科学研究，强化实践教学环节成为培养经管类专业学生的必要要求。"聚徒教学"是一种小范围、高水平、多互动的精英教育模式，以学生为中心，以能力培养为中心的小班式教学方式，对高校教学人才培养的诸多方面都有独特的促进作用。商业模拟竞赛作为从纯理论教学到理论与实践教学相结合的重要支撑，结合聚徒教学的模式，能够加强实践教学的应用及推广，同时为商业模拟竞赛培养种子选手，使其变得更加可持续性及专业化。本文首先阐述了大学生加强实践教学的必要性，并进一步分析了大众化高等教育背景下师生关系疏离、影响人才培养质量的现状，最终详细表述了基于商业模拟竞赛的聚徒教学的成效，得到了丰富的教学成果。

关键词： 商业模拟竞赛；聚徒教学；精英培养

---

* 深圳大学管理学院。

一　引言

2018 年 11 月，教育部高教司吴岩司长在教育部主办的会议上做了关于《全面把握形势　全面振兴本科教育　全面发挥教指委作用》的专题报告，特别提出要全面振兴本科教育，回归本科教育。大学生是高素质专门人才培养的最大群体，大学阶段是学生世界观、人生观、价值观形成的关键阶段，大学教育是提高高等教育质量的最重要基础。《国家中长期教育改革和发展规划纲要（2010—2020 年）》提出"全面提高高等教育质量，是高等教育发展的核心任务，是建设高等教育强国的基本要求"[①]。目前我国高等教育朝着大众化教育方向发展，高校普遍扩招，学位逐渐增多，给予了更多人深造学习和享受高等教育资源的机会和条件。

但是，大众化背景下的高等教育给相对有限的高等教育资源带来了一定程度上的压力，我国高等教育仍以原先精英化的培养规格和标准来要求大众化的高等教育，精英教育的师资队伍面对越发庞大的学生群体在人才培养教学中往往显得力不从心。因此，注重教学内容、科学知识的传授而忽略了学习方法、创新精神、实践能力的培养，覆盖面大而广但教学方法单一的传统讲授法迫不得已仍成为大学教育的主流方法。在规模迅速扩大的形势下，如何扩大应用型、复合型、技能型人才培养规模，如何优化高等教育结构，如何办出特色、办出水平成为高校急需解决的问题。

---

① 国家中长期教育改革和发展规划纲要领导小组办公室：《国家中长期教育改革和发展规划纲要（2010—2020 年）》，人民出版社 2010 年版。

"聚徒教学"是深圳大学于近年来倡导的一种教学方式，是受先秦诸子聚徒讲学的启发，是大众化教育时代下的一种有效的精英人才培养模式，对大学生科研素质的培养和提升具有显著的促进效应，也是适应当代中国教育理想追求的一种新尝试。

二　商业模拟竞赛的聚徒教学内涵解读

（一）聚徒教学简介

　　"聚徒教学"是教学活动的一种形式，起源于私学盛行的春秋战国时期，是和中国古代私学的发展兴衰密切联系的。"聚徒"二字从字面理解是徒弟聚在师傅身边，这种以师带徒的教学模式决定了单次教学活动的学生数量会受到限制，具有小而精的特点。[①] 同时由于相对少的学生数量，这种教学方式受时间、空间的限制相对较小，不必像为迁就大多数学生需要的讲堂式授课一样必须在固定的时间段和场所进行。但随着教育走向平民、走向大众，强调个性化而非整体性的"聚徒教学"显然难以担当起教育为政治和统治阶级服务的目的，所以无法成为主流教学方式而逐渐弱化。"聚徒教学"以存在于专业技能领域，用师徒相传的模式被保留至今，例如中国传统戏剧、剪纸艺术、皮影戏等非物质文化遗产的传承。

　　由于时代发展和实现中华民族伟大复兴的需要，教育的价值取向更应在于促进学生素质的和谐发展，尊重人的主体价值，培养能为国家和社会服务且全面发展的人。而在目前高校普遍且长

---

　　① 俞静、刘志刚：《论"聚徒教学"之溯源及其现实意义》，《高等理科教育》2013 年第 5 期，第 122—125 页。

期实行传统讲授法，高校教师和学生上课即来下课即去，师生关系之间长期存在隔膜。师生关系的疏离，直接影响到老师因材施教、启发教学和个性化教学，导致高校学生个人的特长和特性得不到发挥，培养符合现代社会发展需要的综合性人才更是无从谈起。总之，现代教育体系制度是为群体设计的，而教育在整体化的同时恰恰也是个体化的。教育群体与个体之间的冲突，已然成为目前高校教学全面提高高等教育质量、提高人才培养质量这一目标的障碍。

《教育部关于加快建设高水平本科教育　全面提高人才培养能力的意见》明确提出，要以学生发展为中心，通过教学改革促进学习革命，积极推广小班化教学和混合式教学。当世的"聚徒教学"是一种以学生为中心，以能力培养为中心的小班式教学方式，对高校教学人才培养的诸多方面都有独特的促进作用。这种以探究性教学为基础的，小范围、近距离、课堂外的精英教育模式，能够成为全面大众化高等教育下精英教学的合理补充。[①] 它"聚"思维、"聚"研究，激发学生专业兴趣，提升学生专业思维能力，是一种先进的教育理念、独特的教育模式。导师在课外专门组织部分学生形成学术团体，开展以专业能力提升和创新创业教育为主的教学活动。它以学生学术素养、综合能力提升为目标，是课堂教学的延伸与拓展。

"聚徒教学"主要组织形式是围绕导师拟定的教学或学术主题，开展专题研究研讨、创新创业辅导、项目研究指导、学科竞赛指导、调研考察实践或创作制作等。因此，"聚徒教学"主要

---

① 黎双飞、汪安泰、陈伟钊、王静：《"聚徒教学"与大学生科研素质的培养与提升》，《课程教育研究》2017 年第 6 期，第 192—193 页。

可分为两大类指导教育：一类是专业技术类的聚徒教学，另一类是管理类的聚徒教学。针对管理类人才培养的聚徒教学并不同于专业技术类教学，相较而言，前者掌握的是有关组织管理与运营的知识，是一套使想法变为行动的无形"技术"。由于管理学科人才培养的管理学特性，在教育中更应当重视高校教育改革创新，管理学科的教育由纯理论形式改变为"理论＋实践"的形式更有益于学生将理论与实践相结合，将无形的管理知识价值运用于有形的社会实践创新中。[①] 其中，以商业模拟竞赛为主的聚徒教学成为管理类人才培养的主要形式。

（二）商业模拟竞赛介绍

商业模拟系统，是一项综合运用企业战略、市场营销、财务分析、生产运作、物流管理等各方面的知识，进行企业经营决策与市场运作的实战性演练。商业模拟的核心在于"企业资源规划、分析与经营决策"，引领学生进入一个模拟的竞争性行业，在相同的企业运营模拟环境和有限运营回合内达成企业发展的战略性目标。

商业模拟系统采用体验式、互动式的教学方式，学生在模拟运营中，不仅能直面市场竞争的精彩与残酷，更能在其中感悟出企业成功的秘诀以及个性特点与角色胜任的关联性。通过对模拟企业当年经营情况的盘点，反思决策成败，梳理管理思路，总结自身误区，并通过多次调整与改进的练习，切实提高学生综合管理素质。

商业模拟是欧美风行的商业与管理教育模式，商业模拟竞赛

---

① 许丽君、徐玲玲、林志红：《商业企业仿真模拟经营平台在经管专业教学中的应用》，《当代经济》2014 年第 1 期，第 108—110 页。

在国外已有 50 多年的历史，已经发展到较为成熟的阶段。如国际企业管理挑战赛（GMC）、全球尖峰时刻挑战赛等都举办了数十届，每年吸引来自不同国家不同地区的数十万人参与。而国内商业模拟竞赛经过多年的发展也已形成了一定规模，较为知名的如"互联网＋"大学生创新创业大赛、全国大学生"新道杯"沙盘模拟经营大赛，"创新创业"全国管理决策模拟大赛以及"学创杯"全国大学生创业综合模拟大赛对广大学生颇具吸引力。

随着高等教育改革的日渐深入，经管学科的教育在向"理论＋实践"的形式转变，教学的过程中开始重视对学生的实践创新能力的培养。面对这一教育趋势，商业模拟竞赛为学生提供了亲身实践的机会，学生在参加比赛的过程中可以获得战略思维、创新思维、系统思维。

三　商业模拟竞赛与聚徒教学的碰撞

（一）商业模拟竞赛存在的问题

我国自 20 世纪 90 年代末开始，高校逐步意识到经管类专业课程需要将纯理论化向实践性、创新性的方向发展，明确经济管理学科竞赛平台建设的重要性，因此商业企业仿真模拟经营平台在高校经管专业教学实践运用中越来越普及。目前高校每年都会参加或者开展相应的经管类学科竞赛活动，然而商业模拟经营模式在经管专业教学应用中水平仍有限，存在着以下问题。

1. 商业模拟竞赛与实践教学体系脱节

虽然商业模拟竞赛在高校经管类专业中已逐步受到重视，高校纷纷开设与学科竞赛对应的实训课程，但总体而言其深度和广度仍待挖掘。从学生的角度而言，商业模拟竞赛的种种激励机制例如：学校资金资助、省级国家级的奖金及证书、创新创业学分认证、校级各类奖学金、保研推免资格、简历加分、申请硕士研究生助力等因素，容易导致学生为赛而赛，而忽视了竞赛带来的知识拓展和专业能力锻炼的宝贵收获。受成功陷阱的诱惑，学生可能选择短时间内参加多个不同类型的商业模拟竞赛。表面上看是学生积极参与竞赛的良好印证，实则是流于商业模拟系统表面，难以体会到在模拟运营中真正有价值的企业战略思维的锻炼、对商业竞争的深刻理解和运营中团队沟通和配合能力的提升。从教师的角度而言，目前经管类专业学科竞赛平台逐步搭建，配合一定量的实训课程体系的设置，但仍然存在综合性不够、创新性不足等问题。现代社会迅猛发展，商业模拟竞赛系统不断与时俱进、快速更新迭代，但高校课程体系的设置、实验教材的编制、设备设施的配套都难以跟上时代发展的脚步。这导致很多实训课程沦为模拟环境中的"教学游戏"，与现实企业的模拟发展联系十分有限，直接影响该课程的教学效果。

2. 师生比扩大导致教师指导精力不足

由于经管类的商业模拟竞赛具有开放性的特点，每年高校举办的商业模拟竞赛都会吸引全国各大高校许多经管类甚至其他专业的学生积极参赛。以深圳大学为例，管理学院承办的四大商科竞赛（尖峰时刻全国商业模拟大赛、"创新创业"全国管理决策模拟大赛、全国大学生"新道杯"沙盘模拟经营大赛以及"学创杯"全国大学生创业综合模拟大赛）校内选拔赛参赛人数规模庞大，经常吸引到数百学生参加。伴随着高校普遍扩招，师生比例逐步扩大。专业教师不得不增设班级学位甚至肩负多门专业课程的教学，教学任务本就繁重，能够按照大纲完成教学任务已属不易。此外，高水平大学建设的要求给予教师学术研究更大的压力：国家发展课题、CSSCI 论文、SCI 论文……教师们指导学生进行教材以外的商业模拟竞赛精力十分有限。此外，教师无法精准匹配到有潜力、有兴趣参与竞赛的学生并开展指导，进一步增加了教师的指导成本。

3. 缺乏配套竞赛资源支持

学生在参与商业模拟竞赛的过程中，存在着学生、导师、学校之间资源不匹配不均衡的现象。学科竞赛需要大量的教学资源支持，在学生的实际培养中往往受经费、设备、场地、师资等诸多因素的制约。大量的参赛学生造成资源共享开放平台难以全面开放、场地设备受管理条例管控、导师资源的有限性开放等影响着商业模拟竞赛的发展，并打击参赛学生对商业模拟的热情和信心。

（二）以商业模拟竞赛为主要形式的聚徒教学

"聚徒教学"是指以加强学术交流、思想交流和情感交流为特点、以研究性教学为基础，以学生为中心的，小范围、近距离、高水平的"精英式"教学模式。这种小而精的特点与商业模拟竞赛"入口大、出口小"的形式相适应。商业模拟竞赛兼具大众化的、精英化两种似乎相悖的特点于一体。一方面，门槛较低能够激发广大高校学生参与的热情和兴趣，迎合经济管理教育的需求，成功实现在全国高校间普及的目标。另一方面，竞赛实质上是一种选拔。在商业模拟竞赛中，只有培养出最拔尖的人才才能在各大高校的竞争中拔得头筹，因而需要高校、导师资源投入的倾斜，集中进行精英式的培养。[①]

---

① 许丽君、徐玲玲、林志红：《商业企业仿真模拟经营平台在经管专业教学中的应用》，《当代经济》2014 年第 1 期，第 108—110 页。

以商业模拟竞赛为主要形式的"聚徒教学"精英教育模式来训练学生，能够促进实践教学的应用及推广。同时为商业模拟竞赛培养种子选手，使其变得更加可持续性及专业化，为深圳大学学科竞赛项目助力。

（三）聚徒教学的实践举措

1. 商业模拟系统训练

基于商业模拟竞赛的"聚徒教学"主要涉及深圳大学管理学院四项学科竞赛：尖烽时刻全国商业模拟大赛、"创新创业"全国管理决策模拟大赛、全国大学生"新道杯"沙盘模拟经营大赛以及"学创杯"全国大学生创业综合模拟大赛。[①] 而竞赛所使用的系统分别为芬兰 CESIM 系统的 On Service、Global Challenge 实训系统、"商道"八系列模拟系统、新道"商战"5.0 系统和"创业总动员"系统。这些系统的模拟环境，都是基于相同的虚拟公司环境，与其他对手在竞争激烈的市场环境中进行较量，制定企业的总体战略并实施相应的战术，最终根据企业经营的指标进行量化评分。

"聚徒教学"中不断进行模拟实验及推演，分析数据，研究变量，从而研究这些系统的内在模型，更加全面系统地了解整个系统。主要研究内容包括：系统操作，如界面、参数设置、案例数据分析等；系统中涉及企业管理的领域，如市场、生产、研发、财务部门的关联；影响系统决策的变量并总结出一些关键问

---

① 黄凯珊、王小汀：《商业模拟运营竞赛与实践教学相结合的培养模式探讨》，载《基于应用型人才培养的高校教学改革探索与实践——深圳大学管理学院研究论文集（5）》，暨南大学出版社 2013 年版，第 33—39 页。

题；影响系统获胜的关键因素及调整范围；整理一套比较完整的决策制定流程。

2. 系统性思维启发

子曰："不愤不启，不悱不发。举一隅不以三隅反，则不复也。"（《论语·述而》）这是对启发性教学的概括。经过多次模拟系统的训练并总结后，学生对该商业模拟系统已有初步的了解和认知，能够制定较为合理的企业经营战略并取得相对较好的成绩，但未能够达到真正理解模拟系统中的企业经营内涵，制约着学生竞赛能力的发展。在"聚徒教学"中，导师与学生之间能够充分互动，了解到学生困惑并进行启发式教学，能够有效帮助学生跳出模拟系统的桎梏，将企业资源规划的思维运用到现实之中。

3. 参加商业模拟竞赛实践

"聚徒教学"在经过长时间的训练和启发后，最终将培养出的综合性精英人才组建成深圳大学代表队，与全国各大高校进行短时间、高强度、高水平的商业模拟竞赛。在高手云集的商业角逐中，深大学子能够在国赛舞台上展现深大的风采，取得辉煌与荣誉，切身处地体验到实践教学的魅力。

四 商业模拟竞赛与聚徒教学相融合的成效

（一）丰富了聚徒教学的模式

一是形成紧密度较强的"赛教结合"的教学模式。由于聚徒小组小班制、精英化的特点，组内的数名学生可以以开展商科竞赛系统集训营、最佳 PPT 制作者争夺战、演说家比赛等形式，进行针对商业模拟竞赛所需的技能的应赛培训。通过小组竞争丰富教学内容，活跃课堂气氛，实现理论知识与执行能力的一体化，有助于加速学生对所培训的知识和技能的吸收。

二是增强了学生的学习深度。聚徒小组在结束每周的教学竞赛之后开展活动复盘及辩论，让学生们针对比赛中出现的某个现象畅所欲言，老师鼓励学生从不同的角度思考这些问题，对不同的观点进行辩论，并在过程中不断抛出问题，引导学生进行更加深入、辩证的思考。使学生突破以往的思维方式，令他们从一个"接收者"转变为"生产者"，提升其创新思维和辩证思维。

三是丰富了教学的传承方式。老师不仅可以自己言传身教，还可以定期邀请往届的聚徒学生参加聚徒研讨，分享竞赛经验和心路历程或充当日常训练的评委，以此展现自身精湛的技能水平。以感情环境的建设，传承对商业模拟竞赛真诚热爱、执着追求的精神，后辈获得鼓舞并取得优异成绩，一年以后再以前辈的身份回归分享，形成"师生相传""生生相传"的良性循环。

（二）提高了教师的业务水平

一是提高了教师培养商科竞赛选手的投入产出比。聚徒教学通过老师汇聚一批有共同志向和出色能力的学生，采用"师带徒"模式教学，免去了以往商业模拟竞赛选拔的烦琐筛选，大大降低了时间成本，提高工作效率。老师不必担忧精心培养的学生中途弃赛，只需要集中精力，对聚徒学生进行高强度、高质量、深层次的培训。

二是实现"教学相长"。在开展相关的聚徒教学活动之中，教师与每一位学生面对面进行交流，了解他们近期的商科系统学习情况，为其解决竞赛中遇到的困惑，提供解决问题的新思路，疏导应赛情绪。为学生提供针对性培养，并仔细了解学生的特长和发展方向，可以掌握更加全面的信息，可以提前预估会出现的问题，及早做出准备和调整。通过老师和学生的定期、频繁交流沟通，学生提供阶段性的学习反馈，教师及时调整教学任务、教学方法、教学目标。为提升自己的专业实践教学能力和商业模拟竞赛指导能力，教师可以以参加学术会议、实验培训班的方式了解、掌握最新商业模拟竞赛系统和实践教学手段。如此反复，形成一个良性循环，实现教学业务水平的可持续发展。

笔者通过聚徒教学项目，以竞赛指导教学为基础，小范围、近距离、高水平的精英教育模式来训练学生，提升实践教学的应用及推广，同时，为竞赛项目培养种子选手，使其变得更加可持续性及专业化。通过该项目的实施，为管理类学科的实践教学管理模式探索新的方向，促进教学理论与实践相结合，促进相关专业课程结构合理化，同时提升管理学院实验室的开放率。

（三）提升了学生的综合素质

一是培养了学生的进取意识。聚徒教学本身是一项平和的教学活动，但商业模拟竞赛有很强的竞争性，两者结合使学生更加具备竞争意识，符合时代发展的节奏。竞争的过程是动态的，没有永远的成败，重要的是学生的努力程度。这就鼓励了学生不断进取，在成功中总结经验，在失败后审视反思，甚至是向成功者学习其长处，锻炼较强的抗压能力，培养良好的竞争心态，打造符合时代精神的创新创业型人才。

二是提高了学生的学习技能。学生在经过一段时间的高强度、集中式的培训之后，从控制系统能力、PPT 制作水平到演讲技术都会有一个极大的提升。除此之外，教师还可以鼓励学生查找商业案例、收集当前商业新闻，引导学生关注社会现实，锻炼学生对时下各大企业动态、商业政策变化的敏感度，提升独立商业分析和预测的能力、培养战略思维和历史思维。由于聚徒教学每周都有讨论时间，学生不仅可以收获自己思考的成果，还可以在沟通中吸收他人的经验，化为己用，进一步提高自身能力。

三是锻炼了学生的团队合作能力。聚徒项目的小班制教学使得学生聚集成团，长时间的共同训练令彼此有更多的接触机会，在日常培训、讨论中锻炼学生的团队合作能力。更重要的是，商科竞赛训练更多时候是枯燥无味的，聚徒项目帮助竞赛学生建立起一种友好互助的氛围，让学生之间收获真诚的友谊，令每个学生懂得如何信任、依靠队友，在瓶颈时期大家互相激励、互相支持，面对商业模拟竞赛形成坚不可摧、永不放弃的团队精神。

（四）实现了教学资源的合理利用

一是提高了实验室的使用率。除正常的课堂教学时间之外，参与聚徒教学的每个实验室全天开放，学生通过预约可自行到实验室练习，学生可以自由使用实验室的电脑、黑板、投影等设备，开展系统的训练、内部的交流比赛及竞赛经验方面的交流研讨会议。

二是提高了实验软件的使用率。对部分实验项目或竞赛项目（如沙盘、商道系统和创业之星系统），允许学生远程登录，全天候使用实验室的软件，对于其中不懂的地方及时向老师和师兄师姐请教，制作出配合软件使用的报表便于决策。学生在深度学习这些软件之后，提高自身的商科竞赛水平，在商业模拟竞赛中表现出色，获得佳绩，为校争光，赢得荣誉，这是实现软件价值最大化的路径之一。

三是师资力量的整合。学生参加商科竞赛有助于提升自我素质，老师指导学生参加商科竞赛则有助于提升个人的教学水平。

聚徒教学与商业模拟竞赛相结合，教师投入到对商科竞赛的指导之中，获得的成果既获得来自竞赛举办方的肯定，也可以收获校方的鼓舞，以此激励教师继续投入竞赛指导研究中。最终学校将出现一批优秀的商业模拟竞赛的指导教师，以此整合师资力量，实现对于商业模拟竞赛的高效投入并持续获得优异的竞赛成绩。

（五）获得了一系列的教学成果

笔者指导的"聚徒教学"项目自 2014 年启动以来，不断对学生开展系统竞赛培训、举办创新思维交流会，持续为学校输送优秀的商科竞赛选手。经过为期四年的不断努力与实践，"聚徒教学"模式对商科人才培养的效果日益凸显。

在四年的"聚徒教学"项目中，共计"聚徒"41 位学员。据不完全统计，所指导的学生中已有 24 人毕业，其中 2 人获得学校优秀毕业生，4 人获得学院优秀毕业生。学员中的 27 人在当年"聚徒教学"项目过程中获得各类奖学金 42 项，奖金总金额达到 10 万元以上；参加各类商科竞赛，获得国家、省、校级奖项共计 30 项，其中 5 人获得全国特等奖，16 人获得全国一等奖；设计实训系统电子辅助模型 8 套；参加各类创新创业项目 35 项，在已结题的项目中优秀率达到 30%；完成各类总结及心得体会 35 篇等。

五 结语

目前，个性化教育和创新教育是国内教学方法和模式的研究发展趋势。深圳大学管理实验中心教学团队的聚徒教学实践表明，与传统商业模拟竞赛的培训方式及学生培养模式相比，聚徒教学在培养学生对商科竞赛的学习兴趣、增强其主动学习能力、树立创新的思维方式和思维能力、提高学生综合素质，以及合作与交流能力等多方面发挥了作用。

聚徒教学与商业模拟竞赛的结合，对我国高校培养创新型、复合型、高层次人才具有重大意义。随着国家更大力度、更深层次推进教育改革，我们将以持续创新的精神不断地修正、补充、丰富商业模拟竞赛对于聚徒教学建设与创新型人才的培养模式。

"跨界融合＋四位一体"的高校三创平台体系搭建实践及探索研究[*]

王　远^{**}

摘　要： 基于国内外创意、创新、创业教育（后简称为三创教育）现状对比研究的基础上，针对我国高校三创平台存在问题，重点基于相关课程实践及教学探索成果，梳理出一套层层递进、环环相扣、由广至深的"跨界融合＋四位一体"课程结构体系及人才培养模式：集"知识传授＋思维锻炼＋能力培养＋价值塑造"四位于一体，横向上注重本科生通识教育的广度，纵向上注重研究生专业教育的深度，同时融合"自身＋高校＋社会"三方的全过程三创生态链。旨在改变创意人才培养模式，增强高校三创教育实力，从而提高国际竞争力，充分发挥比较优势，服务于转型期国家创新发展的基本战略。

关键词： 三创教育；MOOC 课程；通识课；聚徒教学项目；

　＊ 基金项目：广东省本科高校创新创业项目《"跨界融合＋四位一体"的高校三创平台体系搭建实践及探索研究》。

　＊＊ 深圳大学艺术设计学院。

创新研究短课；大学生创新创业训练计划项目；挑战杯竞赛；创业比赛

一　研究背景及意义

（一）国外高校三创教育发展情况

三创教育起源于目前发展最好的美国，经历了从课程教学到专业教学，到学位教学的全过程，现已形成非常成熟的人才培养模式。在全民终身教育理念的指导下，宏观上形成全国三创联盟，中观上倡导校际及校企合作，微观上设置跨专业课程同时成立三创中心，校内外各种跨专业竞赛以及大量鼓励型基金会的保障都为美国三创教育提供肥沃的发展土壤，极大地推动了美国创新行业的整体进步。[1][2]

20 世纪 40 年代起，战后美国经济的快速发展带来的巨大行业需求催生了高校的三创教育，时至今日已推广至美国每间高校，其中最具影响力的是百森商学院的"创新创业课程"和被誉为硅谷心脏的斯坦福大学的"产学研一体化"模式。美国促进科学协会于 1985 年制订《美国 2061 计划》，自此构建了从儿童时期贯穿到大学阶段的三创教育体系，后又通过了《美国竞争法》，从法律层面加强对人才培养和三创教育的保障。经过几十年蓬勃发展，成熟的人才培养结构及完善的人才培养模式为美国科技领先世界奠定了基础。美国高校的三创教育已经从自上而下的政府

---

[1]　张瑞瑞、陈茹：《中外创业教育模式比较研究》，《教育教学论坛》2018 年第 40 期，第 89—90 页。

[2]　胡桃、沈莉：《国外创新创业教育模式对我国高校的启示》，《中国大学教学》2013 年第 2 期，第 91—94、90 页。

带头引导式彻底走向了自下而上的全民自由发展式。[①②]

自三创文化在美国兴起，同时期的其他发达国家相继开展三创教育活动。基于丰富的产业结构和强大的政府主导，英国的三创教育更注重职业技能，更倾向于创业精英的培养。作为典型学历社会的日本，有着强大的民族精神和独有的教育理念，日本的三创教育更集中高效，更注重精神理念启发和思维能力培养。后来居上的韩国和新加坡等国陆续开始推动高校发展三创教育，因地制宜地培育创新型人才。[③]

（二）国内高校三创教育发展情况

我国高校三创教育起步较晚，自 20 世纪 80 年代起萌芽，主要脱胎于同时期的素质教育。2002 年教育部确定九所高校为试点院校，然后逐步扩张。2012 年《普通本科学校创业教育教学基本要求（试行）》的出台从根本上推动了我国高校三创教育的规范化、制度化、科学化发展。随着 2014 年李克强总理提出的"大众创业、万众创新"的号召，在全球化竞争日益激烈和产业人才供给矛盾的情况下，高校三创教育之花开遍全国。

政策引导下，[④] 我国高校三创教育处于多元化发展阶段，主要分为三大类：中国人民大学的"理论模式"，结合第一、第二

---

① 宋吉红、孙阁、齐元静、王云琦：《美国高校创新型人才培养模式对我国高等林业院校人才培养的启示》，《中国林业教育》2018 年第 36 卷第 6 期，第 74—78 页。

② 陈强胜、高俊山：《中美高校创业教育的比较及启示》，《湖北社会科学》2018 年第 9 期，第 147—151 页。

③ 陈诗慧、张连绪：《大学生创新创业教育的国际模式、经验及借鉴——基于美国、德国、日本等三国的比较》，《继续教育研究》2018 年第 1 期，第 115—120 页。

④ 王占仁：《中国高校创新创业教育的学科化特性与发展取向研究》，《教育研究》2016 年第 37 卷第 3 期，第 56—63 页。

课堂，强调意识培养和知识构建，开展专题讲座以及举办创业竞赛；北京航空航天大学的"实践模式"，注重校企联合实践，强调创业理念落地执行，培养领袖精神气质；上海交通大学的"综合模式"，构建全过程三创链，各个环节上提供资源补助，提倡学生在实战中积累经验。

（三）我国高校三创教育存在问题

近年来，随着三创教育快速发展，我国学者对大学生创新创业的研究也不断深入，日益丰富。研究方向主要集中在三创教育领域，涵盖社会价值、具体内容、教学模式、存在问题、支持保障及研究评价等各个方面。从全球视角来看，国外高校三创教育体系因发展较早，现有教育规模和培养体系已较为成熟，从知识层面设立跨界课程进行基本概念的传授，从思维层面成立各类组织进行主观意识的锻炼，从能力层面举办大量比赛进行实践技术的提高，从价值层面进行立体化、多层次、全年龄段的主观能动性的塑造，时至今日国外知名高校基本都已摸索出一套因地制宜的理论体系。[①]

随着我国经济实力增强，产业结构完善，我国高校三创教育取得不俗成果。2015 年 4 月，国务院发表的《关于深化高等学校创新创业教育改革的实施意见》指出："存在一些不容忽视的突出问题，主要是一些地方和高校重视不够，创新创业教育理念滞后，与专业教育结合不紧，与实践脱节；教师开展创新创业教育的意识和能力欠缺，教学方式方法单一，针对性实效性不强；

---

① 李双寿、李乐飞、孙宏斌、杨斌：《"三位一体、三创融合"的高校创新创业训练体系构建》，《清华大学教育研究》2017 年第 38 卷第 2 期，第 111—116 页。

实践平台短缺，指导帮扶不到位，创新创业教育体系亟待健全。"基于国内外三创教育现状对比研究的基础，总结问题如下：

1. 缺乏成熟理论体系

缺乏完整成熟的三创教育理论体系作为基础指引高校三创教育发展，缺乏教育效果深度研究用以更新认知，缺乏教育活动实践案例用以借鉴参考。

2. 重视教学轻视实践

与我国高校传统教育相似，三创教育重知识传授和思维锻炼，以课程、作业、讲座、讨论为主，轻能力培养和价值塑造，缺少实地调研、实操训练、实际运营等。

3. 缺乏人才组建梯队

沸沸扬扬的高校三创全国开花，产业巨变急需跨界通识人才，本科生普遍面临着专业课越来越细窄精尖的发展趋势，部分专业因过于狭隘导致就业困难，越来越多的大学生毕业后跨行业就业，甚至跨领域读研深造。与此同时，研究生教育依然按照传统步伐停滞不前，专业课压力让研究生对三创教育望而却步，我国高校缺乏一套从本科生到研究生的三创人才梯队组建的规划办法。

二 平台体系搭建实践

综上所述，针对我国高校三创教育普遍存在的三类问题，尝试将"知识传授＋思维锻炼＋能力培养＋价值塑造"融为一体，梳理出一套层层递进、环环相扣、由广至深的"跨界融合＋四位一体"课程结构体系和人才培养模式：横向上注重本科生通识教育的广度，纵向上注重研究生专业教育的深度；融合"自身＋高校＋社会"三方的全过程三创生态链，以跨学科、多维度、全方位的视角，尝试性、探索性、研究性地解决现存问题，并理论结合实践，实践反推理论来逐步迭代更新整套体系（见图1）。

自 2013 年陆续参与各类三创项目，到 2018 年逐步形成一个富有内在逻辑的三创人才培养体系。图中所列八类项目均在本校教务部大力支持下开展，启动时间有先后之分，因此项目的发展成熟度和完善度也有所区别。从一开始只是想尝试新的教学方式，想更合理地因材施教，到中间主动去探索三创项目落地实践，到现在搭建成一个较为完整的全过程三创生态链用了五年时间。中间伴随着八类项目每年每届的申报立项、亲自实践、结项考核、听取反馈、总结经验及循环往复的研究后再投入，中间经历了指导的学生创业项目破产，大创项目失败，学术创新毫无进展等各种困难，但也在此过程中逐步摸索出较为科学合理的体系结构。本文将基于图 1 中所列八类项目分别阐述其具体实践过程，并对教学经验进行整合归纳，从而对整套体系的结构框架进行逻辑演绎及总结复盘。

（一）MOOC 课程实现按需定制学习

深圳大学于 2013 年 12 月举办全国地方高校 MOOC 发展研讨会，会上倡议组建 UOOC 联盟，并得到 28 所与会高校代表的积极响应。联盟成立以来，稳步推进，快速发展，加盟高校规模不断扩大，成员高校达 125 所，遍布全国 28 个省市区，68 座城市，覆盖师生人数 300 万，上线课程数量达 309 门，供课学校有 61 所，累计选课人次近 50 万。

自首次参与校内 MOOC 课程动员大会以来，深圳大学十分关注在线教育对现有教育的冲击和影响。2014 年至今，实地参与数

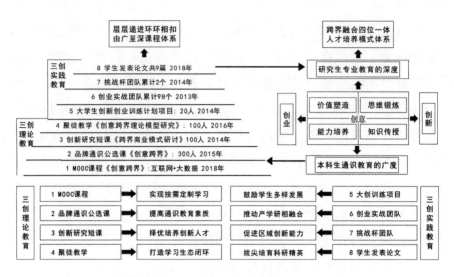

图1　"跨界融合+四位一体"课程结构体系和人才培养模式（自绘）

十门 MOOC 课程的全制作过程，同时展开大量学术研究和理论探索。2018 年指导学生挑战杯竞赛项目《大数据时代全民通识教育体系构建探索研究——以四大在线教育平台艺术类课程为例》，团队收集了国内高校四大 MOOC 平台数据信息，做了基于学生的用户画像的深度调研，得出以下结论：国内名牌高校应大力推进自身教育体系改革，跟上在线教育这列快车，积极利用互联网边际成本无限趋近于零的特点开展全民通识教育，构建全民终生学习体系，促进全民素质稳步提高，同时高校间应充分信任合作、共建共享，全力推动传统教育变革。基于该研究结论，有条件的高校应利用互联网推进通识教育，提供平等自由、开放共享、丰富多样及低廉适用的通识课程给潜在庞大的用户群体。① 未来的高等教育将不再受制于地区资源、名校门槛、招生多寡和不利政策等。大数据时代，人们都在寻求按需定制的学习方式，在线教

---

① ［美］凯文·凯里（Kevin Carey）：《大学的终结》，人民邮电出版社 2017 年版。

育使通识教育和终生学习成为可能。因此计划扩大理论受益学生面，将线下需要提前占位的品牌通识课做成线上 MOOC 课程，使其不再受制于线下教室面积和座位数量及区域地理位置因素，充分满足学生何时何地想学就学的基本诉求及因人而异的学习需求，全面帮助学生实现按需定制的学习愿望。

（二）品牌通识课提高通识教育素质

"通识教育旨在培养社会的治学风气，陶冶公众的心智，净化民众的心灵，为大众的激情提供正确的原则，为大众的期望提供固定的目标，为当下的思想提供扩充限制。"现代大学教育目标是培养全面发展的人才，大学既要开展以专业知识传授与职业能力培养为目的的专业教育，更要注重以健全人格、和谐身心和全面发展的"人"为目标的通识教育。纵观人类发展史，跨界通识一直普遍存在，高等教育从本源上就是通识教育，不管是亚里士多德的学院还是孔子的书院。只是随着工业发展，人们有了专业分工，教育体制日趋细分，反而窄化了教学思想和教育方法。

适逢我国经济发展，产业结构转型，传统的"术业有专攻"在市场上有所变化，高等教育作为供给端持续培养学科细窄的专业人才，同时跨界发展的市场却又急需具有举一反三能力的通识人才，越来越多的学生毕业后跨行业就业，高校逐渐意识到不能再故步自封地进行专业教育，而要创建合适的人才梯队，分阶段培养不同类型人才。于是深圳大学自 2014 年启动品牌通识课项目，大力推进本科阶段通识教育，引导学生广泛涉猎不同学科知识及领略不同学科思想方法，培养全面发展的高素质人才，该课程体系包含人文艺术、社会科学、自然科学、生命科学、创新创业和中华文化六大类。

2015 年开设创新创业类品牌通识课《创意跨界》，至今已滚动四个学期，作为招牌课堂堂爆满，学生遍布各个院系，旁听生甚至有研究生和已毕业校友，教学质量测评优秀。在课程结构上从宏观入手，横向上扩大学生的眼界与知识面，中观上结合经济学、管理学、传播学等学科知识，利用历史、政治、社会及文化故事讲述跨界的基本规律和游戏法则，微观上选择代表性项目进行案例分析和复盘总结，纵向上锻炼思维深度，提高认知和判断力，实现启发思想、掌握方法、激发创意的教学效果（见图 2）。

该课程独创四个主要知识模块："横向 vs 竖向"，"线上 vs 线下"，"新的 vs 旧的"，"东方 vs 西方"。每个模块都是基于跨界的核心思想："无处不在 + 无所不能"，旨在通过理性与感性的交叉，今天与未来的交叉，多元素、多领域的交叉让学生获取新的价值和意义。与此同时，四个模块与模块之间相对独立且层层递进，形成从认知、理解、思考到创新与创造的立体化结构和良性生态闭环，为学生打下三创通识基础，从而提高学生三创兴趣和主观能动性（见图 2）。

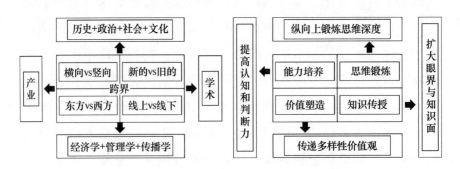

图 2 《创意跨界》品牌通识课逻辑结构图（自绘）

（三）创新研究短课择优培养创新人才

上述品牌通识课每届选课学生 80 个左右，旁听生 40 个左右，有选不到课的，有研究生或毕业校友。学生来源丰富，年龄差距较大，据统计最大的一个学期相差 7 岁。在普及基本通识教育的时候受益学生数量大、群体多是个优势，但是授课难度难以均衡，存在部分学生对课堂内容不够吃、吃不饱，对课堂案例还想深入了解，对课堂理论还想持续研究的情况。适逢教务部大力推进创新研究短课项目，为探索创新创业型人才培养新模式，营造探究式学习和自主学习氛围，激发学生创新思维，培育学生创新精神和实践能力。短课强调学术性、研究性和实践性，分为科研项目短课、专题研讨短课、专技实践短课及学院特色短课。短课共 18 学时，1 学分，实行师生双向选择的招募制，学院和教师公布开课信息，由教师接受学生报名；鼓励开课学院或相近交叉学科学生选修该类课程；学生也可现场试课，择优录取。

2014 年开始尝试不同研究主题的专题研讨短课，用以辅助配套通识课的大班授课。基于品牌通识课上 90％ 以上为非本专业学生的情况，通识课是鼓励学生对外扩展，扩大知识面的良好渠道，学生横向上提高认知和眼界，有利于对其他行业产生兴趣，领略不同学科思维方法，从而形成自己的独立价值观。在通识课上学习收获较多的学生可以成为优秀的能继续深入研究的创新研究短课学生候选人。择优挑选，进行分层次、有针对性的培养，在小班学习环境中加以提升锻炼，达到横向上重通识教育却又能根据个人特点因材施教的根本目的。

连续四个学期配套开设下来，逐渐摸索出较为成熟的教学方案：大班上只能泛泛而谈的项目案例，拿到小班上重点讲述其背后的原理，灵活运用小班制人少好调节的特点，从教学到考核上分小组进行，变传统的"老师讲学生听"为小组联合讨论和集体头脑风暴，期末考核也从大班的闭卷考试变为小组灵活选取项目进行抽丝剥茧的分析答辩，充分调动个人积极性，鼓励主动学习，自主思考，合作实践。

（四）聚徒教学项目打造学习生态闭环

创新研究短课合理地解决了品牌通识课不能因材施教的问题，从教学方式和考核评价上提高了精英培养效率，鼓励学生变被动听讲为主动发言。连续四个学期下来，反馈意见良好，学习效果颇丰。然而在逐步摸索探究过程中，发现教学内容只是深浅之别，并没有改变学生课后的学习习惯和课外的学习模式。"真正的通识教育不仅仅是要讲授特定某些学科领域的知识，最为重要的是，要去理解整个世界的方方面面是如何联系的。这不仅仅需要精心设计课程，还需要学生主动刻苦学习。"百般思考，联系学生做焦点访谈小组，认为现代大学生最大的问题是缺乏阅读，专业之外的书基本不碰，没有了阅读谈何主动学习与深度思考？

同时，为进一步深化教学改革，积极探索大众化教育阶段的精英教育模式，提高教学质量，培养思维能力。深圳大学在创新研究短课外开拓新尝试，主动进行三创教育培养。原"聚徒教学"从项目制变为导师制，加强了导师对项目的主导作用，该项目不计学分，不计工作量，跟创新研究短课完全不同，旨在回归传统的"师傅带徒弟"的方式，引导真正热爱教学的老师发挥个人魅力，吸引真正想学而非功利目的的学生团聚，带领他们进入学科殿堂。

2016年开始在品牌通识课和创新研究短课配套的基础上，进行更复杂的教学实践《创意跨界理论模型研究》：基于培养拔尖学生的精神理念，对学有盈余，有相关专业学科背景，愿意基于《创意跨界》大的知识体系框架下，进行某一个区间更加深刻的理论研究的学生设立一个高级精英班，为他们创造一个可以自我发挥、创意思维、创新想象、深度研究的课堂环境，使他们有别于公选课宽泛表面的学习效果，得到深层次、立体化、全方位的创新机会和学习体验。

基于创新研究短课获得的经验反馈，没有把聚徒项目做成传统授课制，而是从2016年到2017年带领他们完成了一个乌托邦教学年：两个学期包括寒假从精挑细选的书里面摄取精华，从基础到中度，从微观到宏观地培养他们尽信书不如无书，但是腹有诗书气自华的本领。每周上课一次，寒暑假不曾间断，总计带30名左右学生进行了八本书的深度阅读和跨界讲解（见表1）。一年下来得到教学成果一部——1500页150万字的读书笔记。2017年因过于受学生欢迎，此项目增加人数至50人分成2个班开设，项目升级为《创意跨界基础理论模型研究》，增加了人文社科的通识书单，得到教学成果一部——1200页120万字的读书笔记。两届聚徒项目都优秀结项，2018年第三届正在进行中，收集了前两年反馈意见，新增部分人文社科通识书单，涉猎包括经济学、管理学、社会学、人类学等领域，内容涵盖性别研究、弱势群体、全球政治、未来教育、智能商业等。

除了引导学生读书，讨论和理解案例，最成功之处是打造了独立学习生态闭环。从英国引进LOGSHEET制度，规定从导师做起，每周汇报读书进度和反馈体验，内容包括书上重点摘录以及如何阅读思考、发散联想及解释评价。这个规定被强制要求一整年贯穿第一届的八本书，起初，疏于写作的学生极不情愿，各种抗拒觉得非常浪费时间，三周后他们意识到了 LOGSHEET 的好处开始主动写作并且经常讨论怎么写才更加有效，因为他们意识到了真正的学习过程应该是一个完整的生态闭环：导师带着讲书配合案例学生听课这是"输入"，而自己看书联想并解释案例是"输出"，两者缺一不可。这就是最成功的独立成体系的闭环："描述＋解释＋评价＋联想＋迁移"。其中更有趣的是，每个学生对书的理解不同，联想的案例也不同，于是大家开始期待上交 LOGSHEET 之后的相互点评，可以看到不同专业同学的不同思考方式，这是学生觉得最宝贵的收获。从第一个学期的纯文字版的 LOGSHEET 开始，在第二个学期尝试难度更高的思维导图版 LOGSHEET，旨在培养敏锐的洞察力，提高创新学习能力，鼓励他们主动吸取新鲜知识并加以判断鉴别，善于思考同时勇于表现。

表1　　　　　　　　　　聚徒教学历年书单总结列表

时间轴	具体书单	人数
2016—2017 年 初始书单	曼昆《微观经济学》＋《宏观经济学》＋《经济学原理学习指南》	30 人 左右
	《时寒冰说：未来二十年经济大趋势（现实篇＋未来篇）》	
	《腾讯传》＋《刘强东自述：我的经营模式》＋《中国为什么有前途》	
2017—2018 年 新增书单	谢弗《社会学与生活》＋尤瓦尔《人类简史》＋《未来简史》	50 人 左右
	罗振宇《迷茫时代的明白人》＋陆铭《大国大城》	
2018—2019 年 新增书单	《浩荡两千年》＋《跌荡一百年》（上、下）＋《激荡三十年》（上、下）	15 人 左右
	《历代经济变革得失》＋《思维导图系列》＋《复盘》＋《跃迁》	
	《打工女孩》＋《我在底层的生活》＋《江城》＋《从乡村到城市》	
	《奇石》＋《大学的终结》＋《智能商业》＋《态度》＋《见识》	

（五）大学生创新创业训练计划项目鼓励学生多样发展

根据《教育部财政部关于"十二五"期间实施"高等学校本科教学质量与教学改革工程"的意见》，教育部决定在"十二五"期间实施国家级大学生创新创业训练计划，促进高等学校转变教育思想观念，改革人才培养模式，强化创新创业能力训练，增强高校学生的创新能力和在创新基础上的创业能力，培养适应创新型国家建设需要的高水平创新人才。为响应号召，基于品牌通识公选课和创新研究短课的配套，到聚徒教学的高级精英班中挑选适合实践落地的优秀学生，进行分层次、有针对性的以团队为形式的重点培养。

在积累了大量知识传授和思维锻炼的基础上，择优挑选拔尖人才，进行能力培养和价值塑造：2014 年，跨学院组建了新媒体团队，首创深圳大学唯一一个以大学生创意才华展示为核心的移动互联网平台，平台用户顶峰期达到 5 万人，项目持续三年，被评为国家级优秀结项。2017 年，从聚徒教学里跨学院抽取不同专业的善于阅读思考的学生，分小组进行个人兴趣优先的项目专题研究，项目持续一年，被评为省级良好结项，同时发表了四篇省级期刊论文。经验总结发现，不要以专业去限制学生的个人发展，在个人兴趣的基础上加以合理引导，任何条件的学生都有可能获得可观进步和丰富收获。我国高校缺乏一套从本科生到研究生的三创人才梯队组建的规划办法，高校应打破传统教育的学科壁垒，学院应通力合作，鼓励学生跨院选课，交叉进行创新实践，分阶段培养不同类型的人才，合理组建人才梯队。

（六）创业项目推动产学研相融合

从创新研究短课参与学生中挑选适合创业的学生落地创业实践项目，自 2013 年起，陆续指导创业团队累计 98 个，据统计，累计获得比赛奖金 16 万元，超三分之一的进入 A 轮融资，部分成功项目目前在持续健康运作中。深圳大学背靠创新之城深圳，行业结构丰富，产业基础良好，只要辅助学生因地制宜地挑选项目，厘清逻辑，梳理方案，公开路演及运营投放均可获得较大收获。在整个实践落地阶段，最关键的是"自身 + 高校 + 社会"的三方融合：产学研紧密结合、融为一体、互为补充、相辅相成，城市与高校融合并茂，学院与学科融合前进，专业依托地缘融合发展，个人和集体共同进步。

（七）挑战杯项目促进区域创新能力

"挑战杯"全国大学生课外学术科技作品竞赛（以下简称挑战杯）是由共青团中央、中国科协、教育部、全国学联和地方政府共同主办，国内著名大学、新闻媒体联合发起的一项具有导向性、示范性和群众性的全国竞赛活动。自 1989 年首届竞赛举办以来，始终坚持"崇尚科学、追求真知、勤奋学习、锐意创新、迎接挑战"的宗旨，在促进青年创新人才成长、深化高校素质教育、推动经济社会发展等方面发挥了积极作用，在广大高校乃至社会上产生了广泛而良好的影响。作为考核高校三创教育成效最科学合理以及最高度认可的比赛，挑战杯持续作为评价高校三创教育机制是否完善的最佳标准。①

---

① 商应美、周冰、刘馨璐、王丽莉：《大学生创新型人才培养典型载体研究——以"挑战杯"中国大学生创业计划竞赛为例》，《创新与创业教育》2015 年第 6 卷第 5 期，第 34—38 页。

经研究，高校三创教育在提高区域创新能力中起到了显著的正效应，因此高校的三创教学活动应因地制宜地寻求地方产业特点，在理论教学之外积极引导学生参与到产业实践中，与地方企业展开合作创新，为促进地区发展提供人才储备和智力支持；同时，地方政府应大力支持高校三创教育，引导高校产学研相融合，鼓励高校三创人才从象牙塔走到产业圈，在实践中培养适应我国发展的综合型人才。[1]

（八）学术创新拔尖培育科研精英

根据学生个人情况，将学生进行分类，适合项目实践的指导其创业落地，适合学术路线的指导其学术创新，虽然高校不对本科生在学术上有更高要求，但是若学生有学术潜力同时也有深造意愿，可以在通识教育基础上，纵向上提前培养其学术敏感度和思维扩展度，朝着期待的学术目标而前进，为国家提前培养未来的学术科研精英。于是基于前述几类项目基础上，挑选学术型本科生指导科研创新，发表学术论文，实践学术上的精益求精。经验总结，并不是研究生阶段才能培养学术价值观，本科生阶段提前培养，有利于学生打好科研基础，做好研究储备，在未来专业教育阶段更上一层楼。

三 平台体系搭建总结

基于上述八类项目分类实践，首创性地提出"跨界融合＋四

---

① 赵婷：《高校创新实践教育与区域创新能力提升——以"挑战杯"创业大赛为例的实证分析》，《江苏商论》2013 年第 8 期，第 76—78、88 页。

位一体"课程结构体系和人才培养模式，有重知识传授和思维锻炼的 MOOC 课程和品牌通识公选课，有重能力培养和价值塑造的聚徒教学，挑战杯、大创项目、创业实践及学术创新，也有重思维锻炼和能力培养的创新研究短课。八类项目各有侧重，相辅相成，互为补充，共同形成了横向上注重本科生通识教育的广度，纵向上注重研究生专业教育的深度的全过程三创生态链（见图3）。

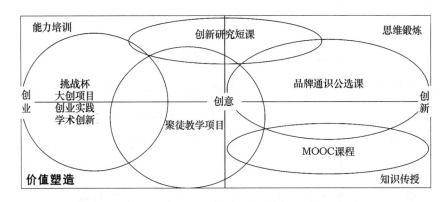

图3 "跨界融合＋四位一体"课程结构体系总结列表

综上所述：

（1）利用互联网技术在大数据条件下对无法线下上课的学生提供具有强大正外部性的解决办法，扩大受益学生面，使其不再受制于线下限制，满足学生何时何地想学就学的基本诉求及因人而异的学习需求，一定程度上有利于教育资源的均衡供给，有利于通识教育的现代化和数字化，实现按需定制的学习愿望。

（2）跨专业地完成跨领域的通识学习，品牌通识课学生遍布各个院系，旁听生涵盖本科生、研究生甚至毕业生，有利于提高通识素质，普及跨界常识，完成三创知识传授，提高三创思维能力。

（3）挑选相对优秀的学生进行分层次、有针对性的培养，在小班制度中加以提升锻炼，充分调动个人积极性，鼓励主动学习、自主思考、合作实践，从而达到择优培养创新人才的根本目的。

（4）跨学科地从理论到案例的创新普及，挑选完全基于兴趣和个人自制力的学生进行悦读实践，充分打破专业壁垒，打造学习生态闭环，培养跨界创新、举一反三、独立学习的能力，进行高纬度、高要求的能力培养。

（5）培养学生尽信书不如无书的价值观，学会思考及科学质疑，学生必须合理判断自身情况，取长补短，选择学术型道路或创业型道路。培养学生腹有诗书气自华的人生观，学会了解观察现代社会，对自己有人生规划，形成符合社会发展且有利于个人的三观。

（6）根据学生个人情况，将学生进行分类，适合项目实践的指导其创业落地，适合学术路线的指导其学术创新，充分发挥个人特长，科学合理地组建人才梯队，分阶段培养不同类型的人才。

（7）体系非常符合我国目前大学本科阶段要重视跨学科的通识教育同时培养未来社会精英人才的根本目标，规划了从通识教育到专业教育的个人发展道路和人才选拔机制。

四　结论

联合国教科文组织在"面向21世纪教育国际研讨会"上指出，21世纪的青年除了接受传统意义上的学术教育和职业教育外，还应当拥有"第三张教育通行证"——创新创业教育。创新创业教育已成为全球大国高等教育的重要课题和普遍共识。不论从国家战略角度，还是从高校使命角度，都迫切需要我们对大学生三创教育进行深入研究。基于教学实践研究，提出融"知识传授＋思维锻炼＋能力培养＋价值塑造"为一体的四位体系构建，尝试解决前文所述我国高校三创教育存在的主要问题：首创性地提出一套全新完整理论框架体系；大幅度提升能力培养和价值塑造，针对学生特点选择不同类型的三创实践项目；分阶段、分类型、分项目地指导学生，统一规划一条本科重通识研究生重专业的人才培养道路，从而服务于国家加快培养富有创新精神、勇于投身实践的创新创业人才队伍的总体目标。

基于实践基地培养创新思维与习得创新创业能力的实践与展望

冯禹洪* 秦 征** 王为雄*** 李坚强

摘 要: 深化创新创业教育改革是我国高等教育发展的重要方向,其本质目标是如何引导学生获得创新思维与习得创新创业能力。大学生校外教学实践基地是学生了解行业需求、专业领域领先技术及其应用的重要场所。腾讯公司是创新创业的积极倡导者与实践者,通过构建全要素众创空间开放体系助力互联网创新创业者发展。深圳大学—腾讯公司大学生校外实践教学基地有着良好的创新创业教育环境。本文回顾通过在腾讯公司实习或工作而走上创业道路的深圳大学计算机与软件学院毕业生案例,总结深圳大学—腾讯公司大学生校外实践教学基地成立一年来所取得的进展与初步成果,丰富学院与基地在校外实践教学过程中合作培养学生的模式,探索让大学生获得创新思维与习得创新创业能

---

　* 深圳大学计算机与软件学院。
　** 深圳市腾讯计算机系统有限公司产学合作部。
　*** 山竹(深圳)信息网络科技有限公司。

力的长效措施。

关键词：实践教学基地；创新思维；创新创业能力

一 背景

创新创业是经济发展的动力，深化创新创业教育改革是我国高等教育发展的重要方向。自国务院 2015 年推动"大众创业，万众创新"的创新创业政策以来，上升成国家发展战略，得到众多高等院校的高度重视，纷纷探索将创新创业教育融入人才培养体系的有效途径和实践体系。

创业是指通过实际行动获取价值的行为，创新创业是指基于技术、产品、品牌、服务、商业模式、管理、组织、市场、渠道等的某一方面或多个方面创新而进行的创业活动。换句话说，创新创业是将创新想法通过多方面技术迭代而形成产品的过程，它包含两大关键要素：创新思维与创新创业能力。首先，创新思维是与众不同的想法，通过敏锐的观察发现用户需求与现有产品或服务之间的不均衡，尤其是目前尚不存在的但有望能带来改变的价值。其中需要培养的关键能力是发现问题和定义问题的能力。创新创业能力本质上是解决问题的能力或把想法变成产品的能力。因此，创新创业教育的本质是如何引导学生获得创新思维与习得创新创业能力。

专业实习是深圳大学（以下简称深大）计算机与软件学院（以下简称计软学院）所有专业学生的必修课，安排在第六学期，由与学校签订实习协议的大学生校外实践基地提供实习场所和实习岗位。每个学生一般至少有企业导师与校内导师各一名，他们合作培养与考核学生。

计算机科学技术发展迅速，新技术不断涌现，而且很多新技术往往由业界提出，如云计算、大数据等。校外实践基地的实习工作可为学生引入业界资源，开设与行业和市场紧密结合的新技术实践课程，对培养学生的动手能力和创新意识有着十分重要的作用。校外实践基地的建设直接关系到实践教学质量，建设能适应计算机专业领域领先技术、具有超前新一代计算技术的研发和储备能力、积极践行创新创业的优质实践基地是培养学生创新思维与习得创新创业能力重要且有效的途径。

深圳市腾讯计算机系统有限公司（以下简称腾讯）是目前中国服务用户最多的互联网综合服务提供商之一，成立20多年以来，始终处于稳健发展的状态。近年腾讯专注机器学习、计算机视觉、语音识别、自然语言处理等人工智能（AI）领域的研究。基于腾讯亿级用户海量数据及其在互联网各垂直领域的技术优势，腾讯的 AI 技术有望达到世界顶尖水平。

腾讯有着先进的计算机科学技术储备与应用，且是创新创业领域的积极倡导者与实践者。腾讯于 2011 年提出打造创新创业生态的开放战略，将平台资源开放给创业者，推进产业链合作共赢，助力互联网创业者发展，繁荣互联网生态。图 1 描绘了腾讯 3.0 全要素众创空间开放体系。同时，腾讯通过多种方式建立多元化的创业教育体系，培育创新型的创业文化体系，向高校开展系列创新创业联合基金项目训练计划，举办系列开放平台应用创新大赛、腾讯互联网 + 创业大赛、Next Idea 大赛、腾讯广告算法大赛等，让创新创业成为全社会共同的价值追求和行为习惯。据第七届腾讯全球合作伙伴大会公布的数据，截至 2017 年 11 月，腾讯开放平台合作伙伴总数已超 1300 万，创造就业岗位 2500 万个，累计总分成超过 230 亿元。据 2018 年《福布斯》全球最具创新力企业百强榜单，腾讯排在 25 位，如表 1 所示。另外，据《快公司》2018 年世界最具创新力公司榜单，腾讯排在第 4 位，如表 1 所示。

表 1 　　　2018 年《福布斯》全球最具创新力企业百强榜单

排名	公司名称	国家	行业	创新溢值
1	SERVICENOW	美国	系统软件	89.22
2	WORKDAY	美国	应用软件	82.84
3	SALESFORCE. COM	美国	应用软件	82.27
4	特斯拉	美国	汽车制造	78.27
5	亚马逊	美国	互联网和直接营销零售	77.40
6	NETFLIX	美国	互联网和直接营销零售	71.23
7	INCYTE	美国	生物技术	70.59
8	HINDUSTAN UNILEVER	印度	家用产品	67.20
9	NAVER	韩国	互联网软件和服务	64.62
10	FACEBOOK	美国	互联网软件和服务	64.62
11	怪物饮料	美国	软饲料	64.26
12	UNILEVER INDONESIA	印尼	家用产品	63.91
13	ADOBE SYSTEMS	美国	应用软件	62.38
……				
24	红帽	美国	系统软件	56.93
25	腾讯控股	中国	互联网软件和服务	56.77
26	FLEETCOR TECHNOLOGIES	美国	数据处理和外包服务	56.501
27	LG 生活健康	韩国	个人用品	55.26
28	携程	中国	互联网和直接营销零售	53.55
29	爱马仕	法国	服装、配饰和奢侈品	52.38
30	星巴克	美国	餐饮	50.77
31	ALIGN TECHNOLOGY	美国	医疗保健用品	50.58
32	迅销	日本	服装零售	50.57
33	IHS MARKIT	英国	研究和咨询服务	50.40

排名	公司名称	国家	行业	创新溢值
34	艾派迪	美国	互联网和直接营销零售	49.82
35	SIRIUS XM	美国	有线电视和卫星广播	48.90
36	维萨	美国	数据处理和外包服务	48.44
37	百威英博	比利时	酿酒	47.64

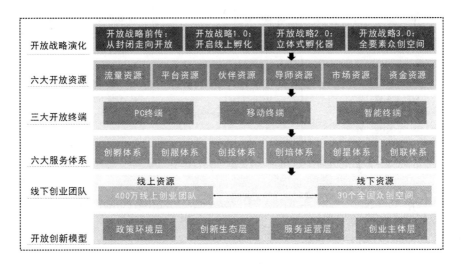

图1　腾讯3.0全要素众创空间开放体系

深大于2017年9月与腾讯建立"深圳大学—腾讯公司大学生校外实践教学基地"。本文接下来首先回顾两个曾在腾讯实习或工作，然后走上创新创业道路的深大计软学院毕业生案例，然后总结深圳大学—腾讯公司大学生校外实践教学基地成立一年所取得的进展和初步成果，最后探索丰富学院与基地在校外实践教学过程中的合作培养学生的模式与助力大学生培养创新思维和习得创新创业能力的长效措施。

表2　　　　　　2018 年《快公司》世界最具创新力公司榜单

01 APPLE	18 NINTENDO	35 DJI
02 NETFLIX	19 SOCIAL CAPITAL	36 SEPHORA
03 SQUARE	20 ALIVECOR	37 CAVA
04 TENCENT	21 NOVARTIS	38 ACTIVISION
05 AMAZON	22 ONEOME	BLIZZARD
06 PATAGONIA	23 THUMBTACK	39 PATREON
07 CVS HEALTH	24 FORD FOUNDATION	40 EVERLANE
08 THE WASHINGT ON	25 PELOTON	41 PINTEREST
POST	26 KAKAO BANK	42 STRIPE
09 SPOTIFY	27 DARKTRACE	43 SUGARFINA
10 NBA	28 WAZE	44 DUOLINGO
11 MARVEL STUDIOS	29 VIPKID	45 DIAMOND FOUNDRY
12 INSTAGRAM	30 GUCCI	46 ALFRED
13 STITCH FIX	31 PAYTM	47 COMMONBOND
14 SPACEX	32 SLACK	48 ROVER
15 WALMART	33 HOPPER	49 THE MUSE
16 BYTEDA NCE	34 COMPASS GROUP	50 GRADUATE HOTELS
17 RELIANCE JIO		

二　深大计软学院从腾讯走向创新创业的毕业生案例

本节描述深大计软学院两个从腾讯走向创新创业的毕业生案例，分别回顾其通过腾讯实习或工作经历走上创新创业之路。首先是基于实习经历的学生案例。2011 年入学的本科生王为雄在校期间参与腾讯开放平台创新大赛获个人组金奖，如图 2（a）所示。之后他作为项目合伙人参与基于微信公共平台或第三方平台开发"小农女送菜""无微不至""微采购"等多个项目，培养了良好的创新思维并习得相应的创新创业经验和能力。其中他于大学二年级暑假基于腾讯开放平台开发的众包图片处理应用"求ps 大神"目前用户数量累计 100 万，日活跃 6000 用户。2014 年在腾讯微信产品经理岗位实习后开始创业，2015 年获得 VC 风险投资机构数百万元天使投资，2017 年获得千万元投资。

其次是基于工作经历的学生案例。2008 年入学的本科生陈伟坚在校求学期间任腾讯创新俱乐部主席，在积极学习技术的同时，将俱乐部改造成"深大孵化器"，扶持技术团队。俱乐部三个团队分别获得"2011 年腾讯全国校园之星互联网应用开发大赛"的一项一等奖（见图 2（b））和两项三等奖。腾讯创新俱乐部的经历让伟坚学习和应用"新"技术的同时，培养了创新的思维、锻炼项目运营能力、储备了合作伙伴。毕业后，他先是前往香港大学读研究生，之后入职腾讯，在 QQ 空间项目组获得了社区技术开发与运营能力。一年半后离职连续创业，包括"互联网＋金融"项目之"P2P 大学生借贷平台"、"互联网＋医疗"之"抗癌家园"等。

(a)   (b)

图 2　深大本科生获腾讯开放平台应用创新大赛优秀应用金奖（个人组）
（a）和腾讯全国校园之星互联网应用开发大赛一等奖（b）

三 深圳大学—腾讯公司大学生校外实践
教学基地成立一年的进展

深圳大学—腾讯公司大学生校外实践教学基地建立至今仅有一年又三个月，计软学院与腾讯及其全资子公司腾讯云计算（北京）有限责任公司（以下简称腾讯云）之间从以下五大方面开展密切的人才联动，积极协作培养高素质创新创业人才。

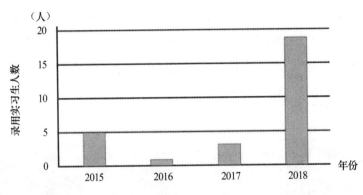

图3 近4年每年在腾讯完成专业实习的学生人数

（1）腾讯 2018 年为计软学院 2015 级学生提供 19 人次专业实习岗位。图 3 展示了计软学院近 4 年在腾讯完成专业实习的学生总人数，从图中可见，自建立实习基地后，更多学生在腾讯完成专业实习，2018 年计软学院在腾讯完成专业实习的学生人数是过去近 3 年各年人数的 3 倍到 19 倍。腾讯采用公司新入职员工培训计划来培训与考核专业实习学生，为每一位实习学生安排腾讯资深员工做其导师。导师培训并引导学生自我学习并完成相应实习岗位给定的任务。实习岗位包括开发、测试、运营和运维等

图4　计软学院在腾讯完成专业实习的
2015级学生合影（另有6位因工作缺席）

技术工作。学生通过参加各岗位的实际工作，可获得以下能力：
①学习课堂以外的专业技术，反思课堂学习的理论知识，锻炼基本的岗位能力；②培养团队合作精神及与客户沟通能力；③了解公司产品及业务流程，领域相关的技术标准、行业政策和法律法规；④汇报工作和撰写实习报告，提高专业知识表述能力。完成实习后，有8人被腾讯留任，提前入职。图4是计软学院2015级在腾讯完成专业实习的部分学生与部分指导老师的合影。

（2）4位腾讯专家参与课程建设，为《计算机科学与技术专业导论》MOOC课程提供丰富的职业规划设计分享视频。其中，腾讯云视频行业副总裁王帅先生分享了他在腾讯积累和发展软件产品研发能力的职场经验，以及他在本科和研究生阶段如何习得实践能力的学习经验，如图5所示。腾讯微信数据中心数据分析高级工程师张晓敏分享了他本科阶段如何在算法领域深耕的经历与工作感悟，如图6所示。应用开发工程师叶树泽和前端开发工程师方晓丹分别介绍了他们本科阶段通过开发项目提升实践能力和毕业后如何一步步实现自己的梦想等经验。

图5　腾讯云视频行业副总裁王帅的分享视频截图

图6　微信数据中心数据分析高级工程师张晓敏的分享视频截图

（3）腾讯专家1人次分享腾讯先进计算机技术及其应用。腾讯AI高级产品经理曹超先生为计软学院师生做了题为《图像AI引擎应用与实战——以人脸识别为例》的精彩报告，深入浅出地介绍了计算机视觉现状与未来发展方向，图像AI算法、人脸识别算法及应用，如图7所示。

（4）腾讯产学合作部总监秦征先生及其团队、腾讯云副总裁付曼青女士、腾讯云教育行业总监杨璐女士及其团队多次到深大计软学院交流与探索合作办学、人才培养和实践教学案例建设等，图8所示为深大计软学院院长明仲教授向腾讯云专家介绍学院发展历程及目前的教学和研究工作。

图7 腾讯 AI 高级产品经理曹超的技术分享

图8 计软学院院长明仲教授介绍学院工作

（5）深大与腾讯云共建"深圳大学—腾讯云人工智能学院"，图9所示为深圳大学—腾讯云人工智能学院揭牌仪式。该学院以深圳大学为依托，纳入腾讯云的教育云资源、空间、师资、实习机会等，共同探索产学研合作专项、共建依托深圳大学国家工程实验室的联合研究基地等。深大副校长王晖教授认为该学院能有效实现双方优势互补、资源重组和强强联合，对创新创业人才培养、产学研合作机制和AI研究都将有非常重要的意义，也有利于优化深大学科建设布局和拓宽人才培养渠道，将对区域经济发展和社会进步产生重要影响。

图9　深圳大学—腾讯云人工智能学院揭牌仪式

四　大学生创新思维培养与创新创业能力习得的长效措施的探索

深圳大学—腾讯公司大学生校外实践教学基地的初步建设取

得了非常可喜的进展。接下来我们的初步计划是首先设置腾讯云人工智能特色班，结合计软学院在 AI 方向的教学与科研特色、腾讯云在 AI 方面的教育云资源以及腾讯在该方向的先进技术及应用。基于该特色班再从多方面开展丰富学院与腾讯及其子公司在校外实践教学过程中的合作模式和长效措施的探索。

具体来说，面向科研和产业链对 AI 领域人才的迫切需求，我们的腾讯云人工智能特色班将面向全校遴选感兴趣的 30 名优秀学生进行小班教学，培养方案将在现有核心课程基础上融入 AI 理论知识、核心技术、系统平台及应用知识，同时探索进一步巩固和发挥实践基地对大学生创新思维培养和创新创业能力习得的重要作用的合作模式和长效措施，奠定学生开发针对特定问题人工智能系统的坚实基础，使之适应社会和行业发展，经实践验证有效的经验将向全院乃至全校学生推广。

（1）创新思维培养的措施主要包括丰富在线教育资源和强化面向师生或生生的校企校际间交流活动。首先，继续邀请资深创新创业人士录制 MOOC 课程分享创新创业案例，同时纳入腾讯课堂中接近企业实际项目的内容，帮助学生从低年级课堂内容中就能更多地了解企业和用户的需求、创新创业成功的轨迹与经验。其次，为提高实习基地带队教师的创新创业教育教学能力，开展面向教师的创新创业教育方面的理论和案例研究，邀请创新创业成功者、企业家、风险投资人等各行业优秀人才来学校举办讲座和研讨会等。另外，拟采用多种形式拓展在校生间或在校生与校友间的交流，如每年实习完成后举办面向全院学生的优秀实习生实习经历交流分享会议，每年春招、秋招后举办学生间的求职成功与失败经历的分享、不定期地在校生创新创业经历分享等。

（2）结合人工智能专业交叉学科内涵，探索小范围内整合多学科融合背景教育资源的双专业，如"智能计算＋"的学生联合培养模式，探索鼓励教师与学生参与的措施。

（3）优化院内优秀教师和实验室空间资源的配置，该实验班所有课程的主讲教师将向全院遴选感兴趣的优秀教师，每一位主讲老师都有可能充当学生的四年学业导师，全过程指导或参与指导他们的专业实习、毕业设计等。鼓励、引导学生尽早进入导师实验室参与创新性实验、学科竞赛、科研、创新创业等活动，使之真正成为学生培养创新思维和习得创新创业能力的重要载体。

（4）优化配置教学资源，将腾讯云优秀教学资源、腾讯典型产品开发案例融入课堂授课内容、实验内容或期末大作业考核内容，引导学生创新思维并帮助学生循序渐进习得创新创业能力。其中，将腾讯产品开发案例融入课程实验，可考虑多种模式：①相关课程的实验将统一设计，分不同学期分阶段完成产品案例的设计，让学生根据不同的学习阶段设定不同的目标，递增式开发，逐步形成个性化产品，从而习得创新创业能力。②针对各年级开设基于腾讯开源软件和案例的系列学术专题研讨短课、专技实践短课，教学以"翻转课堂"与"混合式学习"为主，以学生实践、讨论、宣讲为中心，教师启发与指导为辅，促进师生交流，培养学生的批判精神与创新思维。

最后，我们将持续关注面向创新思维培养和创新创业能力习得的考试模式改革，注重考察学生思考、提出问题和定义问题的能力，创新的能力，运用知识分析、解决问题并形成产品的能力等。旨在帮助学生认知并提升学习能力，达成目标，发现兴趣，并不断发现和优化自我价值。

记深圳大学与中国人民财产保险股份公司联合创新本科培养

谢圣远　宋　博[*]

摘　要：金融教育在金融创新中必须紧跟金融实践的脚步，本文介绍了深圳大学和中国人民财产保险股份有限公司联合培养本科生、成立"人保精英班"的情况，主要包括：深圳大学和中国人民财产保险股份有限公司进行金融教学改革的背景、动因以及金融教学改革的具体合作内容，从已经有的实践案例来看，这一改革能够有效补充传统教学的不足，提高学生理论学习水平，增加核心竞争力，为丰富产学研发展模式提供了经验，同时也对推动学生创新创业具有一定的参考价值。

关键词：联合；本科培养

一　跟着实践走的金融学教学改革

金融服务于实体经济，并随着实体经济的发展而发展。金融

---

* 深圳大学经济学院。

学是一门应用性很强的学科，金融教育必须紧跟金融实践的脚步，才能让学生学到真正有用的东西，才能学以致用。我国的经济以超乎寻常的速度向前推进，特别是作为改革开放前沿的深圳，强劲旺盛的经济增长动力带动了大量金融机构的聚集。21世纪初，随着金融行业开放的扩大，外资金融企业在我国的落户，本国金融机构在公司治理结构和管理等方面有了很大改变，金融市场制度也在吸收国外发达国家经验的基础上不断完善。我们深刻感受到金融学专业的本科人才培养要做相应的变革，以金融市场的具体情况为导向，改变带有浓重传统货币银行学专业烙印的金融学模式，在院里首先进行了几轮课程改革，发现推行的阻力很大。2010年上半年在主管教学的副院长支持下，实行增量改革，决定举办"投资科学国际接轨实验班"，通过大量的调研，参考了国际上知名学府的办学情况，我们制定了专业培养方案，[①]在该年9月实验班正式招生，至今已经毕业4届学生。随着经济的高速增长和有利于经济增长的制度环境等因素，深圳市很快实现了由加工制造向创新创造的转变，成为全球最具创新活力的城市之一，同时也转变为区域性金融中心，金融创新也十分活跃，相应地，金融教育应该与这一现实的变化相适应，需要实现从单纯地向金融发达国家的学习转变为向本地金融实践学习和学习国外先进经验并重，金融教学与金融实践活动的紧密结合已迫在眉

---

① 张凯和陈静老师不仅参与了培养方案的制定，而且与作者一道在第一届学生的身上花费了大量的精力，在第一个学期几乎每周开一次班会，解答学生的困惑，促成了包括美国东北大学、澳大利亚科廷大学在内的多所学校的合作；吕璧如老师翻译了基础课程的教学大纲和培养方案，促成了同美国华盛顿州立大学的合作。这些老师所做的这些工作，没有获得任何报酬，都是自觉自愿的奉献。时任教务部长徐晨在经费上给予了支持。在此一并致以感谢。

睫。2015 年春夏之交，在学校原教务部长王晖①的支持下，我们同中国人民财产保险股份有限公司（简称"中国人保财险"）深圳分公司人力资源部的同志进行了多轮磋商，就学生的就业、实践教学、奖学金、实践补贴等诸多事项达成了一致性意见，共同制定了学生的培养方案，签订了合约，同年 9 月深圳市人保公司与经济学院共同选招了部分学生，组建了"人保精英班"，2016年、2017 年和 2018 年共计为该班学生发放奖学金 20 余万元，发放实习津贴 40 余万元，深圳电视台财经频道做了专门报道。最近，在已有合作的基础上，中国人保财险深圳市分公司与学校签订了战略合作协议，进一步拓宽合作领域。

二　增强实践教学的目标与合作单位的选择

（一）实践教学的目标

深圳大学作为社会主义中国的大学，在新的历史时期，我们总的目标是要增强学生对中国特色社会主义的道路自信、理论自信、制度自信和文化自信，培养政治方向正确的中国特色社会主义事业的建设者和接班人。实践教学服从和服务于这个目标，其目标是：将系统性、针对性、实用性和创新性有机统一起来，贯彻"高起点、实内容、重创新"的教学宗旨。重视基础课、专业核心课程的优化设置和教学，使学生掌握宽厚的经济学、金融学基础知识，培养扎实的专业创新基础；通过前沿实践课程与实操训练，培养学生的实际创新技能和敏锐的洞察力，密切联系实务

---

① 在此需要感谢时任中国人民财产保险股份有限公司深圳市分公司的总经理李志军先生，由于他对保险人才培养的重视才使得该项目能够顺利落地。

中的需求开展创新创业实践。

（二）选择中国人保财险合作的理由

相对于银行和证券行业而言，保险人才相对稀缺，保险企业合作意愿较强。但是深圳众多保险公司云集，选择什么样的单位进行合作呢？经过反复讨论研究最终选择中国人保财险，主要理由在于能够最有力地实现培养学生的目标，具体表现在：

第一，中国人保财险有培养人才的历史使命感。中国人民财产保险股份有限公司（简称"中国人保财险"）的前身是 1949年 10 月 20 日成立的中国人民保险公司，成立时的班底主要由延安时期的财经工作人员组成，不仅注重保险服务于国民经济的业务，而且对保险人才的培养非常重视。中国人民财产保险公司继承了成立时的红色基因，在重视企业本身业务的同时，也十分重视我国保险业的可持续发展，把培养政治方向正确的又红又专人才摆在了非常重要的位置。

第二，中国人保财险有优秀的业界人才。中国人保财险深圳市分公司不断深化核保核赔师、精算师制度建设。实施"千人工程""晨曦计划"等人才招聘计划，推进销售队伍人力资源改革，优化升级教育培训体系，造就了一大批具有丰富经验的管理人才和遍及财产险各核心业务领域的专业技术人才，打造了一支能够在保险各环节为客户提供高品质和多样化的保险服务的人才队伍。公司也将按照现有的人才需求和培养计划，合理安排实践教学环节和实践内容，并有计划、有步骤地对学生进行实践指导，以学生能力提升为目标，确保各实践项目取得实效。

第三，中国人保财险业务体量大、种类多。2003 年，中国人保财险在香港联交所主板挂牌上市（股票代码 2328）。2016 年，公司实现发展新跨越，保费收入突破 3000 亿元。拥有遍及全国城乡的机构和服务网点，北起漠河、南至三沙，包括 1 万多个机构网点，超过 300 个地（市）级承保、理赔/客服和财务中心，2.5 万个乡镇保险服务站和近 30 万个村级保险服务点，乡镇级网点覆盖率达 98.94%，① 服务范围遍及大江南北、城市乡镇、偏远农村，构建了城网农网共建共享、线上线下结合的立体化销售服务网络。中国人保财险拥有先进的产品研发体系，围绕服务政府职能转变、促进经济转型升级和改善民生保障广泛开展产品创新，不断完善产品体系，目前在用条款 1 万余个，满足了多样化、高品质的保险需求。中国人保财险深圳市分公司可以经营全线财产与责任保险业务，拥有职场面积近万平方米，在深下辖一个营业部和九家支公司，可以为保险专业学生提供充足的实习岗位和实习场地。

此外，从 2007 年开始，中国人保财险公司深圳分公司就接收深圳大学学生进行专业实习，至今已有 10 年的历史，主要面向的是金融学专业学生，还包括少量的其他专业学生。

三　合作内容

2015 年经过双方的共同磋商，达成了如下内容的合作协议：

（一）合作目的

（1）中国人保财险深圳市分公司定向培养后备专业技术人才和基层管理人才；

---

① 数据由中国人保财险公司深圳分公司提供。

（2）结合公司提供的实践岗位，建立一批就业实践基地；

（3）通过培养，使学生积累更多的实践技能和工作经验，增强学生的就业能力。实现公司、学校和学生间的三赢。

（二）合作模式

采取合作办学模式，通过与合作学校联合开办"人保精英班"，计划招收40人，实行学工结合的"订单式"定向培养模式。公司与学校签订合作办学协议，开设"人保精英班"。由人保公司提供协议文本，实行招生与定向人才培养相结合，实习与就业一体化。校企双方共同制定人才培养方案和实训标准，学生的基础理论课程由学校负责完成，专业理论及实训课程由学校和公司共同完成，学生的实训（实习）在公司完成。学业结束后，依据综合成绩，并根据双向选择的原则，对于有意向在公司就业的学生，公司将按照不低于意向就业学生50%的比例优先予以录用，对于有意在人保系统其他公司就业的学生，公司将予以积极推荐。

（三）具体措施

1. 招生

深圳大学和公司共同负责"人保精英班"学生的选拔工作，由学校组织学生报名，经校企双方面试最终决定人选。"人保精英班"的招生应根据公司的用工特点，招收公司所需的有培养潜质的学生，具体招生条件如下：

（1）新生中，择优录取；

（2）品行端正，无违规违法记录。

2. 教学

（1）教学计划

"人保精英班"学制为四年，采取"学工交替"的办学模式。学生第一、二、三学年在学校接受基础课程学习。从第三学年的五一假期开始，到第四学年的3月1日，在人保公司实习并完成专业技能课程学分。

（2）课程设置

课程设置分为四个模块：基础知识、专业基础、专业理论和专业技能，其中前三个模块由学校设计，专业技能由校企双方协商确定，包括：

基础知识：政治理论课，计算机基础课程，大学英语；

专业基础：数学类，经济类课程；

专业理论：金融保险类课程。

（3）实习

实习时间原则上为一年，实习时间从第三学年的五一假期开始，到第四学年的3月1日，实习地点原则上安排在公司相关部门。

（4）就业

公司与学生之间在公平公正的原则下进行双向选择，在公司未敲定录用人选之前，学校不向其他单位推荐该班学生就业，单位保证学生能正常就业，公司于毕业前一年的12月31日前需同拟聘用学生签订正式劳动合同。

3. 专项奖励

为充分激励学生，公司每年都设立奖学金，奖学金按照学年综合成绩排名，设立三个等级，一等奖学金1名，奖学金10000元，二等奖学金3名，奖学金5000元，三等奖学金8名，奖学金 3000 元。

（四）双方的职能职责

（1）公司人力资源部负责校企合作协议的起草与签订，负责与合作学校的沟通与协调，协助学校开展"人保精英班"学生招生、教学计划及课程编排工作，负责组织学生进入公司、实习（实训）管理以及学生毕业后转正工作。

（2）公司相关用人部门负责学生实习期间的实践技能培训和工作安排，协助人力资源部对学生进行管理。

（3）学校负责招生和学校在校期间的教学和管理，办理录取、毕业、实习（就业）协议等手续，负责培养出符合公司要求的合格毕业生，协助公司进行实训（实习）期间的学生管理和指导工作。

2018 年 11 月，在已有人才培养的基础上，校企双方进一步加强合作，签订了战略合作协议，拓宽了合作范围，新增加的内容主要包括：校方根据中国人保财险需要派出教师为员工授课、共同组织学生进行创新创业活动等。

四　实践教学内容与效果

2015 级第一届"人保精英班"学生于 2018 年 5 月到深圳人保分公司实习，至今已经 7 个多月，我们在实践中不断调整学习内容，并把学生分成若干小组，每组每周写实习日志和体会。对于遇到的理论问题，可以找相应的学校实习指导教师讨论，实际中的问题由公司的实习导师解答。根据学生提供的实习总结以及同中国人保财险深圳市分公司的反复交流，学生实践情况可总结如下：

（一）实践教学内容

实践教学的主要内容分为三个阶段：实践理论学习、五大部门轮岗实践、支公司顶岗实习。

1. 实践理论学习

实践教学第一阶段是在人保公司进行理论学习，主要包括理赔实务、财产险、责任险、出单技巧学习、客户服务实务学习等，由每个部门经验丰富的主管进行授课，与传统学校课堂授课内容不同，该理论学习内容侧重于在实践工作中的运用以及人保财险公司的特色操作；理论学习形式不仅包含课堂授课，还包括了实际操作、意见及建议整合、保险产品设计、参观学习等多样化的形式，从而使学生能够更直观地理解课程内容和公司文化。同学们通过集中的理论学习，不仅巩固已有的课堂基础知识，同时拓展了在实务操作中的原理。

2. 轮岗实践

实践教学第二阶段进行以小组为单位的轮岗实习，学生分别轮换到理赔事业部、出单中心、客服中心、财产险部门以及责任险部门五大部门进行实习。在顶岗实习过程中，每位同学都能在所属的小组中进行深入学习，包含各险种的理赔实务、出单中心实务操作、客户回访、创新产品设计、产品介绍、各险种核保实务、保险产品宣传等工作，同时有人保公司专业人员对每个小组进行指导，使得学生在轮岗实习的过程中及时发现问题、解决问题。

3. 支公司顶岗实习

实践教学第三阶段，通过双向选择，将学生分配到新洲、南山、华强、沙河四个支公司进行顶岗实习。支公司的实习工作内容丰富，包含了项目策划与跟进、内勤工作、销售以及产品推广，这些工作将学校中学习到的理论知识与实践进行了完美的结合。日常工作之余，学生们还参加了公司组织的企业文化以及各种险种和产品的培训学习，以及业余娱乐活动、团队拓展和团建活动等。丰富的活动不仅展现了人保精英班的活力，还促进了公司员工之间的交流，增强了凝聚力，使学生们更好地融入公司这个大集体中。

（二）实践教学效果

实践效果主要体现在以下四个方面：

1. 实践教学是对传统教学的有效补充

在校期间学习的专业课程为实践教学奠定了理论基础，而在人保公司的实践理论学习是对学校专业课程学习的有效补充和拓展。通过五个主要部门的领导及有着丰富经验的员工授课，使学生们对保险合同、保险条款、保险原则有了更加具体、深入的理解，在日后的实践过程中应用更加灵活，也对在校期间学习的内容有了进一步的理解和升华。

2. 提高了实践学习和理论学习的水平

保险专业的特点是实践性强，传统课堂教学注重的是理论学习，学生学会了一些基本理论但不一定具备实际工作能力，人保精英班的学生通过在人保公司的实践教学，达到了理论与实际相结合的目的，缩短了保险学专业学生理论基础与从事保险行业实际工作的距离，从而为社会培养出具有实践能力的实用型人才。

3. 提高了人保班同学的核心竞争力

人保精英班设置的实践涵盖了保险公司前中后台的整个业务

流程，相较于其他实习活动，更全面也更深入。在今年校园秋季招聘中，人保精英班的同学凭借着这一段深入的学习实践经历，从众多双一流重点院校本科生、硕士研究生中脱颖而出，获得了银行、保险公司的青睐，更加证明了人保精英班同学的竞争力。

4. 为产学研发展模式提供了丰富的经验

作为校企合办的"人保精英班"的第一届学生，2015 级同学将课堂所学的知识同保险公司的实习相结合，不断完善自身的知识体系，并在工作中锻炼实操能力。截至目前已实习七个余月，全班同学在机关部门和经营单位参与了多个门类和项目的工作，收获颇丰，广受好评。作为先行者，我们第一届人保班同学将实习过程中的所思所想所获带回深圳大学，分享于未来几届的人保班的同学，也给深圳大学经济学院这种校企合作办学的模式注入新的活力，带来新的思考。

五　金融创新与联合培养

经典创新的经济理论由熊彼特①提出，他认为创新是生产要素的重新组合，企业是创新的主体，创新包括产品创新、工艺创新、市场创新、资源开发利用创新、体制和管理创新五个方面。而在日常生活中所提的创新多指技术创新，即熊彼特所说的实体企业的产品长信、工艺创新等。在 19 世纪之前，创新主要由个人做出，20 世纪中叶之后，公司逐渐成为创新的主体，这时创新越来越依赖于科学的突破和更多的技术，只有大公司才能有经济实力提供相应的研究条件，这与熊彼特的思想是相吻合的。金

---

① ［美］熊彼特：《经济发展理论》，邹建平译，中国画报出版社 2012 年版。

融是为实体企业生产提供资金的行业，其产品是金融合约，本质上是对风险与收益分摊的合同设计，因此创新同实体企业有很大差别，而且金融创新也是在金融企业层面上展开的，金融企业之所以进行金融创新归纳起来有两种动机，一是认为创新的动力来自对监管的规避或套利，发现税收规则中的漏洞[1]，二是引入金融工具使得市场参与者之间风险的重新分配更有效率[2]。从金融创新的实践来看，不同研究主题和机构有不同的归纳和分类，国际清算银行归纳的创新类别为：价格—风险转移创新、信用—风险转移工具创新、产生流动性的工具创新、产生信用的工具创新以及产生权益工具的创新[3]。从以上情况可以看出，如果说实体企业的创新创业可以从实验室得到，那么金融创新就必须依托金融企业，对金融业务和运作要非常熟悉，才能够有可能设计出新的金融产品和商业模式。因此高校与金融企业的联合培养仅仅是为学生进行金融创新提供了必要而非充分条件，要增强在校大学生金融创新成功的概率，非常重要的是同金融企业进一步深度合作，就目前而言，我们主要还停留在就业层面上，今后的道路还很漫长。

① Ian Cooper, " Financial Innovations: New Market Instruments", *Oxford Review of Economic Policy*, November 1986.

② Merton H. Miller, " Financial Innovation: The Last Twenty Years and the Next", *Journal of Financial and Quantitative Analysis*, November 1986, pp. 459 – 471.

③ Stephen A. Ross, " Institutional Markets, Financial Marketing, and Financial Innovation", *Journal of Finance*, July 1989, p. 541.

产学研协同育人下基于"创新+"驱动的创新创业人才培养模式研究与实践

程　涛*

摘　要： 为满足已成为我国重大发展战略之一的现代城市轨道交通日新月异的发展，对城市轨道交通及其所衍生、驱动的相关交叉领域创新型应用型、工程型、专门型与复合型人才的巨大需求，本文将针对传统人才培养模式存在的一元化办学与培养封闭僵化，目标及内容与实际需求脱节，理论与工程应用及创新实践脱节，产学研用合作不衔接、不协调、不连贯，不能保证人才培养对人才使用、发展的适用度等问题，探索研究和构建实施多元产学研用合作办学机制下，基于"创新+"驱动的"创意创新创制（创智）创业"，以学校为主导、产学研用各主体全面参与和全过程分工协作的一体化协同育人模式，培养真正符合学生自我发展需求、能够促进企业创新能力和竞争能力提高及优质高效发展的创新创业人才。我们在创新创业教育理念、多元产学研

---

* 深圳大学机电与控制工程学院，深圳技术大学城市交通与物流学院（城市轨道交通学院）。

用合作办学机制、创新创业人才协同培养模式及协同育人环境建设等方面的探究实践与改革优化成效日益彰显，极大地拓展和提升了学生的领域理论知识与技术、专业与职业技能、学习方法，解决实际问题的能力、工程应用能力、创新创业能力，增强了学生的工匠匠心精神、科学素养及职场综合竞争力。

关键词："创新＋"；"创意创新创制（创智）创业"；多元合作办学机制；人才培养模式；产学研用协同育人

一　背景

现代轨道交通包括地铁、轻轨、单轨、有轨电车、磁浮系统、自动导向交通系统以及城际铁路、云轨、智轨、空轨等多种类型，是大运量、快速准时、舒适便捷、绿色环保的交通方式，能有效解决大城市人口密度高、交通流量大、道路拥堵严重、交通事故多等诸多问题。我国已将轨道交通的发展提升为国家战略，成为国民经济和社会发展的重大需求、战略性综合新兴产业。我国城市轨道交通已进入快速发展的通道，对人才的需求巨大。截至 2017 年末，中国内地城市轨道交通投入运营线路共 165 条，总长已达 5033 公里，其中地铁 3884 公里、其他制式城轨线路约 1149 公里。深圳轨道交通线路已达到 10 多条，通车里程 300 多公里，2030 年将有 16 条线路、总长 585.3 公里的轨道交通网络。根据城市轨道交通职业人才配备标准，地铁线路所需员工数为 50—80 人/公里，预计到 2020 年前后我国地铁累计运营里程将达到 7395 公里，则相关人才的需求量为 15 万—24 万人。当深圳地铁全线建成时，人才需求在 3 万人以上。广东省将新增 2500 公里的轨道交通线路，需要 10 多万轨道交通类人才。由轨道交通建设与运营管理所衍生和驱动的投融资及管理，装备设计研发、生产制造、运用及检测维保，物联网与大数据及智能交通，城市与城市公共交通的规划、建设施工与管理，智慧物流与智慧城市等相关交叉领域对各类型人才的需求更是巨大。因此，这直接带动了现代轨道交通及其所驱动的相关交叉领域应用型、工程型人才的巨大需求，尤其是城市轨道交通技术及装备的日新月异，对培养创新型专门人才、复合人才的需求日益加剧，也提出了更高更新的要求。

人才需求如此旺盛，而城市轨道交通相关专业的学生却一直是供不应求。一方面，是具有较宽知识面与国际化视野、较高创新精神与创新能力和能主动适应现代"工业革命4.0""中国制造2025"智能化浪潮的高素质规划设计、研究开发、装备制造、应用测试、运营维保、经营管理、技术服务人员的匮乏，已严重影响到我国轨道交通产业向着优质、高效、绿色的方向发展；另一方面，我国目前城市轨道交通领域的人才培养还存在大多沿袭传统大铁体系下的专业与课程设置，以及人才培养目标定位发散、不聚焦，与产业实际需求脱节、理论与工程实践脱节，缺乏产业参与、缺乏连贯性和不能保证人才培养的出口等问题，这已越来越不能很好地适应当今现代城市轨道交通产业和技术发展的新要求。

本文将探究和践行与现代轨道交通产业和技术迅猛发展相适应的，以企业发展对人的实际需求为牵引的，以创新创业项目为驱动的，在校企、校校及国际多元合作办学新机制下，凸显和强化"创意创新创制（创智）创业能力"和"工匠精神"的产学研用分工协作、一体化无缝对接培养创新创业人才的新模式，以较好地满足深圳市、粤港澳大湾区乃至全国对城市轨道交通及相关交叉领域的规划设计、投融资、运营与管理、维护养护、装备制造等对各类创新型工程人才、技术人才、管理人才的实际需求，推动城市轨道交通的快速发展。

二　创新创业教育理念与人才培养目标

随着我国经济社会发展进入新常态，党的十八大明确提出"科技创新是提高社会生产力和综合国力的战略支撑，必须摆在国家发展全局的核心位置"，党中央、国务院做出了加快实施创新驱动发展战略、建设创新型国家的重大决策，指出创新是引领发展的第一动力，人才是创新的根基和核心要素。中国特色自主创新道路和创新驱动发展战略的关键就是加快培养具有创新精神和工匠精神的人才队伍，迫切需要全面、深入开展创新创业教育教学改革。创新创业教育以培养具有创新创业基本素质和开创型个性的人才为目标，是一种培养具有事业心、开拓技能，能够将知识转化为产品和应用于工程实际的"工作岗位创造者"的新教育理念，其核心宗旨是培养学生的创新意识与创新思维、实践精神与探索冒险精神、创造技能与创新创业能力，这必将对提高高等教育质量、促进学生全面发展、推动毕业生创业就业、服务国家现代化建设发挥重要作用。

因此，我们遵循学科专业与人才培养的科学发展规律，改革办学理念、创新教育教学理念、确立人才培养目标，秉承"产学研用合作、国际合作、协同育人、协同创新"的办学理念，"有教无类、因材施教、厚积薄发、经世致用；办学以学生为本，育人以素质为本，素质以做人为本"的教育理念，"厚基础、宽口径、强能力、求创新、重素质"的指导思想和"工匠匠心、面向实际、瞄准前沿、求是创新、锐意进取"的内涵精神，以培养真正符合产业实际需求、能促进企业创新能力和竞争能力提高和推进产业优质高效发展的人才为出发点，创新和拓展新时期办学的新机制、新途径和人才培养的新思路、新模式，通过基于校企合作、校校合作和国际合作的多元产学研用合作办学机制，充分发挥学校与企业、科研院所、政府部门、行业协会等的各自优势，突破彼此间的界限，实现资源共享与有机整合和高效利用以构建教育环境/科研环境与产业环境/工程环境交融的协同育人环境及平台，以基于"创新＋"的"创意创新创制（创智）创业（以下简称'4创'）"为动能，即以创意为触发和起点、以创新为内涵和过程、以创制（创智）为体现和形式、以创业为内容和目标，以实际科研、工程项目为驱动将培养学生的创新意识、创新精神、创新思维和创新能力分阶段、分主题、分方向、进阶式地贯穿于本科人才培养的全过程，产学研用分工协作、一体化协同培养符合现代轨道交通及其所驱动相关产业发展实际需求的，具有开阔视野和较高的专业水平、创新能力、职业技能、工程素养和科技素质的，能够开辟一片新天地的优秀人才，以满足深圳市及其周边地区、广东省乃至全国轨道交通持续迅猛发展对城市轨道交通及其交叉领域应用型、工程型，尤其是对创新型专门人才与创业型复合人才的实际需求。

三　基于多元合作办学的产学研协同育人机制

产学研合作办学、协同一体化育人是让学生直接面向社会实践和科研创新，培养突出知识应用与创造能力的高素质创新创业人才的重要途径和内在要求，也是当前高等教育发展的重要趋势与改革的客观要求，是被众多发达国家采用和实践证明可以极大提升人才培养质量的当然选择。产学研合作办学、协同一体化育人是通过产业/企业、学校、科研所按照利益共享、风险共担、优势互补、共同发展的原则，打破传统办学体制，共同投入资源，跨越人才培养与人才使用、人才发展间的边界，需要深入思考，以学校为主导有效组织、协调、指导和控制育人要素的科学化组成和系统构建及教育活动开展，各主体要素全方位、全过程共同参与、分工协同地充分发挥各自在人才培养、科技创新中的作用、优势。

随着我国经济结构调整和产业转型升级，特别是面向全国城市轨道交通跨越式发展的实际需要，企业急需大批具有创新能力的发展型、复合型和创新型人才，以高校为主、多元主体共同参与的协同创新育人已成为必然选择。对学校而言，其主要目标就是全方位提升教学水平和人才培养质量，使培养的人才能为行业企业、科研院所及政府部门、社团组织等人才使用主体单位竞争力、创新力和可持续发展力的增强和优质高效发展贡献力量，得到其最大程度的认可；对行业企业等人才使用主体单位而言，其最大利益是要得到符合自身实际需求和发展战略的适用型人才、创新型人才，提升核心竞争力和创造力，实现利润最大化，获得巨大经济和显著社会效益；对学生的最大利益就是要使自己成为社会的可造之才、有用之才，最大程度地实现自己的人生价值。而供需各方针对人才培养、使用与个人发展在办学体制、教育理念与指导思想、定位与目标、理论与实践应用、需求与能力、专业化与复合化通用化、专业与课程设置及教学方法、人才培养模式、招生与就业、个体与团队等方面存在种种不一致、不连续、不衔接、不平衡，僵化封闭、一元化、教育环境与市场环境不对向和不交融、人才培养方向与类型不聚焦、人才培养与用户需求脱节和无有机衔接、产学研用不连贯不协调，与实际脱节等问题，导致无法较好地满足多元主体的目标和利益诉求。因此，必须打破传统人才培养主体和人才使用主体各行其是的职责界限。针对在人才培养、人才使用与发展的全过程中缺乏交互、交融和合作及在遵循学科专业自身发展规律与满足人才使用主体实际需求之间失之偏颇等情况，以合作办学、合作育人、合作就业、合作发展为主线，协调、协同学校与企业、行业协会、科研院所、相关政府主管部门等主体单位，引导形成促进创新人才培养、服务社会经济文化发展为宗旨的多元利益共同体，构建多主体共同协作和有效聚合，相互补充、分工配合的多元（政）产学研用合作的协同育人机制，围绕人才培养、人才使用和人才发展的全生命周期、全过程，分工协作、资源共享、协同育人。

为此，我们革新观念和思想，树立科学的现代人才培养理念，基于"（政）产学研用合作、国际合作、协同育人、协同创新"的办学理念，围绕人才培养、使用及发展的全过程，充分发挥学校与人才培养、使用和发展的多元主体单位的作用与优势，资源共享聚合、分工协作、配合协同开展人才培养体系与学院建设、学科与专业建设、办学与人才培养机制及模式、课程教学与教学管理、实验室建设与实验实践教学及其管理、科研与科研实验室建设、师资培养及教学团队、课程与课程资源建设、信息化建设、教学方式与方法创新等方面的工作，形成和实施以突出满足用户、企业、产业需求的专业基础与技能、职业技能与职场竞争力、科学与工程素质、实践创新能力培养为核心，以用户为主导、市场为导向、企业为引领、学校为主体的，一种基于多元校企/校校（国际）合作的各方全方位全过程参与、分工协作、密切配合的人才一体化协同培养体系与机制，以推动合作办学、协同育人和科技创新等与社会服务交融的综合改革、创新发展取得显著成效，极大地提高了办学水平、创新能力、教学与人才培养质量。

在校企合作办学方面，形成和实践"公办民助、学校投入为主、企业专项投入和赞助为辅；理事会议事决策制度下的院长负责制；学校为主体、企业为支撑；产学研教融通、产学无缝对接；立足于满足行业领域（大交通、城市轨道交通）实际需求和面向企业需求牵引的定制化人才培养与科技研发合作"的紧密型校企合作办学机制与模式。深圳市地铁集团有限公司与深圳大学于 2009 年 10 月共同组建"深圳大学轨道交通学院"（2012 年 12 月更名为"深圳大学城市轨道交通学院"），挂靠深圳大学机电与控制工程学院运行和管理，并提供 120 万元/年的深圳地铁专项合作办学经费和 20 万元/年的"全国大学生'深圳地铁杯'城市轨道交通科技大赛"赞助费，每年优先录用不少于 75% 的合格毕业生到深圳地铁公司工作，支持产学研教融通的双师型师资培养，建设"深圳大学—深圳地铁城市轨道交通协同创新育人基地"和"深圳大学—深圳地铁广东省研究生联合培养示范基地（交通运输）"等。

在国际合作办学方面，形成和实践"自主发展、外联为辅；优质共享、多元文化交融；走出去、引进来、内外双赢；着眼于行业领域发展与学术前沿，以培养专业精深、具备国际视野、通晓国际规则的高水平高层次人才和合作科学研究与技术开发"的国际合作办学机制与模式。如于 2017 年 1 月与荷兰国家应用科学研究院、荷兰代尔夫特理工大学就共建"中荷城市轨道交通与智慧城市协同创新中心"以合作开展城市交通、轨道交通、智慧城市及其所驱动的相关交叉领域的本科生、研究生的联合培养，科学研究、技术攻关与创新、装备与系统研发、社会服务等签署了合作备忘录。

在校校合作办学方面，形成和实践"以我为主、外协为辅；优势互补、资源共享；内涵发展、共进共赢；着眼于学科前沿与社会经济发展需求，以培养基础理论扎实、知识面宽、实践创新能力强、综合素质高的高质量高层次人才、复合型人才和合作科学研究与技术开发"的校校合作办学机制与模式。深圳大学已先后与同济大学、华中科技大学等国内著名高校，以及通过"城市轨道交通人才培养与科技创新联盟"与苏州大学城市轨道交通学院、上海工程技术大学城市轨道交通学院（2017年新加入深圳技术大学、五邑大学、韩国又松大学等）在学科建设与专业设置及课程建设、大学生科技创新及大赛、科研合作及高水平科研平台等方面开了富有成效的校校合作。

四　以"创新＋"为驱动的双创人才培养模式

人才培养模式是在一定的教育思想和理念指导下，以人才培养活动为本体，为实现特定培养目标所设计的规格、标准，形成以相对稳定的课程体系和内容、管理制度和评估考核方式等实施人才教育过程的总和，它集中体现了教育思想和教育观念，从根本上规定了明确的培养目标和规格标准及其实现的教育过程、运行管理和评估制度，以及与之相适应的教学方式、方法和手段等四个方面的内容。而我国目前许多高校创新创业人才培养模式还存在创新创业教育没与专业教学有机衔接和交融，没真正融入人才培养、使用和发展的全生命周期、全过程，创新创业教育环境及平台建设跟不上实际需求，产学研教融通的创新创业师资匮乏，创新创业人才培养体系、课程体系及其运行管理机制不统一、不健全等诸多突出的问题，使得创新创业教育还不能很好地适应今天中国"大众创业，万众创新"这股蓬勃涌动的时代大潮。构建和实践创新创业人才培养模式，须从理论课程体系的优化及其与创新创业课程和实践的教学内容、教学过程的有机衔接，多层次创新创业实践培养体系的构建及与人才培养教育教学体系的融合，基于以"协同育人中科技创新，科技创新中协同育人"为理念的产学研用协同育人环境及平台，实现实际科研项目、工程项目、创业项目驱动的创新创业活动到人才培养教育教学体系中的有效融入，产业经验、工程经验丰富的产学研用通融的双师型师资队伍建设等方面改革、创新、优化人才培养模式、方式方法，培养更多具有创新意识和创新能力、能够主动适应并引领社会发展的优秀人才，是我们应该高度关注并力求解决的难题。

而且，在当前大多数大学生囿于创新创业能力提升困境的诸多原因中，对工匠精神作为一种职业态度、精神理念和工程应用及创新能力的培养不够重视、培养力度不够和方式方法不适用等是其重要影响因素。工匠精神是指凝结在所有人身上所具有的严谨认真的职业态度、制作或工作中追求精益求精的态度与创新精神及品质、知行合一与道技合一的实践品格和团队协作的优良作风，这对于增强学生踏实进取的创新创业意识、思维和能力，强化理论知识的运用能力，提高过硬的专业技能和务实求真的工程应用能力，培养团队协作和获得社会认可支持等都具有重要直接作用，培育和弘扬敢于突破、不断创新的工匠精神蔚然成风，成为不可阻挡的时代潮流。新时代呼唤工匠精神的回归，也需要与之相适应的"聚徒教学"的回归，这对于培育有自主能力和创新性、有独立精神和健全人格的人才，构造和谐师生关系，创造自由活跃的创新创业氛围，促进教师自身素质的提升等都具有重要现实意义。

因此，我们改革和创新教育理念与人才培养模式，强化产学研用结合、多元合作，充分发挥学校与各合作办学单位多种不同教学科研环境、智力、资源及优势，在同时满足大交通（特别是城市轨道交通）快速发展需求和遵循学科专业自身发展规律的原则下，秉承"加强加宽基础、重视实践应用、开拓思维、培养能力、提高综合素质"的核心创新创业教育理念，树立基于 CDIO（Conceive、Design、Implement、Operation）与"面向产业、面向互联网＋、人工智能＋"的工程教育理念，以对人才培养的专门化与专业性、复合化与多学科性交叉性、多层次性、连贯性、工程性的新要求为出发点，以产教对接为切入点，突出教学过程的实践性、应用性、开放性和创新性，形成一种以市场为导向、需求为牵引、学校为主体的，产学研合作办学各方全面参与、全程参与、分工协作的社会契约化协同人才培养模式——基于"创新＋"驱动的"4 创"人才一体化协同育人模式：以培养符合和无缝对接产业发展对人才的实际需求为牵引，围绕大学生培养、成长的全过程，以"创意创新创制（创智）创业"为主线和主要内容，基于产学研合作营造和构建"工程实践、技术创新与创客创业综合教育环境"，在科技创新项目和工程实际问题的驱动下，以"师带徒、传帮带"的聚徒教学培养方式和"创新/创业短课、专题知识讲座、技能培训、翻转课堂"等先进教学方法手段，凸显和强化知识应用与解决问题的能力、专业技能、工程素质与科学素养、创新创业实践能力及综合职业能力、"工匠匠心"

精神与能力的培养，产学研用一体化分工协同培养"匠心独具"的高素质创新创业人才、应用型工程型专业人才与复合型人才。

该人才培养模式的总体设计如图1所示。我们通过与合作办学单位合作、相关企业合作，设立由校内外创新创业实践导师组成的深圳大学城市轨道交通学院"4创"协同育人教学指导委员会，负责规划和构建创新创业人才培养体系、方案，组织实施"4创"教学活动及对相关过程、结果进行监督、评估、指导等；以创新创业为目标、基于CDIO工程教育理念和聚徒教育理念，推进相关教学平台、实验中心、校外实践教育及实习实训基地、科研实验室、工程研究中心以及校企合作的联合实验室、工程技术研究中心、协同创新中心等向基于科研项目驱动的本科生创新创业实践衍生，以打造"基于教育环境/科研环境与产业环境、工程环境对接、交融的协同育人平台及环境"，尤其是加强多元产学研用合作共同建设智能技术及其应用（智能交通）、轨道交通车辆及装备、城市轨道交通运营管理、轨道交通智能检测与安全技术、泛在物联网与智慧城市等创新实践工作坊；在各创新实践工作坊和科研实验室/中心设立的若干专业领域主题式开放实验室/工作间，如智能技术及其应用创新实践工作坊的智能交通、机器视觉、机器人、智能家居等开放实验室/工作间，并由研究生及各项目课题组负责人所组成的工作坊大学生自主管理组进行日常运行管理，各年级项目课题组参与相关工作；在各创新实践工作坊下设立导师工作室，按主题领域和创新实践工作坊组建创新创业导师团队，即由各创新实践工作坊负责老师和相关校内外指导教师、校外企业创新创业导师和实验技术人员组成工作坊指导教师组，负责工作坊的规划建设、日常运行管理和具体指导各年级项目课题组开展和完成各"4创"项目；通过从工作坊导师

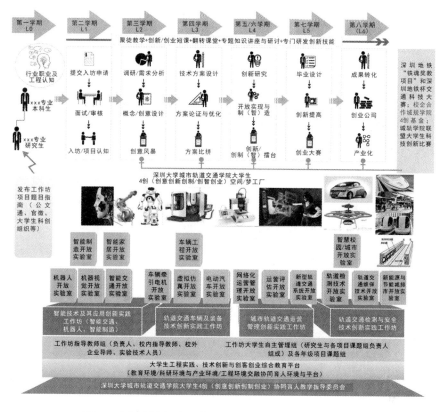

图1 城市轨道交通学院大学生"创意创新创制（智）创业协同育人模式"示意图

相关科研教研项目、企业委托项目、企业赞助大学生科技大赛以及同相关创新创业基金会合作等多种方式筹措资金以设立"城市轨道交通学院 4 创基金"，特别是在相关合作办学单位提供的专项经费中设立大学生"4 创"资助项目和奖学金（如在深圳市地铁集团有限公司提供的"铁魂奖教项目"和"铁魂奖助学金"中分别设立"大学生'4 创'项目"和"大学生'4 创'奖"），以及组织项目课题组参加大学生创新创业大赛等多渠道对各年级大学生项目课题组的相关创意、方案、技术、作品及创业等进行不同力度的资助、奖励，以支持优秀创意与方案、创新技术、创智作品以及成果转移转化与创业，鼓励在创意创新创制（智）创业中取得显著成果的团队和学生，促进大学生"4创"有序、优质、高效地开展和校企各方共赢发展。

主要培养阶段及过程如下：

L0 阶段（第一学期），为行业、职业及工程认知，宣讲、咨询与招新阶段。面向交通运输（城市轨道交通）专业及其他自动化、机械、计算机等相关专业本科生，一方面通过开设《行业认知实践与职业规划》《工程认知》等课程，以对"小型多旋翼无人机及其在智能交通中的应用"和/或"物流仓储环境下/新一代无人超市环境下的智能 AGV"等实际工程项目的认知、体验、搭建与改进优化为切入点和主线，让学生了解、学习和思考专业领域的行业发展背景、现状、趋势、热点和痛点问题，就业现状与前景、职业要求与发展、岗位职责与技能、企业文化与社会责任，尤其是引导学生如何结合自身的实际情况进行职业规划、学业规划和创新创业规划及其实施路线图等；另一方面利用专门组建的大学生科创中心及其他学生社团组织、学校公文通、官微、海报等，宣讲"4创"人才培养模式与创新工作坊概况，发布"创新创业实践专题项目课题"指南及入坊招新通知，组织有意向学生参观工作坊，体验和认知工作坊成果与学生作品，与已入坊的高年级学生交流、讨论，以及举办项目课题专门宣讲会与咨询等，以体验式、沉浸式全方位激发、引导学生学习的兴趣、积极性和计划性。

L1 阶段（第二学期），为师生双向选择、入坊教育、项目课题认知及确定课题阶段。在 L0 阶段末期开展招募学生加入创新实践工作坊的师生双选会，对智能技术及其应用（智能交通）、轨道交通车辆工程及装备、城市轨道交通运营管理和轨道交通检测与安全运行技术等感兴趣的学生分别向相关创新工作坊提交入坊申请，工作坊指导教师组对有意愿的学生进行面试以实现师生互选；确定加入该创新实践工作坊的学生须与指导教师及工作坊签署相关技术保密协议、工作坊学习工作目标责任书等，并在指导教师和高年级学生的指导、建议下制订和提交假期学习计划；学生可在第一学期后的寒假进入工作坊体验；就创新实践工作坊的组织架构、人员组成、运行控制机制、管理规范、主要设施与仪器设备及操作规程、常用工器具使用方法、安全管理、知识产权管理、学生自主管理，以及聚徒文化、匠心与创新创业精神、职场文化等进行若干场次的专门入坊教育和培训；同时开展项目课题认知教育，以专门课题介绍、知识讲座，特别是以参与和跟随高年级课题组的形式，让学生了解工作坊课题库及相关已完成和目前在研项目课题的主要背景与意义、拟解决的主要问题与研究内容、实现目标、研究方法及技术路线、试验方案、已有基础及进展情况等；在以上基础上，新入坊学生和高年级课题组、指导教师进行充分的交流沟通、分析讨论和协商，确定加入的课题组或新成立相关课题组，确定项目课题方向及题目。

L2 阶段（第三学期），为项目课题调研与需求分析、创意及概念设计阶段。根据每个项目课题组的方向及题目，组织学生开展文献调研、市场调研、技术调研，开展问题背景与产生的分析论证、用户需求分析、应用及市场前景分析，国内外相关研究开发、应用及行业发展现状与趋势的综述，并形成需求分析和文献综述报告；在指导教师的启发、引导之下，组织学生针对项目课题的拟解决问题，展开头脑风暴产生若干创意，并对这些创意进行评价、筛选和概念设计；举办"城市轨道交通学院'4创'创意大赛"，由校内外创新创业实践导师/专家、"4 创基金会"成员、合作企业代表等组成评审团进行评审，对优秀创意概念设计给予重点奖励、资助，以更好地推进创意与概念设计的开发、实现乃至转移转化及产业化。

L3 阶段（第四学期），为技术方案拟定、论证、优化及评比阶段。组织各课题组根据需求分析、创意与概念设计，从功能性能、用户角色与操作使用流程、数据流程与数据管理、体系结构与网络结构、硬件与软件结构及接口、控制结构、核心算法与关键技术、研究方法与技术路线、系统集成与测试及试验方案、经费概算、可行性与风险分析、任务分工与进度安排等方面开展技术方案的设计、论证、修改和优化调整；同时，通过基础理论知识讲座、专题分析研讨、仪器设备及工器具的操作使用、现场体验操作、专业及实验技能培训、软件编程培训、企业参观见习、工程案例分析、团队精神与项目组管理训练等多种形式强化和拓展学生开展科学研究与技术开发创新必备的领域理论知识、基本技能及科学与工程素养及团队协作素质等；举办"城市轨道交通学院'4 创'方案比拼"，由评审团对各项目课题组的技术方案进行点评、指导和评比，选择优秀方案进行不同等级的资助，进入下一阶段的开发、实现乃至转移转化及产业化阶段，以及参加国内外各类大学生科技创新创业比赛；相对较差的创意设计及技术方案将被淘汰而不能进入"4 创"的后续阶段。

L4 阶段（第五/六学期），为关键技术与核心算法研发、创制（智）开发实现及系统集成与测试阶段。在创新创业实践导师团队的启发、指导、支持下，在高年级项目课题组学生的传、帮、带下，比拼中胜出各项目课题组根据技术方案中所拟定的主要内容及目标、技术路线及实施方案，开展相关核心算法与关键技的创新研究开发与试验，零部件的加工制造与检测，软件程序的编写与分析测试，网络架构，系统集成搭建与测试及优化，从而研制出创智作品；举办"城市轨道交通学院'4创'创新创智作品比赛"，由评审团对各创新技术、创智作品进行点评、指导和评比，选择具有较好创新性、先进性、实际应用价值，特别是具有较广阔市场前景的优秀作品和创新技术进行重点资助，进入成果转移转化及产业化阶段，以及参加国内外各类大学生科技创新创业比赛；完成情况一般、尚有提升空间和潜力的相关项目课题组虽不能获得成果转移转化的资助，但可以进入下一阶段，与指导教师团队讨论和确定毕业设计的方向、题目；完成情况不理想、较差的作品及其项目课题组将在本阶段被淘汰而不能进入创新提高及创业阶段。

L5阶段（第七学期），为毕业设计、创新提高与优化阶段。对没获得成果转移转化资助的项目课题组，可将课题及相关内容作为毕业设计选题，通过毕业设计对之前的研发结果进行进一步研究开发、创新提高，所取得的成果也可以参加本阶段的创业大赛；而对于获得资助的项目课题组，在本阶段则要根据L4阶段的评审意见，在指导教师团队的指导和大力支持下，结合毕业设计和相关大学生创新创业大赛的开展，面向市场、用户的实际需求对其创新技术、产品等进行进一步的试验、改进、提升和优化，制定成果转移转化、产业化及商业运营策划书，以为应用推广、转移转化和产业化进行准备；举办"城市轨道交通学院'4创'创业大赛"，评审团遴选出具有较大产业化潜力和市场应用前景的项目课题团队及其创新技术与产品等进行成果转移转化，并由"4创"基金会和/或其他相关企业、基金会等进行产业化资助；同时，也可参加国内外各类大学生创客创业大赛，获得相关资助，进一步推进产业化；没进入创业阶段的各项目课题组团队成员则可按照各自的职业规划作为创新人才进入相关企业工作或科研院所进行进一步深造。

L6 阶段（第八学期），为成果转移转化、成立创业公司和产业化阶段。进驻学校及其他大学生创客基地/空间、大学生创业园区等，成立相关创业公司，开展成果转移转化，推进创新产品、产业化和商业运营等相关工作。

针对以上各阶段的教学活动和人才培养环节，可根据人才培养方案和课程设置的实际情况，开设若干必修或选修形式的工程实践专题课或四创专题课题（L0—L6）作为教学组织的主要载体，并在这些阶段中穿插安排进阶式系列专题知识讲座、专业技能培训、创新/创业短课、案例分析与翻转教学、专题试验、科学研究与工程应用基本技能及综合素质培养、企业实习见习、学术交流、工匠匠心专题等教学环节。

五 教育环境/科研环境与产业环境/工程环境交融的协同育人环境建设

构建和实践教育环境、科研环境与产业环境/工程环境交融的协同育人环境是多元合作办学主体产学研用合作的重要内容，是实现各方资源、优势向创新创业人才培养有效聚合和共享的主要通道和载体，是各方基于"创新＋"驱动的"4 创"人才一体化协同育人模式，围绕人才培养、使用和发展的全过程全面参与、分工协作、协同一体化培养创新创业人才的主要途径和平台，也是各方突破界限，提高人才培养符合产业实际需求与发展适应度与水平，实现人才培养与人才使用无缝对接的重要机制和体现。主要包括：

其一，在"在协同育人科技创新，在科技创新中协同育人"思想指导下，建设产学研用、多元合作、"创新＋"驱动、凸显创新创业的协同育人与科技协同创新的平台。结合企业、地方和国家经济社会发展需要和学校实际，以协同创新创业人才培养为引领，协调整合产学研用合作各方优质资源向现代城市轨道交通系统与装备及其所驱动的城市与城市公共交通、智能交通与智慧物流等领域的协同育人、协同科技创新聚合、共享、优化，基于通用性、宽口径、大平台、开放性、分布网络化的现代理念设计和建设"立足城市轨道交通（地铁）、面向大交通"的协同育人和协同科技创新平台及环境，为激发产学研用合作各主体单位的动力和活力，以在协同科技创新中培养适用性创新创业人才、在协同育人中实现科技创新提供必要的教育环境、科技环境、创新环境和发挥主体支撑作用，促进教学内涵式发展和教学质量的全面提升，培养视野宽广、意识领先、素质优良、能力突出的创新创业人才。

一方面，校企/校校合作、国际合作，构建教育环境与产业环境、工程环境交融的新型交通运输（城市轨道交通）协同育人平台。我们以交通运输（城市轨道交通）及其所驱动的相关交叉领域的工程实践为背景，突出知识应用能力、实践创新能力和综合工程素质与科学素养的培养，形成以深圳大学轨道交通实验教学中心（暨城市轨道交通虚拟仿真中心）为基础，以交通运输工程实践专题工作坊暨"4创"创新实践工作坊、大学生开放实验室和大学生科创中心为特色的，以与深圳地铁集团有限公司/深圳市市政设计研究院、深圳市城市交通规划设计研究中心、深圳大族集团等10多个校企合作的校外实践创新教育基地、卓越工程师教育实习基地为支撑的教育环境与产业环境、工程环境交融的工程实践应用、创新创意创客创业环境与协同育人平台，以为产学研用一体化培养新型交通运输（城市轨道交通）人才提供教学、实验、实训、实践创新、见习实习的不可或缺的重要环境及条件。

另一方面，以城市轨道交通及其所驱动的相关交叉行业飞速发展对创新科技的实际需求为牵引，多元产学研用合作，构建科研环境与产业环境、市场环境的直接对接与交融的新型交通运输（城市轨道交通）科技协同创新平台，形成以深圳市城市轨道交通重点实验室、深圳大学数字制造技术与装备研究所（暨杨叔子院士工作室）为核心，以与深圳市地铁集团有限公司、航天 13 所等 10 多个校企协同创新中心、联合实验室（研发中心）为支撑的新型城市轨道交通科技协同创新平台，以为产学研用合作各方利用科研实验、研究中心和工程中心，通过科技项目、工程实际项目、案例应用等的研究开发、技术创新、系统集成及测试评估、应用实施以及转移转化，发挥各自的优势协同开展培养研究生、本科生提供重要的科技创新环境及条件，强化以科研项目牵引、在科技创新环境下提升学生应用问题分析与解决能力、综合科研能力、创新能力培养。

其二，以培育"工匠匠心"为内涵，构建大学生工程实践、技术创新与创客创业综合教育平台及环境—创新实践教育聚徒工作坊。以"4 创"为主线，以基于"创新 +"驱动的知识应用能力、专业技能、创新创业实践能力、工程素质和综合职业能力的培养为出发点，产学研用合作各方联合设立和建设如智能技术及应用（智能交通、智能制造）、轨道交通车辆及装备、城市轨道交通运营管理、轨道交通智能检测与安全技术等若干主题领域创新实践工作坊，为大学生"4 创"提供自主学习与管理的开放试验场所、工作坊、梦工厂。每个创新实践工作坊由 1 名校内具有副高职称以上的教师牵头负责，并和其他若干校内创新实践教师、工程技术人员/实验技术人员、研究生助教，以及校外企业创新实践导师组成指导团队；每一个项目课题组配 1—2 名校内创新实践指导教师、1 名实验技术人员、1—2 名研究生助教、至少 1 名校外创新实践指导教师；工作坊主要开展场地及基本设施、实验仪器设备、项目课题、专业知识与技能培训课程及教学资源、运行管理机制、创新实践教学方法、安全与操作规程、经费管理、工匠精神与文化、信息化建设等方面的建设，尤其是指导教师聘任与考评及团队、实验室安全管理、实验仪器设备管理与操作使用规程、"4 创"全生命周期管理与考核评价、项目课题及经费管理、"师带徒、传帮带"聚徒教学、创新短课、专题知识与技能培训课程及管理、学术交流与研讨、企业见习实习、科技创新及创业大赛、工作坊工匠文化、信息系统等相关的运行机制、管理制度、操控规范的建设与实践。

其三，探索与实践基于产学研教融通的双师型师资培养，是推进与践行多元产学研用合作办学、一体化协同育人模式培养的关键。一方面，推进和落实教师以各种渠道和方式走出学校、走出国门进行学术交流访问、专业培训、继续教育、学历教育、博士后/访问学者培养、挂职锻炼，特别是以挂职、科技特派员或学术（工程）休假的方式到企业进行实践、见习、锻炼，参与企业的生产经营、科研及管理等活动，以丰富教师和实验技术人员的工程与产业实践经验和提升教学科研创新能力。另一方面，从交通和轨道交通规划设计或运营企业和轨道交通装备制造企业聘请具有丰富经验的工程技术人员和运营管理人员为任课教师、实训师、创新创业实践校外导师，参与相关专业课程教学、实习实训、创新创业实践教学、项目课题指导，担任毕业设计指导教师、硕士生企业导师等。目前与深圳地铁、深圳交通研究中心及其他合作办学主体等初步打造了"城市轨道交通规划设计与城市规划及可持续发展""公共交通与智能交通""城市轨道交通（网络化）运营与管理"和"城市轨道交通工程技术与装备及维护养护"四个教学团队。

其四，基于"科研牵引，以科促教"的思路建设创新实践课题库。创新实践工作坊围绕相关主题领域研发方向，以实际科研项目、合作办学单位委托项目以及其他工程实际项目为依托，构建创新实践课题库，为大学生提供可以贯穿整个大学学习 L0—L6 阶段的具体研发课题和建议性研发方向。以智能技术及其应用创新工作坊为例，主要围绕人工智能算法与自主感知，机器视觉与视觉智能算法等，及其在人车—车路—车车协同、智能网联汽车、智能交通与智慧城市、轨道交通智能安全检测、基于云端智能和移动智能的轨道交通系统装备智能敏捷维保等方面的应用研究、技术开发与运用推广等进行创新实践课题库建设。目前已开展并取得诸多进展和成果，项目课题如"基于移动机器视觉云的轨道交通供配电系统巡检及异物清除飞行机器人若干关键技术与模拟试验系统""基于多物理域多模态传感器信息多模式融合的智能网联汽车自主感知方法及其应用研究""网络化 PRT 系统动态调度与车辆协同控制方法及模拟试验系统研究"和"面向无人超市的多智能 AGV 关键技术与模拟试验系统研究"等。

其五，探究、实践和革新优化以"'4 创'为目标""工程实际为导向""工匠精神为慧心"的，基于产教"聚徒"融合的创新实践教学方法与教学手段。以"4 创"为主线和全过程，以基于实际科技项目、工程项目，以凸显"初心在方寸、咫尺在匠心，以匠人之心，琢时光之影"，通过产教"聚徒"，即由来自学校与合作办学单位/企业具有较丰富工程实践与创新经验的双创新实践导师以"师带徒，传帮带"的方式来组织项目课题研发及相关教学活动、运行管理与考核评价，并采用如聚徒式精英教育、开放性实验教学、翻转课堂启发式教学、现场体验式教学、情景演示式教学和案例教学等教学模式，如课程网站、电子白板系统、半物理仿真平台、计算机辅助工程软件、MOOC 平台、云平台、微信等创新教学手段，在创新实践工作坊中开设专题知识讲座（师父/师傅讲学与徒弟讲学，外请专家/教师与大学生讲学等）、专业技能培训、创新短课（工程认知型、知识研讨型、专技训练型、小课题研发型等）、案例分析与翻转教学、专题试验、科学研究与工程应用基本技能及综合素质培养、企业实习见习、学术交流、工匠匠心专题等，激发学生学习与管理的积极性、主动性、自主性，提高知识运用与技术创新及转移转化的能力、分析解决工程实际问题能力、面向职场发展的能力，特别是"工匠精神"的塑造与培养。

六 结语

随着我国轨道交通产业和技术的飞速发展，带动了城市轨道交通及其所衍生、驱动的投融资、城市规划设计、城市公共交通、智能交通、智慧物流与智慧城市等相关交叉领域创新人才和创新科技需求的急剧增加，而沿袭传统大铁道和传统办学体制的城市轨道交通人才培养模式，已越来越不能完全适应和满足这些新形式和新要求。因此，我们革新观念和思想，树立科学的现代人才培养理念，以满足深圳、粤港澳大湾区乃至全国现代城市轨道交通及其交叉领域的不同层次类型的专门人才、复合型人才的巨大需求，特别是针对创新创意创制（创智）创业人才培养的专门化与专业性、复合化与多学科交叉性、多层次性、连贯性、工程性的新要求，创新思想，积极探究、构建和践行以"创意创新创制（创智）创业"为目标牵引和培养过程与主要内容的，满足产业实际需求又符合学科专业发展规律的，多元产学研用合作办学机制下多元合作主体无缝对接与一体化协同培养创新创业人才的新型交通运输（城市轨道交通）协同育人体系环境及模式，包括基于协同育人多元主体合作，即校企合作、国际合作和国内校校合作的办学机制、以"创新＋"为驱动的一体化人才培养模式及其与之相适应的教育环境/科研环境与产业环境/工程环境交融的协同育人环境（如城市轨道交通协同育人平台与科技协同创新平台，创新实践工作坊、创新实践项目课题库、产教学研用融通的师资培养机制、产教"聚徒"融合的创新实践教学方法与教学手段）等。我们在创新创业教育理念、多元产学研用合作办学机制、创新创业人才协同培养模式及协同育人环境建设等方面的探究实践与改革优化成效日益彰显，极大地拓展和提升了学生的视野、领域理论知识、方法技术、专业与职业技能，解决实际问题的能力、工程应用能力、创新创业能力，增强了学生的工匠匠心精神、科学素养及职场综合竞争力。这对我们深化和优化办学、育人和社会服务的综合改革、创新发展，培养符合现代轨道交通及其相关产业领域发展实际需求的创新创业优秀人才，探索多元产学研用合作优质高效地推进领域双创人才协同培养和科技协同创新的新思路、新途径、新机制、新模式，探索多途径举办和发展高等教育，提升高校直接服务地方产业发展的能力与水平等都具有重要的现实作用和长远意义。

实践基地助力创新创业人才培养的机制

马卫红　黄凯珊[*]

摘　要：创新创业人才培养是当前高等教育的新重点。很多高校重视创新创业生态系统的构建，但这一做法需要投入大量物力财力，通常是单个学院难以做到的。如何在现有条件下充分盘活存量资源、服务于创新创业人才培养是值得思考的问题。深圳大学管理学院从长期合作的实践基地入手，通过实践基地与学院的双转型双提升，在现有资源和传统模式的基础上创造出创新创业人才培养的新机制。文章从合作基础与转型升级、现有资源整合以及支持体系三个方面详细介绍实践基地用友新道科技股份有限公司在创新创业人才培养中所起的作用。

关键词：创新创业；实践基地；转型升级；人才培养

一　前言

近年来，高校普遍开展了创新创业教育，创新创业人才培养

＊　深圳大学管理学院。

成为高等教育的新重点。从各类创新创业人才培养的模式来看，成立创业园或创业学院、打造创新创业生态系统是较为普遍的做法，在生态系统的要素以及要素组合方面不断拓展，重点在于重塑大学、企业、政府、科研机构等主体的共生关系，提升基础设施，优化创业环境。构建整体性创新创业教育体系固然很好，但是这种做法对资金投入和各方面条件的依赖性较强，可能需要举全校之力才能打造完整的生态链系统，对于单个学院来说难以实行。同时，创造的新体系与旧有机制的衔接难免出现不顺畅，如果出现旧有资源被置换闲置也是一种浪费。鉴于此，深圳大学管理学院在创新创业人才培养机制方面首先思考的是如何充分盘活现有资源，从长期合作的实践基地入手，通过实践基地与学院的双转型双提升，在现有资源和传统模式的基础上创造出创新创业人才培养的新机制。本文将详细介绍实践基地用友新道科技股份有限公司（以下简称"新道科技"）在创新创业人才培养中所起的作用。

二　实践基地合作基础与转型升级

新道科技是用友集团全资控股子公司。深圳大学管理学院早在 2007 年就与用友软件有限公司（用友集团前身）签署框架协议，在实验室建设、学生实训基地建设、师资培训和科研项目研究等领域开展合作，建立"人才联合培养基地"。2010 年，新道科技注册成立之后，管理学院又与新道科技继续签订合作协议，实践基地与学院双方合作历史较长，合作关系稳定。

在用友软件时代，双方的合作比较传统，主要集中在合作开发课程设计方面。为学院开设管理信息系统、ERP 理论与实践、客户关系管理、人力资源管理信息系统、项目管理等课程提供帮助，在这些课程建设方面借助企业的人力资源、数据资源和文档资源，丰富实践案例，提高实验课时，增强课程的实用性。新道科技成立之后，践行"把企业搬进校园，打造职业梦想社区"的业务理念，力求成为创新创业教育与商科实践教学全球领航者。

新道科技的全新定位，为院校合作转型升级提供了支持。一方面，在实践教学解决方案方面更加智能化、情景化，如将企业的真实业务流程、业务场景搬进校园，让学生在学校中能够仿真不同组织、不同岗位的工作内容和流程，实现"上学即上班"，"校内实训＝校外实习"；利用前沿 IT 技术打造"智慧教育"，将信息化与实践教学深度融合，塑造学生探究式的学习环境。搭建师资交流、学生学练考赛和就业服务的线上线下相结合的平台，打造"人找人社区"。另一方面，在创新创业教育的大潮中，新道科技也提供了整体性解决方案。作为"中国大学创新创业教育合作伙伴"，新道科技着力"创"教育，通过加强创新创业基础教育以及创新创业赋能训练让学生达到创业就业的目的。依托创新创业实训平台，借助信息化技术与手段，激发大学生创业动机，培养创新创业思维，掌握创业规律，提升创业能力，模拟创业过程并最终形成属于自己的可实现创业项目。如图 1 所示。

该体系在原企业经营模拟电子沙盘及手工沙盘系统特点的基础之上，吸收了众多经营类软件的优点，平台的流程性、灵活性更强，让学生在互联网上随时、随地以游戏般的方式体验创业企业的建立，体验企业经营管理流程，体验企业在竞争的环境下生存、发展的过程以及为此过程而必须做出的关键决策。该平台主要包括下述知识模块：企业经营环境数据分析、业务流程分析、企业战略制定与执行、IT 战略的制定与执行、企业电子商务能力管理、市场营销与竞争策略、市场调研与产品设计、生产管理与研发管理、财务管理与财务分析、团队分工沟通与协作、企业全面运营与管理、综合分析与应用能力、组织结构设计及人力资源测评、管理文书的开发与管理等。同时增加了更多外围服务体系，更贴近现实，能为学生提供更多学习、竞技、求职、创业、社交的机会。

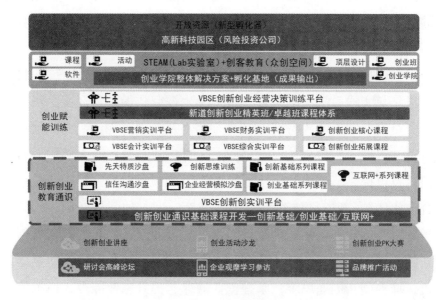

图1 新道科技创新创业教育体系

在这一体系平台上，逐渐构建以"认知、体验、感悟、探索、综合"为递阶的多层次、多形式的实践活动。实践基地针对不同层次的学生，安排多种形式参与实践。对于大一年级本科生，主要以实地观摩学习方式进行认知实践。对于大二学生，实践方式以模拟仿真实训、场景模拟实训为主。大三学生需要以多种形式参与到实践创新课题中去，促进理论知识的综合运用，提高解决问题的能力。选择部分有能力的同学参与到教师的社会服务项目中去。对于大四高年级学生，以实地指导实习和定岗实习方式为主要实践教学形式。同时，还配合如下共享活动（见表1）：

表1　　　　　　　　　具体的共享活动及其对象

共享方式	面向对象	共享内容及作用	实施时间
沙盘实训	大一大二低年级本科生	通过 ERP 俱乐部招新宣传，向全校感兴趣的学生提供免费的沙盘实训活动	每学期
比赛和实习实践	大三大四高年级本科生	推荐优秀学生参加用友杯省/国赛事，鼓励学生在暑假到用友新道科技公司实习	假期 假期
论坛及研讨会	高校教师	组织创新创业教学师资参加研讨分享、交流经验	每学期
咨询培训	企业内训师	为创新创业企业提供 ERP 内部培训	不定期
讲座	高校师生	邀请资深创新创业讲师或企业家为学校师生开展讲座	每学期 1 次

同时，在师资研修方面，学院多次邀请新道科技的专家来管理学院为师生提供培训，就创新创业问题开设讲座，定期介绍用友最新技术方向，保持院校教学的前瞻性；新道科技也将学院相关教师纳入外部专家资源，参与院校项目合作，共同开发和完善创新创业教育体系。不仅使用新道科技的实训体系，同时，着重借助新道科技来整合盘活学院及校内现存相关资源。

三　借力实践基地整合现有资源

深圳大学有丰富的创新创业教育资源，尤其在学生社团方面。但是，较为碎片化和分散。借助新道科技实践基地的支持，管理学院创建了综合性的创新创业体验平台，通过学院/校和企业联动提供体验场景，让学生真实体验和感受创业的全过程。综合体验平台创建主要围绕 5 个子平台开展活动：创新创业信息平台，创新创业部落平台，创新创业竞赛平台，创新创业群英会平台，创新创业云平台。

（一）构建创新创业信息平台

构建创新创业服务机制，以信息咨询助力创业。建立创新创业服务小组，提供创业全程指导服务，及时提供政策咨询。同时，畅通校企沟通渠道，建立在校和离校生创业信息跟踪系统，收集反馈信息，建立数据库，为开展创新创业教育和实践提供重要参考。

（二）搭建创新创业部落平台

整合学院学生社团资源，引导成立创新创业部落。管理学院丰富多彩的社团活动已经成为学生第二课堂的重要组成部分。利用管理类专业社团广泛性、自主性、个性化等特点，发挥学生自主作用，整合院内组织，搭建一个以学生创新创业为基础的部落组织。这其中，新道科技与学院共同支持的 ERP 俱乐部发挥了重要作用，联合学院的创业精英班、创业管理协会、公益创客协会等组织，建立联盟，以学院实验室为基地，成立部落。这样，创新创业综合体验式平台就有了组织载体。

锻造部落内涵，促进去社团化融合。通过部落资源开展商业比赛、创业讲座、创业沙龙、创业项目等创新创业实践活动，使原本来自不同社团的学生群体不断交流接触，让他们自发形成一些创作团队，并形成彼此间新的合作与分工。结合各自专业特点，发挥各自优势，学生原社团的边界逐渐淡化，直至消除，他们以新的团队更好地融入创新创业部落，从而形成内涵式创新创业体验。

（三）强化创新创业竞赛平台

整合赛事资源，提升竞赛质量。以用友新道相关赛事为基础，进一步整合如挑战杯、尖烽时刻商业模拟挑战赛、学创杯创业大赛、营销好点子大赛、创新杯大赛、电子商务创新应用大赛等活动，扩大学生规模，提高竞赛质量，增强赛事影响力。以创新创业为主题，帮助学生实现理论联系实践，创业设想与创业实践的结合。在竞赛过程中参赛者在模拟创业环境下体验团结协作，综合运用管理、营销、财务等多方面知识，正确决策、科学管理、规范生产、有效营销，进行组织模拟运营，提升学生的创新创业能力。借助此过程，学院已经成功孵化了十几个创业项目。

开展竞赛年度展览，有效激励创新创业竞赛活动。为激发学生积极参与创新创业竞赛活动，本项目将借助创新创业部落的组织载体，开展竞赛年度展览，将获得重要影响的竞赛团队成果陈列，并邀请相关团队进行现场展示，增强体验感和参与感。

（四）组建创新创业群英会平台

多方协同，组建创新创业群英会平台。借助创新创业部落、MBA 校友会等组织资源，汇聚社会各界创新人才，邀请包括企业管理者、创业人士、优秀校友、富有管理经验的政府官员、公益事业负责人等走进校园，打造创意、创新、创客、创业、创投人才的交流契机，构筑创新创业群英会平台。

有效整合，创设群英会微信公众号。为了能够让更多优秀人才了解群英会组织，打造一个服务于群英会、有思想有内涵的微信公众号，并定期线上推送相关活动信息或分享创新创业内容。同时，成立群英会微信群，群英会成员信息数据库，让大家可以有一个互相了解、沟通、分享的平台。

用心打造，定期举办 MIE - talk 活动。MIE 代表管理创新企业家（Management Innovation Entrepreneurship）的缩写，MIE - talk 意即管理创新创业交流。我们希望通过群英会平台定期举办 MIE - talk，更好地加强成员间的、可持续性的互动，让学生从中获得更有价值的信息，开阔视野，逐步形成创新创业思维。截至目前，已经举办 10 期 MIE - talk 论坛，每期邀请群英会内不同的嘉宾，分享经验，交流心得，共同打造一场创新创业交流的盛宴。

（五）共建创新创业云平台

利用现代技术，开展"云创业"。"云创业"平台是已建立的一种大学生网络空间创业实践平台。该平台依托大学生开展创业实践活动而创建，是当前大学生易于接受的一种新型的创业教育模式和电子商业运行模式。这里提到的"云创业"不同于现实中的大学生自主创业，它是运用完备的"云资源"，使大学生快速及时地获取相关创业的信息，整合可利用的教育和信息资源，在海量的信息中网罗到适合的计划或项目，零投资零风险地开启自己的创业之路。借助全国大学生"云创业"平台，实现教育资源和创业资源的共享，一所高校可与其他高校或企事业建立合作关系，为学生提供创业教育、创业机会和实训就业基地。

整合现有资源组建的创新创业综合体验式平台具有这几个方面的特色：（1）构建创新创业服务机制，以信息咨询助力创业。建立创新创业服务小组，提供创业全程指导服务。（2）组建创新创业部落，引入不同学科专业性社团，并进一步锻造部落内涵，促进去社团化融合，使学生们以新的团队更好地融入创新创业部落，形成内涵式创新创业体验。（3）组建创新创业竞赛培训团，开展竞赛年度展览，有效激发创新创业竞赛活力。（4）打造MIE-talk品牌，更好地加强成员间可持续的互动，让学生从中获得更有价值的信息，开阔视野，逐步形成创新创业思维。

当然，与实践基地在创新创业人才培养方面能顺利合作还是得益于一个相对完善的支撑体系。

四　合作机制的支持体系

创新创业政策支持。学院学校制定一系列鼓励学生积极创业，并给予学分奖励的政策。积极推动地方政府出台包括《关于促进以创业带动就业工作的意见》《深圳市自主创业补贴办法》《深圳大学深化本科教学改革行动计划》《深圳大学关于进一步加强创新创业教育工作的若干意见》等若干创业扶持政策，给予创业实践活动从学生到教师的全面、充分的政策支持。建立创业服务小组，提供创业全程指导服务，及时提供政策咨询。学院从实际出发，在原有实践经验的基础上进一步理顺创新创业实践指导规则，"引进来，走出去"，有效激发创新创业实践活力。一方面邀请企业家、优秀校友、创业者等校外导师走进校园；另一方面学院通过与著名企业和政府部门签订战略合作框架协议，让学院的教师走向企业、走向社会。

创新创业平台支持。参加国内各类创业大赛，为学生提供项目竞赛平台。同时，管理学院联合深大移动互联产业化研究所，成为国家级双创示范基地的深圳南山"创业之星"大赛的协办单位；学校举办"创业荔园"系列讲座，为学生提供讲座交流平台；学校成立的创业协会，为学生提供社团活动平台；成立学生创业园，为学生搭建创业项目孵化平台等。

创业资金支持。学院设立"实践教学卓越贡献奖""实践教学成就奖""实践教学创新奖""指导教师奖"等奖项以支持创新创业活动。学校每年投入"大学生创新创业训练项目"、"创业基金"、"大学生实验室开放基金"项目、课外科技文化活动创新创业专项经费、创业教育课程建设项目等各类经费。

创业信息支持。构建学校、学生、企业与社会沟通交流的创业信息服务平台，提供最新创业信息资讯。管理学院和深大移动互联产业化研究所利用对社会服务构建了学生的实习实践基地，与南山区政府下属的孵化器、深圳创新谷、草根天使会等著名孵化器、天使投资机构建立了密切的联系，是深圳南山"创业之星"投资联盟的会员单位。建立在校和离校生创业信息跟踪系统，收集反馈信息，建立数据库，为开展创业教育和实践提供了重要参考。

参考文献

体制机制篇

国家教育体制改革领导小组办公室：《教育体制改革简报》，2016年第60期。

国家教育部网站相关公开资料，2018年12月12日，http：//www. moe. gov. cn/。

胡卫中、石瑛：《国际合作办学中的教学改革与创新》，《教育探索》2007年第4期。

教育部中外合作办学监督工作信息平台，http：//www. crs. jsj. edu. cn/index/sort/1006。

雷忠学：《关于中国高等教育国际化的思考》，《江西师范大学学报》2002年第2期。

黎琳、吴治国：《高等教育国际化：新概念与新走向》，《江苏高教》2004年第1期。

刘芳、赵明：《高等教育国际化和高校国际交流与合作》，《继续教育研究》2007年第1期。

张国梁、朱泓：《高等教育国际化与人才培养的若干思考》，《辽宁教育研究》2002 年第 2 期。

中国网：《国家中长期教育改革和发展规划纲要（2010—2020
年）》，2010 年 3 月 1 日，http：//www. china. com. cn/policy/
txt/2010 –03/01/content_19492625_3. htm。

培养体系篇

白春章、陈其荣、张慧洁：《拔尖创新人才成长规律与培养模式
研究述评》，《教育研究》2012 年第 12 期。

曹胜利、高晓杰：《创新创业教育培养新时代事业的开拓者——
中国高等教育学会创新创业教育研讨会纪要》，《中国高教研
究》2007 年第 7 期。

陈鹤鸣、汝一飞：《本科毕业设计模式改革的探索》，《电气电子
教学学报》2009 年第 S1 期。

陈苏一：《浅谈本科双学位教育的现状与发展策略》，《教育改
革》2011 年第 11 期。

陈晔：《地方高校大学生创新实践能力的培养与探索》，《中国理
科教育》2011 年第 3 期。

《创新与高水平大学建设——周济部长在第三届中外大学校长论
坛上的演讲》，2006 年 7 月 17 日。

［俄］根纳季·齐平：《演奏者与技术》，董茉莉、焦东建译，中
央音乐学院出版社 2011 年版。

扶慧娟、辛勇：《理工实验班与拔尖创新人才培养》，《继续教育
研究》2011 年第 12 期。

龚妮丽：《音乐美学论纲》，中国社会科学出版社 2002 年版。

谷勇：《21 世纪的现代音乐教育》，香港教育出版社 2007 年版。

黄大岗主编：《周广仁钢琴教学艺术》，中央音乐学院出版社

2007 年版。

黄立宏、龚理专、李勇：《拔尖创新人才培养的探索》，《中国大学教学》2009 年第 6 期。

姜斯宪：《优化招生选拔机制　培养拔尖创新人才》，《中国高教研究》2018 年第 3 期。

金素梅：《提高本科毕业论文质量的管理途径探索》，《周口师范学院学报》2011 年第 28 期。

瞿飞忠：《数学与计算机携手并进》，《信息化教学》2016 年第 8 期。

李善妮、何海伦、邓梅春：《马昌杯中南大学生命科学学科"国际化"综合改革探索和创新》，《西北医学教育》2016 年第 8 期。

刘彬让：《试论高等学校的特色专业建设》，《高等农业教育》2008 年第 3 期。

刘红宁、朱卫丰、康胜利：《国内高校创新人才培养模式研究文献述评》，《中医教育》2014 年第 5 期。

刘晓蓉：《中外大学生创业教育现状对比分析及中国大学生创新创业教育改革的必要性》，《产业与科技论坛》2017 年第 16 卷第 20 期。

陆一、史静寰、何雪冰：《封闭与开放之间：中国特色大学拔尖创新人才培养模式分类体系与特征研究》，《教育研究》2018 年第 3 期。

马天帅：《谢和平的大学之道》，《成都商报》2009 年 10 月 27 日。

马雪：《试论高等院校创新型人才的培养》，《教育探索》2007 年第 2 期。

［美］彼得·F. 德鲁克：《创新与企业家精神》，张炜译，上海人
　　民出版社 2002 年版。

明仲、蔡茂国、朱安民：《虚实结合和科教融合的计算机实验教
　　学体系》，《计算机教育》2016 年第 7 期。

明仲、蔡茂国、朱安民：《虚实结合建设高水平虚拟仿真实验教
　　学中心》，《实验室研究与探索》2017 年第 36 卷第 11 期。

牛国庆、王海娟：《对高等特色专业建设的思考》，《河南理工大
　　学学报》（社会科学版）2009 年第 10 期。

潘燕萍：《从"自上而下"向"创业本质"的回归——以日本的
　　创新创业教育为例》，《高教探索》2016 年第 8 期。

潘燕萍、王军：《高等院校创业教育模式及成果评价研究——以
　　深圳大学为例》，《中国科技产业》2014 年第 7 期。

潘云鹤、路甬祥、韩祯祥、吕维雪、吴健：《拔尖创新人才培养
　　二十年的探索与实践》，《中国大学教学》2005 年第 11 期。

邱捷、谢霞宇：《不拘一格培养创新人才——西安交通大学探索
　　实践》，《中国大学数学》2010 年第 8 期。

邱捷、杨鹏、王韫鹏：《用"大成智慧学"教育理念设计培养方
　　案培育创新人才》，《中国大学数学》2009 年第 6 期。

王凤玲、孔林涛：《本科辅修双学位教育深入发展的思考》，《教
　　育管理》2011 年第 4 期。

王歆玫：《中国大学生创新创业教育发展历程及阶段特征研
　　究——基于 2008—2017 年〈中国教育报〉的文本分析》，《高
　　教探索》2018 年第 8 期，第 107—113 页。

吴晓波：《大败局》，浙江大学出版社 2013 年版。

夏云宏：《关于毕业设计形式多样化改革需求的调查与思考》，
　　《长春工程学院学报》（社会科学版）2016 年第 17 卷第 3 期。

谢秉博：《浅谈数学和计算机的关系》，《信息科技探索》2018 年第 2 期。

杨燕迪：《遗憾的聆听》，广西师范大学出版社 2018 年版。

姚期智：《拔尖创新人才培养的新理念与新探索》，《中国高教研究》2011 年第 12 期。

尹进、李昌龙、贾舜宸：《本科高质量、多样化毕业论文改革探索与实践——以四川大学为例》，《高等教育发展研究》2014 年第 31 卷第 1 期。

于改之、贾配龙：《高等院校特色班建设探究》，《理论探索》2012 年第 10 期。

岳永胜、孙冬、曹卫锋、陈晓雷：《高校创新人才实验班培养模式研究》，《实验技术与管理》2017 年第 10 期。

张寒、赵惠忠等：《高等院校特色班人才选拔与培养机制》，《人力资源院校管理》2016 年第 5 期。

张心远：《应用型本科毕业综合训练方案研究——以本科城市学院英语（国际采编新闻）专业综合训练试点为例》，《北京城市学院学报》2012 年第 111 卷第 5 期。

张秀峰、陈士勇：《大学生创新创业教育现状调查与思考——基于北京市 31 所高校的实证调查》，《中国青年社会科学》2017 年第 3 期。

中华人民共和国教育部：《基础学科拔尖学生培养试验计划实施办法》，http：//www. moe. gov. cn/s78/A08/gjs_left/moe_742/s5631/s7969/201210/t20121010_166818. html。

中华人民共和国教育部：《教育部等六部门关于实施基础学科拔尖学生培养计划 2.0 的意见》，http：//www. moe. gov. cn/srcsite/A08/s7056/201810/t20181017_351895. html。

周海宏:《音乐与其表演的世界》, 中央音乐学院出版社 2011 年版。

Bae T. J. and Qian S. , Miao C. , et al. , "The Relationship between Entrepreneurship Education and Entrepreneurial Intentions: A Meta-Analytic Review", *Entrepreneurship Theory and Practice*, Vol. 38, No. 2, 2014.

Baumol W. J. , "Entrepreneurship in Economic Theory", *Social Science Electronic Publishing*, Vol. 58, 2009.

Dyer J. and Gregersen H. , Christensen C. M. , *The Innovator's DNA: Mastering the Five Skills of Disruptive Innovators*, Harvard Business Press, 2011.

Gartner W. B. , " 'Who Is an Entrepreneur? ' Is the Wrong Question", *Entrepreneurship Theory and Practice*, Vol. 12, No. 4, 1988.

Griffiths M. , Kickul J. , Bacq S. , et al. , "A Dialogue with William J. Baumol: Insights on Entrepreneurship Theory and Education", *Entrepreneurship Theory and Practice*, Vol. 36, No. 4, 2012.

Ilhan, "A. Growth of Undergraduate Education in Design in the United States, 1988 – 2012", *Design Issues*, Vol. 33, No. 4, 2017.

Katz J. A. , "The Chronology and Intellectual Trajectory of American Entrepreneurship Education 1876 – 1999", *Journal of Business Venturing*, No. 18, 2003, pp. 283 – 300.

Kuratko D. F. , " The Emergence of Entrepreneurship Education: Development, Trends, and Challenges", *Entrepreneurship Theory and Practice*, Vol. 29, No. 5, 2005.

Neck M. H. and Greene G. P. , Brush G. C. , *Teaching Entrepreneurship: A Practice – Based Approach*, Massachusetts: Edward Elgar

Publishing Limited，2014.

Timmons，J. A.，*New Venture Creation*，8th ed.，New York：Richard
　　D.，Irwin，1999.

Weber，R.，*Evaluating Entrepreneurship Education*，Evaluating En-
　　trepreneurship Education，2011.

创新实践篇

包叙定：《"十三五"城轨交通发展形势阶段性回顾——在 2017
　　中国城市轨道交通高层论坛上的讲话》，《城市轨道交通》
　　2017 年第 2 期。

陈国华、刘春梅、贝金兰等：《基于高校产学研协同创新的大学
　　生创新创业能力培养》，《淮海工学院学报》（人文社会科学
　　版）2016 年第 14 卷第 2 期。

陈昊、明仲、肖志娇：《面向创新创业能力培养的实践教学改
　　革》，《实验科学与技术》2014 年第 12 卷第 2 期。

陈鹏：《学科竞赛嵌入经管类专业实践教学体系探索与实践》，
　　《中国商论》2017 年第 13 期。

陈强胜、高俊山：《中美高校创业教育的比较及启示》，《湖北社
　　会科学》2018 年第 9 期。

陈诗慧、张连绪：《大学生创新创业教育的国际模式、经验及借
　　鉴——基于美国、德国、日本等三国的比较》，《继续教育研
　　究》2018 年第 1 期。

程涛、丁一菲、冯平、徐刚：《基于人才培养模式研究与实
　　践——以产学研用合作的"3 + 1 + X"城市轨道交通人才培养
　　为例》，《中国高校科技》2017 年第 S1 期。

《党的十八大文件汇编》，党建读物出版社 2012 年版。

费雄伟、何建新、曾敏：《基于 CDIO 改革地方本科院校学生程
　　序设计创新能力的培养模式》，《科技风》2017 年第 9 期。

高晓杰、曹胜利：《创新创业教育——培养新时代事业的开拓
　　者》，《中国高教研究》2007 年第 7 期。

高志宝：《新时期城市轨道交通发展方向探究》，《科技与创新》
　　2018 年第 12 期。

韩增芳、马堃：《大学生创新创业教育现状调查分析》，《出国与
　　就业》2011 年第 14 期。

韩兆芸：《我国城市轨道交通现状及发展》，《城市建设理论研
　　究》（电子版）2017 年第 32 期。

何兴安：《我国高校个性化创新创业人才培养策略探讨》，《教育
　　教学论坛》2016 年第 47 期。

胡锦涛：《坚定不移沿着中国特色社会主义道路前进　为全面建
　　成小康社会而奋斗——在中国共产党第十八次全国代表大会上
　　的报告》，《求是》2012 年第 22 期。

胡桃、沈莉：《国外创新创业教育模式对我国高校的启示》，《中
　　国大学教学》2013 年第 2 期。

黄凯珊、王小汀：《商业模拟运营竞赛与实践教学相结合的培养
　　模式探讨》，载《基于应用型人才培养的高校教学改革探索与
　　实践——深圳大学管理学院研究论文集（5）》，暨南大学出版
　　社 2013 年版。

姜峰：《创业教育营造氛围自前行》，《人民日报》2015 年 6 月 3
　　日第 6 版。

姜金林：《产学研一体化视域下大学生创新能力培养路径探索》，
　　《高教学刊》2017 年第 20 期。

黎双飞、汪安泰、陈伟钊等：《"聚徒教学"与大学生科研素质

的培养与提升》，《课程教育研究》2017 年第 6 期。

黎双飞、汪安泰、陈伟钊、王静：《"聚徒教学"与大学生科研素质的培养与提升》，《课程教育研究》2017 年第 6 期。

李春燕、胡坤：《如何将"创新创业"理念引入职业教育的日常教学中》，《教育科学》（全文版）2016 年第 6 卷第 35 期。

李家华、卢旭东：《把创新创业教育融入高校人才培养体系》，《中国高等教育》2010 年第 12 期。

李双寿、李乐飞、孙宏斌、杨斌：《"三位一体、三创融合"的高校创新创业训练体系构建》，《清华大学教育研究》2017 年第 38 卷第 2 期。

路祖强：《强化高校创业教育》，《人民日报》2014 年 10 月 27 日第 7 版。

马莹、樊超波：《以学科竞赛为依托，培养创新型人才》，《价值工程》2018 年第 37 卷第 14 期。

马云泽：《我国产学研合作模式存在的问题及其对策》，《求知》2014 年第 8 期。

［美］凯文·凯里（Kevin Carey）：《大学的终结》，人民邮电出版社 2017 年版。

潘懋元：《大众化阶段的精英教育》，《高等教育研究》2003 年第 6 期。

乔玉香、安立龙、林年冬：《地方涉海高校创新创业教育实施路径探索与实践》，《高等农业教育》2015 年第 1 期。

商应美、周冰、刘馨璐、王丽莉：《大学生创新型人才培养典型载体研究——以"挑战杯"中国大学生创业计划竞赛为例》，《创新与创业教育》2015 年第 6 卷第 5 期。

石贵舟：《产学研协同创新驱动下的高校内涵发展研究》，《学术论坛》2016 年第 39 卷第 3 期。

石平：《创新是引领发展的第一动力》，《求是》2015 年第 9 期。

宋吉红、孙阁、齐元静、王云琦：《美国高校创新型人才培养模
式对我国高等林业院校人才培养的启示》，《中国林业教育》
2018 年第 36 卷第 6 期。

孙铁山、李楠：《城市轨道交通发展与产业扩散——以北京为
例》，《长白学刊》2016 年第 2 期。

腾讯研究院和腾讯开放平台：《2016 互联网创新创业白皮书》，
2016 年 9 月，http：//tech. qq. com/a/20160922/026189. htm，
2016 年 09 月。

王家庆、李松、邵玉：《以整合思维为特色的新建本科院校人才
培养模式研究》，《辽宁教育》2014 年第 7x 期。

王金岗：《工学结合模式下虚拟仿真教学系统》，《职教论坛》
2013 年第 17 期。

王乐新、朱焕、于晓秋：《以学生为本，构建拓展学生创新创业
能力育人环境的探究与实践》，《大学教育》2016 年第 70 卷第
4 期。

王卫国：《虚拟仿真实验教学中心建设思考与建议》，《实验室研
究与探索》2013 年第 12 期。

王有发、杨照、庞瑾：《2017 年中国城市轨道交通运营线路统计
和分析——中国城市轨道交通"年报快递"之五》，《城市轨
道交通研究》2018 年第 1 期。

王占仁：《中国高校创新创业教育的学科化特性与发展取向研
究》，《教育研究》2016 年第 37 卷第 3 期。

王志刚：《科技创新是提高社会生产力和综合国力的战略支撑》，
《人民日报》2012 年 12 月 18 日第 6 版。

王智：《智轨列车——城市交通新方案》，《现代班组》2017 年第 12 期。

吴涓、孙岳民、雷威、徐春宏、秦艺沨、宋爱国：《东南大学机电综合虚拟仿真实验教学中心建设规划思路与进展》，《实验技术与管理》2014 年第 10 期。

熊彼特、邹建平：《经济发展理论》，中国画报出版社 2012 年版。

许丽君、徐玲玲、林志红：《商业企业仿真模拟经营平台在经管专业教学中的应用》，《当代经济》2014 年第 1 期。

许星、檀巧斌：《创新型研究生培养模式探索——以农科专业为例》，《中国高校科技》2015 年第 5 期。

薛玉香、王占仁：《地方高校应用型人才培养特色研究》，《高等工程教育研究》2016 年第 1 期。

学改革探索与实践——深圳大学管理学院研究论文集（5）》，暨南大学出版社 2013 年版。

杨子健：《政府、企业和资本市场要协同推进我国城市轨道交通发展》，《宏观经济研究》2013 年第 2 期。

佚名：《中国制造 2025》，《新湘评论》2016 年第 1 期。

俞静、刘志刚：《论"聚徒教学"之溯源及其现实意义》，《高等理科教育》2013 年第 5 期。

《"云轨"技术》，《工业设计》2018 年第 9 期。

张福利、郭文娟、韩美凤：《创新创业型人才培养体系研究》，《中国大学生就业》2018 年第 1 期。

张海平：《关于工业革命4.0的见闻与思考》，《液压气动与密封》2017 年第 37 卷第 7 期。

张瑞瑞、陈茹：《中外创业教育模式比较研究》，《教育教学论坛》2018 年第 40 期。

张淑玲、黄启:《经管类跨专业综合实训平台建设探索》,《实验科学与技术》2013 年第 4 期。

张维迎、盛斌:《企业家——经济增长的国王》,上海人民出版社 2014 年版。

张晓莉:《城市轨道交通可持续发展路径分析——以深圳市为例》,《中国经贸导刊》(理论版)2017 年第 14 期。

赵林:《轨道交通建设对城市经济的促进及影响》,《科技与创新》2018 年第 20 期。

赵婷:《高校创新实践教育与区域创新能力提升——以"挑战杯"创业大赛为例的实证分析》,《江苏商论》2013 年第 8 期。

赵一新:《城市轨道交通发展的思考》,《城市轨道交通》2017 年第 3 期。

郑晓静:《创新创业教育须做到"四个面向"》,《人民日报》2015 年 10 月 28 日第 7 版。

《中共中央国务院印发〈国家创新驱动发展战略纲要〉》,《人民日报》2016 年 5 月 20 日第 1 版。

中华人民共和国国务院:《关于深化高等学校创新创业教育改革的实施意见》(国办发〔2015〕36 号),2015 年。

中华人民共和国国务院:《国家中长期教育改革和发展规划纲要(2010—2020 年)》,2010 年。

中华人民共和国国务院:《国务院关于大力推进大众创业万众创新若干政策措施的意见》,2015 年。

中华人民共和国教育部:《关于做好 2016 届全国普通高等学校毕业生就业创业工作的通知》,2016 年。

中华人民共和国教育部:《教育部关于大力推进高等学校创新创业教育和大学生自主创业工作的意见》,2010 年。

朱凯琳、谢妮:《创新创业教育与高等教育:从无涉到深耕》,《教育学术月刊》2017 年第 11 期。

Ian Cooper, " Financial Innovations: New Market Instruments", *Oxford Review of Economic Policy*, November 1986.

Merton H. Miller, " Financial Innovation: The Last Twenty Years and the Next", *Journal of Financial and Quantitative Analysis*, November 1986.

Stephen A. Ross, " Institutional Markets, Financial Marketing, and Financial Innovation", *Journal of Finance*, July 1989.